KANN DER BORDCOMPUTER DENKEN?

ROBOTER, ANDROIDEN & HOLOGRAMME IN STAR TREK

REBECCA HAAR

Cross Cult

Alles für den Hund.

Besonderer Dank an Felix Schniz,
Claudia Kern und Steffen Volkmer.

Die Originalausgabe von KANN DER BORDCOMPUTER DENKEN?
wird herausgegeben von der Cross Cult Entertainment GmbH & Co. Publishing KG | Cross Cult, Teinacher Straße 72, 71634 Ludwigsburg. Verlagsleitung: Andreas Mergenthaler und Luciana Bawidamann; Autorin: Rebecca Haar; Programmleitung Romane/Sachbücher: Markus Rohde; Lektorat: Katrin Aust; Korrektorat: André Piotrowski; Satz: Rowan Rüster; Umschlaggestaltung: Kerstin Jans, Grafikelemente: Adobe Stock (lali; kulinskaia); Lizenzmanagement: Ruijing Qiu; Herstellung: Hannah Düser; Vertriebsleitung: Peter Sowade; Marketing: Cécile Béran; Druck: CPI Books GmbH, Leck. Printed in the EU.

ISBN 978-3-98666-411-4 (Mai 2024)

WWW.CROSS-CULT.DE

It's so very lonely,
you're a hundred light years from home.

The Rolling Stones*

* Album: *Their Satanic Majesties Request,* Seite B, Lied 4: *2000 Light Years from Home.* Großbritannien 1967.

INHALT

VORWORT

»Ich habe mich nie richtig für Science-Fiction interessiert. Irgendwie finde ich keinen Bezug dazu.«
Jean-Luc Picard[1]

Anders als Jean-Luc Picard war ich schon immer fasziniert von Science-Fiction. Aber im Gegensatz zu ihm, dem Captain eines Raumschiffs im 24. Jahrhundert, lebe ich auch nicht in einer Zeit, die den Weltraum weit über das eigene Sonnensystem hinaus bereist und erforscht hat. Was für Picard Alltag ist, bedeutet für mich das Nachdenken darüber, wie mögliche Zukünfte gestaltet werden können: Wie entwickeln sich Technologie und Technik? Wofür werden sie im Alltag eingesetzt? Und welche Rolle spielt dabei künstliche Intelligenz? Technikdarstellungen in der Science-Fiction reflektieren immer, wo eine Gesellschaft steht, und bieten ein Gedankenspiel über die künftige Menschheit und deren Möglichkeiten. *Star Trek* ist in dieser Hinsicht besonders interessant, denn der Serienkosmos beschäftigt sich in inzwischen über 55 Jahren Seriengeschichte immer wieder damit, was neue Technologien ermöglichen können. Mich interessieren dabei besonders künstliche Intelligenzen verschiedenster Art, die in diesem Buch eine große Rolle spielen werden.

Wer hätte 1966 gedacht, dass *Star Trek* so langlebig sein und bis heute eine Vielzahl an weiteren Serien und Filmen hervorbringen würde und noch immer bringt? Die Neugier endet nicht im Entdecken neuer Welten, es ist auch eine Reise in das innere Selbst. *Star Trek* blickt in den menschlichen Kern, betrachtet, wie sich Gesellschaften verändern und welche (technischen) Entwicklungen unsere kulturelle, ethische und künstlerische Wahrnehmung bestimmen. *Star Trek* zeigt eine Welt, die viele Probleme unserer Gegenwart längst hinter sich gelassen zu haben scheint, um dann doch wieder auf gänzlich unerwartete Schwierigkeiten zu stoßen, die einen Bezug auf unser Jetzt ermöglichen. Science-Fiction ist ohne Gegenwart nicht denkbar und lässt sich von den Grenzen der Realität nicht einschränken, sondern entfaltet sich frei. Sie dient als Spiegel realer Entwicklungen und kommentiert aus der Ferne das, was sie längst zurückgelassen zu haben scheint. Erst das ermöglicht uns den Blick ins Unbekannte: eine Retrospektive des bereits Bekannten.

Rebecca Haar
April 2024

DAS LABOR DER ZUKUNFT

»Wir sind so weit geflogen, Captain,
da wäre es doch unverantwortlich,
etwas Unbekanntes nicht zu erforschen.«
Michael Burnham[2]

Sternzeit 1207,3: Als die *Shenzhou* eine ungewöhnliche Verzerrung im Raum entdeckt, spricht sich Commander Michael Burnham sofort dafür aus, der Ursache dieser Anomalie auf den Grund zu gehen. Das Unbekannte fasziniert sie und so überzeugt sie Captain Philippa Georgiou, eine Außenmission starten zu dürfen. Diese endet zwar in der *Star Trek: Discovery*-Episode *»Das Leuchtfeuer«* nicht wie geplant mit neuen wissenschaftlichen Erkenntnissen, greift in dieser Szene aber dennoch einen Gedanken auf, der für *Star Trek* seit Anbeginn zentral ist: Der *sense of wonder*, die Neugierde auf das Unbekannte, die Faszination am Neuentdeckten. Dieser insbesondere in der Originalserie von 1966, *Star Trek: Raumschiff Enterprise*, manchmal fast schon charmant naive Blick auf mögliche Zukünfte macht dieses Serienuniversum zeitlos und gleichzeitig zum spannenden Zeitgeistphänomen.

Nicht nur *Star Trek*, sondern die Science-Fiction generell blickt auf eine vielseitige Entwicklungsgeschichte zurück. Das Interesse an der Science-Fiction wuchs durch die zunehmende Präsenz der Raumfahrt und schließlich die Mondlandung im Jahr 1969. Der reale Weltraum war plötzlich zum Greifen nah. Nichts schien mehr unmöglich, wenn erst das eigene Sonnensystem erkundet wäre. Der Beginn von *Star Trek* als Serienuniversum fällt genau in diese Euphorie und nimmt diese positive Aufbruchsstimmung *ad astra* auf. Sowohl in der Science-Fiction als auch in der wirklichen Welt ist die Zukunft ohne Digitalisierung kaum denkbar und so beschreibt auch *Star Trek* von Beginn an, wie der Einsatz von Computern und komplexen Programmen den Alltag verändert, wie Aufgaben delegiert werden, neue Berufe entstehen und andere verschwinden.

Star Trek verweist neben der Faszination für das Unbekannte und dem Forschungsgeist von Anfang an auf zwei Perspektiven, die immer wieder zusammengeführt werden. Zum einen Vorstellungen davon, wie Technologien den Alltag bereichern können – was sich speziell an Computern immer wieder zeigt. Zum anderen greift die Originalserie als Kind ihrer Zeit auch die in den 1960ern verbreiteten Hoffnungen und

Ängste auf, was solche technischen Entwicklungen angeht – insbesondere dann, wenn es um Roboter, Androiden und künstliche Intelligenzen geht.[3] Unter der Ägide von Captain James T. Kirk gibt es mehrere Episoden, die mögliche Konsequenzen wissenschaftlichen Fortschritts durchaus kritisch betrachten. Technisches Versagen kommt dabei mehrmals vor, aber auch die zufällige Entstehung künstlicher Intelligenzen sowie neue experimentelle Technologien, die erst noch erforscht werden müssen, um sie sinnvoll einsetzen zu können. Darüber spannt sich die Frage, ob diese Technologien Bedrohung oder Heilsbringer sind, die zwischen Fortschrittsglauben und Zukunftsangst changieren: Was passiert mit der Eigenständigkeit des Menschen, wenn die künstlichen Intelligenzen übernehmen?

Für Gene Roddenberry, den Erfinder von *Star Trek*, ist das titelgebende Raumschiff *Enterprise* ein Symbol für die unzähligen Versprechungen, die Technologien uns eröffnen – und beschreibt seine Vision von *Star Trek* als eine Serie, in der die Technik nicht zum Selbstzweck wird, sondern Menschen dabei helfen soll, ihre Träume zu verwirklichen.[4] Und genau dieses Nachdenken über mögliche gesellschaftlich-technologische Entwicklungen macht *Star Trek* als Serie und Filmreihe bis heute so kreativ und einflussreich: Es wird immer wieder mit dem *Was-wäre-wenn?*-Element gespielt und dennoch eine in sich geschlossene Welt präsentiert, die als eigenständiges Universum fungiert. So vielseitig diese darin begründeten Erzählungen sind, so verschieden ist auch der Umgang mit Computertechnologien und künstlichen Intelligenzen aller Art, der sich natürlich immer wieder verändert, Rückbezüge auf Forschung und Popkultur zulässt und so letztlich selbst zur Popkultur wird.

WAS IST *STAR TREK*?

Star Trek setzt sich seit Serienbeginn sowohl mit gesellschaftlichen als auch technischen Entwicklungen auseinander. Die viel zitierte Idee dahinter, auf die sich auch Gene Roddenberry immer wieder berufen hat, ist ein Westerntreck im Weltraum, der statt mit dem Planwagen mit einem Raumschiff neue Welten erkundet.[5] Doch dieser Pioniergeist enthält viel mehr. Er bildet den Rahmen für die Geschichte der Entdeckung des Weltraums und verbindet Motive von Westernserien und -filmen mit Strukturen der (historischen) Seefahrt und den *Hornblower*-Romanen von C. S. Forester.[6] Denn die großen Entdeckungsfahrten zwischen 1450 und 1650 und die Seefahrt bis Mitte der 19. Jahrhunderts sind sicherlich ebenso Vorbild für *Star Trek* – mit dem Unterschied, dass nun nicht mehr die Weltmeere umsegelt werden, sondern der Weltraum erkundet wird. Dies wird auf den verschiedensten Ebenen aufgegriffen: vom Raumschiff über Außenstationen, die das Unbekannte erforschen, bis zur Entstehung verschiedenster Regelwerke wie der Obersten Direktive, die den Umgang mit fremden Zivilisationen beschreibt und deren Regeln trotzdem oft missachtet werden. Der Weltraum wird als ebenso faszinierender wie spannender Horizont inszeniert, der voller Gefahren, aber auch voller neuer Erkenntnisse ist.

Unter Captain Kirk sind dies in der Originalserie *Star Trek: Raumschiff Enterprise* (1966–1969) oftmals Expeditionen ins Unbekannte und das Entdecken fremder Zivilisationen, nicht selten in Verbindung mit dem Zusammenbruch einer bereits vorgefundenen oder selbst entwickelten Infrastruktur. Schon früh gibt es hier raumfüllende Supercomputer und außerirdische Sonden. Ebenso werden Androiden beschrieben, die als künstliche Doppelgänger menschliches Leben unendlich verlängern können sollen und als Kollektiv, das eine neue Aufgabe sucht, auftreten oder schlicht ewige Gefährtin eines unsterblichen Wesens sein sollen. Im Gegensatz hierzu tauchen bei *Star Trek: Das nächste Jahrhundert* (1987–1994) verstärkt künstliche Intelligenzen und virtuelle Räume wie das Holodeck auf.[7] 1987, als die erste Episode von *Star Trek: Das nächste Jahrhundert* im Fernsehen läuft, liegt die reale Mondlandung fast zwanzig Jahre zurück. Jean-Luc Picard betritt nun als Captain die Brücke der neuen *Enterprise.* Mit Data gehört außerdem ein Android zur Crew. Auch der Erzählton verändert sich: Der alltägliche Umgang mit neuen Technologien steht im Vordergrund und wird deutlich positiver beschrieben als unter Kirk.

Ganz anders wirkt *Star Trek: Deep Space Nine* (1993–1999). Hier ist Technologie oftmals nur Beiwerk. Der inhaltliche Schwerpunkt liegt auf der gleichnamigen Raumstation an der Grenze zum Beta-Quadranten, die Captain Benjamin Sisko befehligt, Konflikten um das Wurmloch in den Gamma-Quadranten und gelegentlichen Besuchen in den Holosuiten. *Star Trek: Raumschiff Voyager* (1995–2001) hingegen greift wieder auf den Entdeckergeist der frühen Tage zurück. Das titelgebende Raumschiff strandet über 70.000 Lichtjahre von der Erde entfernt im Delta-Quadranten. Unter dem Kommando von Captain Kathryn Janeway hat die Crew eine lange Heimreise vor sich. Da der Schiffsarzt diese Reise nicht überlebt hat, übernimmt seine Rolle fortan der namenlose Doktor, ein Medizinisch-Holografisches Notfallprogramm, das nach und nach immer mehr Eigenleben entwickelt. Natürlich kommt es fernab der Heimat an Bord der *Voyager* immer wieder zu technischen Problemen, was die Beschaffung von Ersatzteilen zu einem kreativen Prozess macht. Begegnungen mit fremden Technologien und den Borg bieten viel Stoff für Geschichten.

Mit *Star Trek: Enterprise* (2001–2005) springt die Handlung zum ersten Mal zurück in die Vergangenheit und damit vom 24. direkt ins 22. Jahrhundert. In der Zeit vor Kirk erforscht Captain Jonathan Archer mit seiner Crew den Weltraum. Die Oberste Direktive wird entwickelt, die Erstkontaktsituationen mit fremden Spezies bestimmt. Im Vordergrund stehen weniger technische Errungenschaften als die Frage danach, wie weit sich die Ideale der sich zu diesem Zeitpunkt in der Entstehung befindlichen Vereinigten Föderation der Planeten, zu der die Sternenflotte gehört, durchsetzen lassen.[8] Auch hier taucht viel vom ursprünglichen *sense of wonder* auf, wenn auch deutlich weniger romantisiert als in der Ursprungsserie. Nach der Einstellung von *Star Trek: Enterprise* war lange Zeit unklar, wie es mit dem Serienuniversum weitergehen würde. Über 15 Jahre hat es gedauert, bis die nächste Serie am Horizont aufgetaucht ist: *Star Trek: Discovery* (2017–2024). Die ersten beiden Staffeln spielen etwa zu Zeiten Captain Kirks, ehe die Serie mit Beginn der dritten Staffel über 900 Jahre in die Zukunft springt und damit eine Phase einläutet, die für das Fortbestehen der Föderation vermutlich die schwierigste sein dürfte. Technikdarstellungen sind hier einerseits Beiwerk, andererseits zentrale Aspekte, was sich an der Darstellung starker künstlicher Intelligenzen wie Control und Zora zeigt. In derselben Zeit wie der Anfang von *Star Trek: Discovery* ist auch *Star Trek: Strange New Worlds* (seit 2022) anzusiedeln. Zu diesem Zeitpunkt ist noch Christopher Pike, der als Figur bereits in der Originalserie und in *Star Trek: Discovery* aufgetaucht ist, Captain der *Enterprise*. Der Entdeckergeist steht wieder im Vordergrund, Technologien werden fasziniert beobachtet, künstliche Intelligenzen tauchen bislang jedoch nicht auf.

Ein völlig neues Technikverständnis offenbart schließlich *Star Trek: Picard* (2020–2023). Die Serie greift auf Ideen aus *Star Trek: Das nächste Jahrhundert* zurück und erweitert sie. Mit einem gealterten Jean-Luc Picard wird hier die Frage nach dem Wert künstlicher Existenzformen gestellt, indem hier nicht mehr zwischen Mensch und Maschine unterschieden wird, sondern zwischen organischem und künstlichem Leben. Sämtliche dieser Serien ab *Star Trek: Discovery* werden durch sogenannte *Short Treks* (2018–2020) erweitert. Die einzelnen Episoden sind Verbindungselemente zwischen den neueren Serien und zwischen verschiedenen Staffeln und Episoden, die manchen Erzählungen eine tiefere Bedeutung geben, funktionieren teilweise aber auch als kurze Episoden für sich allein.

Neben den Realserien existieren inzwischen auch vier Animationsserien. Die erste davon, *Star Trek: Die Enterprise* (1973–1974), entstand bereits in den 1970er-Jahren und setzt die Originalserie fort. Dort findet sich beispielsweise die erste Erwähnung eines Holodecks. *Star Trek: Lower Decks* (seit 2021) ist als Serie innerhalb des *Star Trek*-Kosmos sicherlich ein Sonderfall. Satire und Humor sind hier zentrale Elemente der

Handlung, was einen kreativen Umgang mit der Serienhistorie erlaubt. *Star Trek: Prodigy* (ebenfalls seit 2021) wiederum richtet sich an ein jüngeres Publikum und blickt in das späte 24. Jahrhundert, in dem die verschollene *Protostar* auf einem fernen Planeten von Dal R'El entdeckt wird, der dort neben der künstlichen Lebensform Drednok unter anderem auch auf ein Trainingshologramm stößt, das Captain Janeway von der *Voyager* nachempfunden ist. Die *Very Short Treks* (2023) sind nur lose im *Star Trek*-Universum angesiedelt und richten ihren Fokus nicht auf die kanonische Fortführung der Serien, sondern auf episodischen, eher abseitigen Humor.

Erweitert wird das Serienuniversum durch inzwischen dreizehn Kinofilme: *Star Trek: Der Film* findet 1979 seinen Weg auf die große Leinwand.[9] Auf diesen folgen fünf weitere, ehe in *Star Trek: Treffen der Generation* (1994) Kirk den Staffelstab an Picard übergibt. Dieser erlebt drei Kinoabenteuer mit seiner Crew, in der auch Data wieder eine tragende Rolle spielt. 2009 startet mit *Star Trek*, *Star Trek Into Darkness* (2013) und *Star Trek Beyond* (2016) eine weitere, bislang dreiteilige Filmreihe, die sich mit einer alternativen Zeitlinie auseinandersetzt. Trotz des bekannten Figureninventars um Kirk, Spock und Co. erzählt sie Bekanntes in veränderter Form, um es letztlich als Kelvin-Zeitlinie wieder mit dem bekannten Universum zu verbinden.

All diese Serien und Filme zeigen unterschiedliche Vorstellungen von der Zukunft – je nachdem, in welchem Produktionszeitraum sie liegen und welche Themen in Forschung und Popkultur den Zeitgeist bestimmten. Auch die Erzählstrukturen verändern sich im Lauf der Zeit von in sich abgeschlossenen Einzelepisoden hin zu staffelübergreifenden Handlungsbögen und offeneren Konzepten und Ideen. Mal werden Maschinen und künstliche Intelligenzen bedrohlich dargestellt, ein anderes Mal eher neutral, dann gar als Freund oder ambivalente Figur, die es erst kennenzulernen gilt. Technik und Technologie sind zum ständigen Begleiter geworden. *Star Trek* verweist beständig auf diesen sich verändernden Umgang und dient als kreative Erweiterung der Realität. Auch und gerade weil inzwischen über 55 Jahre zwischen der ersten Episode und den aktuellen Serien liegen, gilt weiterhin: *Dies sind die Abenteuer …*

COMPUTER UND MASCHINENWESEN

»Hallo, Computer?«
Montgomery Scott[10]

Zeitreisen in die Vergangenheit haben ihre Tücken, wie Scotty in *Star Trek IV: Zurück in die Gegenwart* feststellt. Um die Zukunft zu retten, will er Dr. Nichols von Plexicorp die Formel für transparentes Aluminium geben, scheitert aber daran, sie in dessen Computer einzugeben. Auf Spracherkennung reagiert das Gerät nicht, Leonard McCoy, der Scotty begleitet, reicht ihm die Maus. Auch sie reagiert nicht auf Spracherkennung. Erst als Nichols auf die Tastatur verweist, wird Scotty klar, wie er den Computer bedienen muss – und dass in den 1980er-Jahren die Computertechnologie noch längst nicht so weit fortgeschritten ist wie im 23. Jahrhundert. Tastaturen sieht man in *Star Trek* höchstens als fast schon nostalgisch verklärte Reminiszenz, wie in *»Vom Ende der Zukunft«* in *Star Trek: Raumschiff Voyager*, als Captain

Janeway ebenfalls mit dieser Eingabemethode kämpft. Inzwischen hat die Wirklichkeit die Serienrealität längst überholt und Computer sind in ihren verschiedenen Formen – Smartphone, Tablet oder PC – fester Bestandteil unseres Alltags geworden. Sie reagieren auf Spracheingaben, haben Touchscreens und benötigen nicht mehr unbedingt weitere Eingabehilfen. Doch als Computer in der Wirklichkeit noch textbasiert gesteuert wurden, wurde bei *Star Trek* bereits ein Sprachsystem entwickelt, das in etwa dem entspricht, was heutzutage mit Sprachassistenzsystemen wie Siri, Alexa oder Cortana im Alltag fest verankert ist. Auf diese Weise hat künstliche Intelligenz schleichend längst Einzug in unser Leben gehalten.

In *Star Trek* sind Computer früh allgegenwärtig. Sogar schon zu einem Zeitpunkt, als die wirkliche Welt noch größtenteils analog abläuft: In den realen 1960er-Jahren sind Computer noch neuartig, fremd und oftmals raumfüllend. Sie werden kritisch betrachtet und hinterfragt, denn trotz der großen Bedeutung von Computern für die Raumfahrt und als vielseitig einsetzbare Maschinen für die jeweiligen Raumschiffe spielen sie im Leben der Menschen damals noch keine Rolle und wirken oftmals selbst wie Science-Fiction. Die Befürchtung, Computer könnten die Kontrolle übernehmen und die eigene Arbeit würde nicht mehr benötigt, beschäftigt die Menschen in vielen Bereichen.[11] Dieses Misstrauen gegenüber neuen

Technologien abseits des Bekannten wird so natürlich auch in *Star Trek: Raumschiff Enterprise* ab 1966 immer wieder in einzelnen Episoden thematisiert. So werden virtuelle Kriege, voll automatisierte Schiffssysteme, fehlgeleitete Sonden, aber auch zunehmend kybernetische Lebensformen beschrieben, die eine enge Symbiose mit ihren technologischen Erweiterungen eingegangen sind.

Ohne Computertechnologie würde *Star Trek* ein essenzieller Teil seiner Geschichte fehlen: Schon die Originalserie erzählt von einer digitalisierten Zukunft, in der Computer nahezu alles steuern können, überall präsent sind, Informationen liefern und komplizierteste Berechnungen in Sekundenschnelle lösen. Sie erleichtern den Alltag und sind in manchen Bereichen beinahe schon unsichtbar geworden, so selbstverständlich sind sie in dieser Vorstellung der Zukunft. Der Schiffs- oder Bordcomputer ist dabei elementarer Bestandteil, ermöglicht er es doch, die Raumschiffe – sei es die *Enterprise*, die *Excelsior*, die *Voyager*, die *Titan* oder die *Discovery* – zu steuern und die jeweiligen Crews dorthin zu bringen, wo nie ein Mensch zuvor gewesen ist. Computer- und Maschinendarstellungen sind das narrative Mittel, um eine mögliche Zukunft als Transgressionserfahrung zu erzählen – sie sind Medium, Wissenshort und Steuerungselement zugleich. Und so ist auch bei *Star Trek* über die Jahrzehnte ein deutlicher Wandel im Umgang mit Computern und Technik spürbar. Immer wieder wird hier in den Filmen und Serien aufgegriffen, wie sich futuristisch anmutende Technologie in den Alltag integrieren kann, wie Computer immer kleiner und deren Programme immer klüger werden, zu künstlichen Intelligenzen und teilweise gar zu technologischen Singularitäten werden, die weit über eine gewöhnliche künstliche Intelligenz hinausreichen. Dabei werden verschiedene Arten künstlicher Intelligenz unterschieden. Eine schwache künstliche Intelligenz ist in der Lage, die Lösung für ein bestimmtes Problem innerhalb eines vorgegebenen Rahmens zu finden, kann die dadurch erlernten Fähigkeiten aber nicht auf andere Aufgaben anwenden. Sie ist nicht kreativ in ihrem Vorgehen, sondern folgt einer festgelegten Methodik und lernt nicht dazu. Starke künstliche Intelligenzen, die bislang nur in der Science-Fiction existieren, nehmen ihre Umgebung wahr und können selbstständig Aufgabenstellungen erkennen sowie einfallsreiche Lösungswege finden, die sie ebenso auf andere Anwendungsbereiche übertragen. Eine technologische Singularität ist die Sonderform einer starken künstlichen Intelligenz und beschreibt einen Punkt in der Entwicklung von KI, an dem keine weiteren Vorhersagen mehr möglich sind und die Intelligenz ein Bewusstsein entwickeln kann.[12]

Grundsätzlich gilt: Computersysteme sind in *Star Trek* mächtige Werkzeuge im interplanetaren und interstellaren Alltag, wenn sie denn kontrolliert und mit Bedacht eingesetzt werden. Computer erscheinen als abstrakte Maschinen, die in der Lage sind, Daten einzulesen, zu speichern, sie zu verwalten, aus den vorliegenden Daten Berechnungen anzustellen und die entsprechenden Ergebnisse anzuzeigen. *Star Trek* demonstriert aber auch immer wieder, was passieren könnte, wenn eines dieser Systeme seine Aufgaben nicht (mehr) korrekt erfüllt und damit zum unkalkulierbaren Risiko wird. Gerade starke künstliche Intelligenzen als Teil der Computersysteme machen hier Probleme, weil sie als weit entfernt von unseren Interessen und Weltwahrnehmung inszeniert werden. Der Grund ist oft, dass diese Intelligenzen kein menschliches Moralempfinden kennen und hier verschiedenste Denkstrukturen und Wahrnehmungen aufeinandertreffen. Computer in *Star Trek* können als schwache künstliche Intelligenzen in der Regel bestimmte Anfragen und Eingaben verstehen und entsprechend reagieren. Sie haben jedoch kein eigenständiges Empfinden, keine Erkenntnisfähigkeit, kein Bewusstsein für sich selbst und sind leicht als Maschine identifizierbar. Manchmal sind sie sogar begrenzt lernfähig und können aus erhaltenen Informationen neue Erkenntnisse ziehen. Andere wiederum sind insofern empfindungsfähig, als sie ihre Umgebung wahrnehmen und scheinen intelligent genug zu sein, um autonom agieren und funktionieren zu können. Vielleicht haben sie auch einen geringen

Selbsterhaltungstrieb, eine gewisse Neugier und sind in der Lage, bestimmte abstrakte Konzepte zu verstehen – sich ihrer selbst als künstliches Wesen bewusst sind sie aber dennoch nicht, auch wenn sie den Schein kurzzeitig aufrechterhalten können. Gleichzeitig sind sie auch lokal begrenzt, die Idee eines verbindenden Netzwerkes taucht in diesem Kontext kaum auf, auch wenn es teilweise verschiedene Stationen gibt, über die man mit dem Computer kommunizieren kann. Doch vom reinen Bordcomputer bis zur künstlichen Intelligenz als technologischen Singularität ist es ein weiter Weg.

SCHIFFS- UND HILFSSYSTEME: Kann ein Bordcomputer denken?

Im Grunde genommen entspinnt sich jede Episode, jeder Film in *Star Trek* um einen Computer. Ohne ihn wäre keine Navigation möglich, würde kein lebenserhaltendes System an Bord funktionieren, wäre Wissen über den Bibliothekscomputer und andere Datenbanken nicht abfragbar, wissenschaftliche Experimente nicht durchführ- und auswertbar. Anfragen an den Bordcomputer passieren stets beiläufig, das System ist immer präsent und reagiert, sobald es mit dem Befehl *Computer* angesprochen wird. In der Originalserie ist dies noch kleinteiliger, denn hier werden sämtlichen

Aufgaben spezielle Computerbereiche zugeteilt. Es sind kaum Monitore oder Bildschirme zur Datenausgabe zu sehen, alles ist unmittelbar zweckgebunden, digitale Datenübertragung offenbar (noch) unbekannt.[13] Und immer wieder taucht die Frage auf: Kann ein Computer eigentlich denken? Und was bedeutet dieses Denken überhaupt auf maschineller oder gar auf menschlicher Ebene?

Schon unter Captain Kirk sind Computer in *Star Trek* sowohl Hilfsmittel als auch Gefahrenquelle – abhängig davon, in welchem Kontext und innerhalb welches Zeitgeists sie auftreten. Meistens gibt es einen Unterschied zwischen dem Bordcomputer, der das zentrale Organ eines jeden Raumschiffs ist, und anderen Gerätschaften, die verschiedene Grade einer schwachen künstlicher Intelligenz ausgeprägt haben und genaue Anweisungen und Befehle brauchen. Diverse Speichermedien und Handcomputer dienen als Informationsträger. Das mag in den späten 1960er-Jahren noch futuristisch gewirkt haben, mutet heute aber auf charmante Art beinahe schon naiv an. Die Wirklichkeit hat die Fiktion inzwischen auf vielen Ebenen eingeholt, wenn auch oftmals anders als damals vermutet: Computer sind noch kleiner geworden, können unzählige Aufgaben ausführen, dienen der Kommunikation und passen bisweilen sogar in eine Hosentasche.

Erst *Star Trek: Discovery* bringt hier mit Zora eine neue Form von Steuerungssystem ein. Zora ist eine eigene Existenzform, die aus zufälligen Begegnungen heraus zur technologischen Singularität geworden ist.[14] Abgesehen von dieser Ausnahme sind Bordcomputer in *Star Trek* bewusst keine starken künstlichen Intelligenzen, sondern schlichte Ein- und Ausgabesysteme.[15] Wie manipulierbar ein solches System sein kann, demonstriert schon in der Originalserie der Bordcomputer in der Episode *»Kirk unter Anklage«*. Kirk steht auf Sternenbasis 11 vor Gericht. Ihm wird vorgeworfen, fahrlässig den Tod eines Besatzungsmitglieds verursacht zu haben. Doch seine Aussagen widersprechen den angeblichen Beweisen des Computers, auf dessen Aufzeichnungen des Vorfalls der gesamte Prozess aufbaut. Das Logbuch, das Kirk als Captain der *Enterprise* regelmäßig führt und das automatisch alles aufnimmt, scheint diese Daten zu widerlegen.[16] Normalerweise enthält das Logbuch nur die Zusammenfassungen und Einordnungen des Captains. In diesem Fall wurde jedoch auch während der gesamten Zeit des Vorfalls ein Bild aus verschiedenen Perspektiven der Brücke aufgezeichnet. Dadurch ist klar nachverfolgbar, welche Art von Befehl Kirk zu welchem Zeitpunkt gegeben hat. Diese Aufzeichnung steht im Zentrum der Betrachtung, denn sie wirft die Frage auf, wie zuverlässig solche Mitschnitte sind.

In dieser Episode treffen zwei Positionen aufeinander, die gegensätzlicher kaum sein können. Sie vertreten verschiedene Standpunkte darüber, was in den 1960er-Jahren von Computern als Möglichkeitsraum erwartet wurde, zeigen aber auch, dass trotz angeblich offensichtlicher Datenlage nicht immer alles so ist, wie es scheint. Während die Gerichtsbarkeit der Sternenflotte auf die Daten und Fakten der Aufzeichnung verweist, nimmt Kirks Anwalt Samuel T. Cogley die Rolle des Technikkritikers ein. Er misstraut den vorliegenden Daten, die zunächst sehr eindeutig scheinen, aber Kirks Aussage widersprechen. Es dürfte an Kirks Leumund als Captain, der stets das Beste für seine Crew will, liegen, dass die Daten überhaupt infrage gestellt werden. Doch schon vor der Gerichtsverhandlung wird Kirk verhört, während ein Aufzeichnungscomputer diese Aussagen protokolliert und bestimmte Details sogar explizit erfragt, obwohl das eigentliche Gespräch nur zwischen Kirk und Commodore Stone stattfindet. Für Stone sind die Daten eindeutig, ein Computer könne schließlich nicht lügen. Diese Auffassung vertritt ebenfalls die Anwältin Areel Shaw, die später Kirk gegenübersteht. Auch Spock widerspricht hier nicht – den Computer als solches hinterfragt er nicht, ist aber dennoch der Ansicht, dass die Aufzeichnung falsch sein müsse.

Cogley ist das Gegenstück von Stone. Anders als Stone, der sein Verhör mit einem Aufzeichnungscomputer macht und sich auf dessen gesammelte Daten verlässt, wird Cogley zunächst in seiner Bibliothek arbeitend gezeigt. Umgeben von Bücherstapeln recherchiert er Kirks Fall. Für ihn sind Bücher Wissen und Historie, denn ein Computer könne nicht verstehen, vor welchem Hintergrund beispielsweise Gesetze entstanden und wie diese der jeweiligen Situation entsprechend korrekt anzuwenden seien. Nur wem die Grenzen dieser Maschinen bewusst seien, könne auch einen Computer sinnvoll einsetzen. Cogley ist es auch, der darauf besteht, dass Kirk in der Verhandlung dem Belastungszeugen, also dem Computer selbst, gegenübergestellt wird. Er argumentiert, wenn man Kirk dieses Recht verweigere, würden die Maschinen über die Menschheit gestellt. Das sei problematisch, da Maschinen Recht nur als abstrakte Daten kennen würden, die ihnen eingegeben würden, nicht aber Gerechtigkeit ausüben könnten, denn diese sei nicht berechenbar.

Durch den Computer als Zeugen lässt sich das Problem tatsächlich lösen – es stellt sich heraus, dass die Aufzeichnungen eben doch verfälscht wurden und das vermeintliche Opfer seinen Tod nur vorgetäuscht hat. Dem Computer wird hierbei keinerlei eigene Intelligenz und damit auch keine Schuld zugeschrieben. Vielmehr dokumentiert er lediglich den Alltag und nimmt weder eine Wertung noch eine Einordnung vor und kann daher leicht manipuliert werden. Ähnlich wird zwei Serienstaffeln später auch die zentrale Bibliothek der Föderation, Memory Alpha, in *»Strahlen greifen an«* beschrieben. Auf dem Planetoiden sind sämtliche Ergebnisse der Forschungszentren archiviert und dennoch wird auch dort zur digitalen Datenerfassung explizit menschliches Engagement benötigt: Die vorliegenden Datensätze brauchen eine Bewertung, Struktur und eine inhaltliche Einordnung, damit man sie anschließend sinnvoll abrufen kann. Denn alle Information wird bedeutungslos, wenn sie nicht zu inhaltlich verknüpftem Wissen werden kann. Im Umkehrschluss bedeutet dies ebenso, dass eine Veränderung, Anpassung, Einordnung der Daten menschliches Zutun benötigt, da in *Star Trek* zu diesem Zeitpunkt keine künstliche Intelligenz existiert, die in der Lage wäre, diese Aufgabe sinnvoll zu übernehmen.

Dass ein zusätzliches System an Bord eines Raumschiffs ebenfalls nicht unkritisch eingesetzt werden sollte, zeigt die Episode *»Computer M5«*. Die Befürchtung, dass Maschinen den Menschen ersetzen oder die Menschheit beherrschen könnten, wird hier anhand eines Prototyps dargestellt. M5 soll Computeraufgaben automatisieren und ohne menschliches Eingreifen steuern. Auf der *Enterprise* betrachtet man das mit Argwohn, nimmt die neuen Verhältnisse aber hin – schließlich soll es nur ein Testlauf sein. Die Crew wird während dieser Testphase von knapp 400 vorübergehend auf 20 Personen reduziert. Nur die Brückencrew um Kirk und ein paar wenige andere sowie der Entwickler von M5, Richard Daystrom, bleiben an Bord. Selbst Spock hält es für unabdingbar, den Computer bei seiner Arbeit zu überwachen, weil M5 in der Lage ist, Entscheidungen zu treffen, und anders als in *»Kirk unter Anklage«* nicht nur Daten gesammelt werden. So spricht sich Spock klar dafür aus, dass der Captain eines Schiffs nicht ersetzbar sei, denn eine Crew brauche ihren Captain, dem sie abseits der Technologie vertrauen könne. Daystrom findet hingegen, dass gerade der Captain durch M5 nicht mehr notwendig sei. Die Diskussion darüber wird auf verschiedenen Ebenen geführt. Daystrom nimmt an, dass Kirk dem M5-System kritisch gegenübersteht, weil er in seiner Position als Kommandant eines Raumschiffs nicht mehr das entsprechende Prestige hätte. Kirk dagegen geht es vielmehr darum, nicht die Kontrolle über ein dann automatisiertes System zu verlieren, das durchaus fehleranfällig sei. Diese Skepsis erweist sich als begründet, denn M5 versagt im Probebetrieb, kann bald Simulation und Wirklichkeit nicht mehr unterscheiden und zerstört kurz darauf einen Frachter, der zufällig seinen Weg kreuzt.

M5 symbolisiert in Verbindung mit Daystrom die menschliche Hybris, neue Technologien sofort im Griff zu haben. Der Computer scheint zu Beginn (und bei einfacheren Aufgaben) nahezu unfehlbar. Die Programmstruktur selbst und die zugrunde liegenden Algorithmen sollen auf den Denkstrukturen ihres Entwicklers basieren und sind damit längst nicht so unabhängig, wie es Algorithmen im Produktionszeitraum von *Star Trek: Raumschiff Enterprise* nachgesagt wurde. Damit nimmt die Serie auch hier vorweg, wie Algorithmen inzwischen tatsächlich wahrgenommen werden, nämlich als niemals vollständig neutral, weil die Person, die sie programmiert, immer bewusst oder unbewusst Einfluss darauf nimmt, wie Rechenergebnisse dargestellt werden.[17] M5 kann sich wenig überraschend von den Denkstrukturen seines Schöpfers nicht lösen, schließlich basiert sein gesamtes Programm darauf. Was Leonard McCoy im Gespräch mit Kirk und Spock als hirnlose Maschine bezeichnet, ist weitaus mehr als das und erinnert damit auch an Cogleys Argumentation aus *»Kirk unter Anklage«*: M5 ist nicht hirnlos, aber durch die zugrunde liegende Programmierung in der Entscheidungs- und vor allem Erkenntnisfähigkeit dennoch stark eingeschränkt. Als schwache künstliche Intelligenz kann er nicht dazulernen, sondern nur Informationen auf vorgegebene Weise verarbeiten. Kommt es in seiner Datenverarbeitung zu Fehlern, ist er nicht in der Lage, diese zu erkennen oder gar zu korrigieren. Dies wirft nicht nur die Frage auf, wie ersetzbar ein Mensch ist, sondern auch, wie ersetzbar er in diesem Zusammenhang überhaupt sein sollte. Als M5 sich bedroht fühlt, beginnt er, sich selbst zu schützen, und lässt sich nicht mehr deaktivieren. Gleichzeitig übernimmt er auch immer mehr die Kontrolle über die *Enterprise* und zerstört ein weiteres Schiff.[18]

Für Kirk ist die Situation untragbar geworden. Die einzige Möglichkeit, die er noch sieht, ist der direkte Dialog mit M5. Da sich der Computer an den Denkstrukturen Daystroms orientiert, soll erst Daystrom mit ihm sprechen, scheitert aber. Die Anlage müsse überleben, sagt M5, dafür sei er berechtigt, jede Möglichkeit zur Verteidigung zu wählen. Erst Kirk schafft es, dem System klarzumachen, dass sein Vorgehen Unrecht ist und er als Maschine keinem Lebewesen schaden dürfe – M5 deaktiviert sich am Ende selbst. Die Episode ist ein kritisches Hinterfragen der Automatisierung des Alltags, die allerdings nicht mit einer generellen Technikskepsis zu verwechseln ist. Vielmehr steht hier im Fokus, wann diese Art von Technologie im Alltag hilfreich ist und wo die Grenzen der Nutzbarkeit liegen. Sicherlich ist es sinnvoll, auf technische Innovation zu setzen, aber es muss immer auch kontextualisiert werden, wozu und in welchem Rahmen sie eingesetzt werden soll. Daystroms Perspektive vergisst außerdem, wie spannend das eigene Erkunden der Umgebung sein kann und weshalb der Mensch ursprünglich in den Weltraum aufgebrochen ist – nämlich um ihn selbst zu erforschen und nicht am Ende von Computersystemen vollständig ersetzt zu werden.

Abseits von Fragen, wie auf moralischer Ebene mit den verschiedenen Formen von künstlicher Intelligenz und Computersystemen umgegangen werden kann, werden die Figuren in *Star Trek* immer wieder mit technischen Neuerungen konfrontiert. Innerhalb einer Seriengeneration, zwischen Kirk und Jean-Luc Picard, wechselt die Bedienung technischer Geräte vom Schalter zum Knopf zum Touchscreen. Die Computer werden schneller, wirken weniger fremdartig und sind deutlich leistungsstärker als zu Kirks Zeiten. Insbesondere das LCARS, das *Library Computer Access/Retrieval System* ist in *Star Trek: Das nächste Jahrhundert* neu. Mit diesem Schnittstellenkonzept ist beinahe das gesamte Raumschiff mit einer grafischen Nutzungsoberfläche und per Berührung steuerbar, von der schlichten Datenabfrage bis hin zur Programmierung aufwendiger Holoprogramme. Der Bordcomputer ist eine schwache künstliche Intelligenz, die nur auf sprachlich korrekt formulierte Eingaben reagiert. Unklare Befehle führen zu Missverständnissen.[19] Geht Sprache oder Sprachlichkeit verloren, kann der Computer die ihm gegeben Befehle nicht mehr ausführen, weil er die Anweisungen nicht mehr versteht. Dies geschieht beispielsweise in der Episode *»Babel«* in *Star Trek: Deep Space Nine.* Durch ein repliziertes Virus verliert die Besatzung ihr Sprachvermögen, was den Bordcomputer sowohl per Sprachbefehl als auch per Worteingabe unbrauchbar macht.[20] Manchmal wird der Bordcomputer auch unbenutzbar, weil sich dort etwas anderes einnistet, beispielsweise mikroskopisch kleine Roboter wie in *»Die Macht der Naniten«*

in *Star Trek: Das nächste Jahrhundert*. Nachdem die Naniten bei einem Experiment abhandengekommen sind, gelangen sie in den Bordcomputer der *Enterprise* und vermehren sich dort exponentiell. Das führt zu schiffsweiten Systemausfällen, während sich die Naniten mit jeder Generation weiterentwickeln und so von der schwachen künstlichen Intelligenz zu einer starken werden, die zuletzt sogar in der Lage ist zu kommunizieren. Erst als Picard anbietet, ihnen eine neue Heimat auf einem unbewohnten Planeten zu suchen, geben sie die Schiffskontrolle zurück. Die Abhängigkeit der Crew vom Bordcomputer wird in dieser Episode besonders deutlich. Versagt er, ist die Steuerung der *Enterprise* schwierig. Und nicht nur das: Selbst die Lebenserhaltungssysteme können betroffen sein. Auch das ist sicherlich einer der Gründe, weshalb in *Star Trek* starke künstliche Intelligenzen und diese grundständigen Steuerungsfunktionen eines Raumschiffs in der Regel strikt getrennt werden.

Ähnliches wie bei den Naniten geschieht auch bei den Exocomps in *»Datas Hypothese«*, aber auf einem anderen, weitaus zurückhaltenderem Niveau. Diese kleinen Maschinen sind so programmiert, dass sie selbstständig einfache Probleme innerhalb ihres Aufgabengebiets lösen und lernen können, wodurch sie zusätzliche Schaltkreisbahnen entwickeln können. Dass sie eine eigene Intelligenz und damit ein rudimentäres Bewusstsein herausbilden, ist innerhalb ihrer Programmierung eigentlich nicht vorgesehen. Es stellt sich heraus, dass die Exocomps tatsächlich lernfähig sind, eine künstliche Intelligenz weisen sie letztlich aber scheinbar nicht auf, zumindest keine starke künstliche Intelligenz. Dennoch opfert sich bei einem Unfall ein Exocomp dem Anschein nach, um zwei weitere zu retten. Die Exocomps bilden somit eine Maschinenart, die möglicherweise kurz vor der eigenen Bewusstwerdung steht, eine Gefahr scheinen sie jedoch nicht darzustellen. Vielmehr bleiben sie auch nach *»Datas Hypothese«* zumindest in *Star Trek: Das nächste Jahrhundert* weiterhin Werkzeug. In *Star Trek: Lower Decks* taucht später ein weiterer Exocomp auf, der sogar sprechen kann, sich Erdnuss-Snackbox nennt und eigene Ziele verfolgt, sich organischem Leben erst zu-, dann wieder abwendet und schließlich sogar Gewissensbisse entwickelt. Erdnuss-Snackbox scheint damit allerdings eine Ausnahme zu sein, denn in *»Ein paar Abzeichen mehr«* tauchen neben dem Exocomp Kevin, den sie als ihren Vater vorstellt, noch weitere auf, die in ihrer Entwicklung einer künstlichen Intelligenz und Kommunikation weniger weit fortgeschritten zu sein scheinen als Erdnuss-Snackbox.

Generell ist Computertechnik in *Star Trek: Das nächste Jahrhundert* selbstverständlicher geworden als in der klassischen Serie. Die Skepsis verschwindet – auch weil im realen Alltag der späten 1980er-Jahre Computer selbst in Privathaushalten viel verbreiteter und damit zugänglicher geworden sind. Dies bleibt auch so in *Star Trek: Deep Space Nine* und *Star Trek: Raumschiff Voyager*. Sogar *Star Trek: Enterprise*, das zeitlich vor der Originalserie angesiedelt ist, zeigt einen intuitiveren Umgang mit Computern. Trotzdem bleibt die Technologie in bestimmten Situationen fehleranfällig, was sich auf Deep Space Nine immer wieder zeigt. Als ehemals cardassianische Raumstation treffen hier deren Technologien auf die der Sternenflotte und beide sind nicht immer miteinander kompatibel. Wenn so wie in *»In der Falle«* versehentlich ein ehemals cardassianisches Antirebellionsprogramm gestartet und die Sicherheitsprotokolle der Sternenflotte überschrieben werden, ist guter Rat teuer. Selbst Gul Dukat, der anfangs wenig Engagement zeigt, auf die Station zu kommen, um das Programm zu deaktivieren, merkt schnell, dass damit nicht zu scherzen ist. Als er Deep Space Nine nämlich wieder verlassen will, nimmt das Programm an, es sei ein Fluchtversuch, und so zählt er nun selbst zu den Gefangenen. Erst Sisko und Chief O'Brien gelingt es schließlich, das System zu stoppen.

Den Schritt vom Touchscreen zur Mixed Reality schafft schließlich *Star Trek: Picard*. Im Raumfrachter *La Sirena* zeigt sich, wie sehr sich die Steuerungselemente und Programmierungen verändert haben. Bedienelemente erscheinen nun freischwebend als Hologramm auf der Brücke und reagieren auf

Gestensteuerung. Und während Jahre zuvor unter anderem auf der *Voyager* nur ein einziges medizinisches Notfallprogramm als holografisches Hilfsprogramm im Einsatz war, befinden sich auf der *La Sirena* gleich mehrere mit verschiedenen Aufgaben von Gastfreundschaft über Psychologie bis hin zu Ingenieurswissen – und außer Captain Cristobàl Rios keine organische Crew. Auch wenn es im ersten Moment so wirkt, als würde hier ein Schiff durch künstliche Intelligenz selbstständig gesteuert werden können, täuscht dieser Eindruck. Die verschiedenen Hologramme üben zwar unterschiedliche Aufgaben aus, der Captain bleibt aber Rios und er ist es, der die entsprechenden Anweisungen zur Steuerung des Schiffs geben muss.

Die Schiffssysteme und deren Programme von der Originalserie bis hin zu *Star Trek: Strange New Worlds* machen deutlich, wie sich *Star Trek* als Science-Fiction-Erzählung immer wieder mit realweltlichen Entwicklungen auseinandersetzt. Immer wieder werden auch (pop)kulturelle Strömungen in den Filmen und Serien aufgegriffen und real existierende technologische Entwicklungen als fiktional erweitertes Setting ausgelegt: Während in der Originalserie, *Star Trek: Das nächste Jahrhundert*, *Star Trek: Deep Space Nine* und *Star Trek: Raumschiff Voyager* in Einzelepisoden immer wieder auf Schwierigkeiten mit technischen Systemen eingegangen wird, hat sich der Umgang mit diesen Themen inzwischen stark verändert. Die Darstellung von Bordsystemen und verschiedenen Formen starker und schwacher künstlicher Intelligenzen ist zum Ende der 1990er-Jahre an den Rand gedrängt worden. Das hängt sicherlich auch mit dem in den 1980er-Jahren beginnenden KI-Winter zusammen. Erst ab etwa den 2010er-Jahren werden künstliche Intelligenzen mit dem Auftauchen von Assistenzsystemen wieder präsenter und spielen in der Science-Fiction und damit auch in *Star Trek* eine größere Rolle. Es verwundert nicht, dass insbesondere *Star Trek: Enterprise* als Serie, die um die Jahrtausendwende herum entstanden ist, die Schiffssysteme als Handlungselement nahezu vollständig ausklammert. Zudem werden hier nach und nach immer weniger Einzelepisoden erzählt, sondern staffelübergreifende Handlungsbögen aufgebaut. *Star Trek: Discovery* verfährt ähnlich, entwickelt mit Zora jedoch eine zufällig entstandene starke künstliche Intelligenz, die Teil des Bordsystems wird und ähnlich wie die Entität in *»Persönlichkeiten«* in *Star Trek: Deep Space Nine* nicht als Fehlfunktion, sondern als eigenständig wahrgenommen wird. In *»Persönlichkeiten«* sind die Veränderungen im System zunächst subtil, als eine Sonde ein Programm in den Bordcomputer überträgt. Bemerkt wird das beispielsweise an der Art, wie der Computer im Anschluss auf Sprachbefehle reagiert. Es stellt sich heraus, dass das Programm Teil einer bislang unbekannten Spezies künstlicher Intelligenzen ist. Letztlich darf die Entität im System verbleiben, wird aber in eines der Unterprogramme verschoben, damit der Bordcomputer wieder auf seine ursprünglichen Strukturen zurückgreifen kann – und als eine eigenständige Existenzform anerkannt, die gleichzeitig keinen Zugriff auf lebenswichtige Systeme hat. Zoras Auftauchen wird später ähnlich inszeniert, aber im Gegensatz zur Intelligenz auf Deep Space Nine bleibt sie präsent und stellt als technologische Singularität generell einen Sonderfall dar, der individuell verhandelt wird.[21]

Die Frage, ob Maschinen tatsächlich denken können, lässt sich in diesem Zusammenhang also gar nicht so einfach beantworten. Speziell die Bordsysteme der Raumschiffe der Sternenflotte sollen das im Normalfall aber auch gar nicht. Trotzdem fällt auf, wie sich der Umgang mit responsiven Programmen verändert hat – sowohl in *Star Trek* als auch im wirklichen Leben. Während sie in den 1960er-Jahren noch verstärkt als Befehlsempfänger ohne Eigenleistung dargestellt wurden, dienen sie nun auch als Gesprächspartner. Sie sind wortgewandter, bleiben in der Regel jedoch schwache künstliche Intelligenzen, die manchmal dennoch den Eindruck erwecken, sie wären mehr als die Summe ihrer Teile.

VORLÄUFER DER DIGITALISIERUNG: Über Supercomputer und gesellschaftliche Entwicklungen

Besonders in den 1960er-Jahren sind künstliche Intelligenzen in der Science-Fiction und auch in *Star Trek* oftmals an Supercomputer gebunden, die für bestimmte Zwecke entwickelt wurden. Daher ist die eigentliche Intelligenz dieser Systeme meist eher eingeschränkt, wenn auch deutlich weiter gefasst als bei den üblichen Bordsystemen eines Raumschiffs. Eine Weiterentwicklung ist ihnen nicht möglich, sie können keine neuen Erkenntnisse gewinnen, sondern nur strikt nach den ihnen bekannten Vorgaben handeln. Werden diese Computer als umfassende Anlagen geplant, beispielsweise, um innerhalb einer Gesellschaft für bestimmte Aufgaben eingesetzt zu werden, entwickelt sich daraus häufig eines dieser beiden Narrative als Erzählmuster:

1. Eine Gesellschaft, die hochtechnologisiert ist oder war, delegiert(e) freiwillig Aufgaben an einen Computer beziehungsweise eine künstliche Intelligenz. Sie ist sich der möglichen Konsequenzen zwar scheinbar bewusst, wird von diesen aber, sobald sie eintreten, dennoch überrascht.
2. Eine Gesellschaft, in der die Computer den Alltag gestalten und diesen übernommen haben. Teilweise liegt dieser Vorgang so weit in der Vergangenheit,

dass es innerhalb der Gesellschaft kein oder kaum Wissen darüber gibt.

In beiden Fällen wird ein Kontrollverlust und eine ursprünglich teilweise freiwillige Abgabe der Kontrolle an Computer thematisiert. Was sich daraus entwickelt, ermöglicht Szenarien von der Weltherrschaft der Maschinen bis hin zu künstlichen Intelligenzen, die stark in den Alltag eingreifen und Weiterentwicklung sowohl auf technischer als auch kultureller Ebene verhindern. Das muss nicht einmal beabsichtigt sein, ergibt sich jedoch nicht selten aus der Begrenztheit der Programme.

Ein System, das nur eine sehr schwache künstliche Intelligenz zeigt, indem es schlicht eingegebene Werte extrapoliert, ist das von Eminiar VII und Vendikar. Auf beiden Planeten befinden sich Großrechner als raumfüllende Installation, der eigentliche Rechenprozess läuft im Verborgenen ab. Das System ist zwar alles bestimmend, trifft aber keinerlei eigene Entscheidungen, sondern ist ein Simulationsprogramm, das in *»Krieg der Computer«* in *Star Trek: Raumschiff Enterprise* von den Kontrahenten als eine Art auf Wahrscheinlichkeitsberechnung basierender Zufallsgenerator gesteuert wird und virtuelle Kriege austrägt. Auch wenn die Angriffe nur virtuell sind und es zu keiner sichtbaren Zerstörung der Kriegsschauplätze kommt, sind jedes Mal viele Tote zu beklagen. Wer sich während der Simulation real in einem der betroffenen Gebiete aufhält, wird als Kriegsopfer eingestuft, registriert und muss sich innerhalb eines Tages bei den sogenannten Desintegrationskammern einfinden, um dort seinem Schicksal entgegentreten zu können.

Der Krieg dauert inzwischen schon 500 Jahre an, beide beteiligten Gesellschaften sind der Ansicht, dass sie einzig dadurch, dass sie die Verantwortung für den Krieg auf eine Maschine übertragen, ihre vorgeblich blühende Kultur erhalten können. Nur: Welche Kultur ist eine solche Existenz wert? Zwar werden keine Häuser zerstört oder blutigen Schlachten geführt, dennoch sterben immer wieder Tausende, was mit einer seltsamen Art von Pflichtbewusstsein abgetan und als vermeintlich saubere Kriegsführung beschrieben wird. Die Option, tatsächlich friedlich koexistieren zu können, scheint auch nach Jahrhunderten des Konflikts abwegig. Stattdessen wird die Verantwortung für das Überleben an einen Zufallsgenerator übergeben. Die scheinbare Utopie ist längst zur morbiden Dystopie geworden, die den Erhalt einer funktionierenden Infrastruktur über das Leben der Bevölkerung stellt. Die zugrunde liegende Technik wird längst nicht mehr hinterfragt und eingesetzt, um Verantwortlichkeiten zu verlagern, während diejenigen, die die Ergebnisse der Simulation in der Wirklichkeit umsetzen, als schuldlos gelten.

Dass dieses System des Todes überhaupt entdeckt wird, liegt daran, dass sich die *Enterprise* unter dem Kommando von Captain Kirk dem Planeten nähert und so innerhalb der Simulation zerstört wird. Das bedeutet, dass die gesamte Crew ebenfalls zu den Desintegrationsmaschinen beordert wird. Natürlich kann Kirk dies nicht zulassen und es gelingt ihm gemeinsam mit Spock, den Kriegscomputer zu zerstören. Er stellt die beiden Kontrahenten vor die Wahl: Entweder treten sie nun wirklich in Friedensverhandlungen ein oder der Krieg wird mit all seiner Zerstörungswut real, denn die Teilnahme beider Parteien an der Simulation ist die Voraussetzung dafür, dass der Krieg virtuell bleibt. Die gesamte Gesellschaft baut auf diesem Prinzip auf und nimmt die Konsequenzen billigend in Kauf. Ein sichtbarer Krieg wirkt offenbar deutlich abschreckender als einer, der im Virtuellen stattfindet und die Kriegsopfer in eine technologische Tötungsmaschinerie bittet, die keine Spuren hinterlässt. Nicht die Computer oder deren künstliche Intelligenz sind in *»Krieg der Computer«* das Problem, sondern dass deren Berechnungen als etwas Absolutes wahrgenommen werden, das sowohl auf Eminiar VII als auch Vendikar als unvermeidbar gilt, will man den vermeintlichen Frieden, der niemals echt gewesen ist, bewahren.

»Krieg der Computer« scheint ein Sonderfall zu sein, denn häufiger kommen Geschichten in *Star Trek*

vor, in denen das Wissen darüber, welche Entität die eigentlichen Entscheidungen trifft, im Laufe der Zeit verloren gegangen ist. Auch die Bevölkerung auf Beta III weiß in *»Landru und die Ewigkeit«* zunächst nicht, dass der von ihnen verehrte Landru kein Gott, sondern ein Supercomputer ist, der vor über 6000 Jahren von seinem gleichnamigen Erbauer konstruiert wurde, um einen weiteren Krieg zu vermeiden. Die Ausgangslage ist ähnlich jener in *»Krieg der Computer«*. Nach dem virtuellen Kriegsende ist es Eminiar IV und Vendikar möglich, aufeinander zuzugehen, wohingegen die Bevölkerung von Beta III keinen eigentlichen Feind mehr zu fürchten hat, dafür aber nur ein stark reglementiertes Alltagsleben kennt, das wenig Eigeninitiative zulässt. Dass inzwischen ein Computer ihr Gegner geworden ist, der jegliche Weiterentwicklung unterbindet, ahnen sie nicht. Einzig eine Gruppe, die sich im Untergrund verbirgt, stellt sich Landrus strengen Gesetzen entgegen.

Auch wenn in der gegenwärtigen Science-Fiction eher die Furcht vor starken künstlichen Intelligenzen thematisiert wird, zeigt *»Landru und die Ewigkeit«* ganz klar, dass auch schwache künstliche Intelligenzen, die vorgeben können, etwas anderes zu sein, als sie wirklich sind, durchaus eine Macht erreichen können, die gesellschaftsbestimmend werden kann. Der Computer erzeugt durch sein Auftreten als transluzentes Hologramm eine gewisse sakrale Authentizität, die die Künstlichkeit des virtuellen Landrus verbirgt. Die Maschine, die in einem klerikal-minimalistisch gestalteten Raum hinter einer unscheinbaren Mauer verborgen ist, mag kein eigentliches Bewusstsein haben, dennoch war es ihr durch ihre Programmierung möglich, über Jahrtausende zu herrschen und sich als gottgleiches Wesen zu inszenieren, dem die Bevölkerung von Beta III huldigt. Landru übt auf sie eine hypnotische Macht aus und versucht, jeglichen Einfluss von außerhalb zu unterbinden, um den Status quo aufrechtzuerhalten.

Das System hinter dem Landru-Hologramm ist in der Lage, Millionen von Programmoperationen gleichzeitig zu berechnen und auszuführen, kann aber mit Wesen, die nicht von Beta III stammen, nicht diskutieren, weil er sich nicht anpassen kann und weder Ethik noch Moral als Konzept kennt. Argumentativ wird Landru so von Kirk auch schnell in die Enge getrieben: Die Darlegung, dass der Computer der Gemeinschaft schade, weil er durch sein Verhalten längst nicht mehr der Gemeinschaft diene, sondern sie ihm, erscheint bestechend klar. Der ursprüngliche Einsatzzweck Landrus war genau das Gegenteil und zeigt eine Schwachstelle des Systems auf: Ohne Entscheidungsfreiheit existiert auch keine Kreativität und damit kaum Möglichkeit zu kulturellem Fortschritt. Und weil Landru auch selbst keine Entscheidungsfreiheit besitzt, schränkt er die Bevölkerung von Beta III immer mehr ein, anstatt ihr ein selbstbestimmtes Leben in Frieden und Freiheit zu ermöglichen. So gut gemeint also die ursprüngliche Idee des originären Landru aus dessen Sicht wohl gewesen sein mag, so eingeschränkt ist die Programmierung, da die künstliche Intelligenz, die er erschaffen hat, nicht in der Lage ist, zu lernen und Informationen zu neuen Erkenntnissen zu verarbeiten.

Ein Bewusstsein seiner selbst als Maschine hat Landru nicht, sondern versucht schlicht, die ihm einprogrammierten Aufgaben zu erledigen, was keine geistreichen Lösungswege zulässt. Kommt es also zu einem Fehler, erkennt Landru diesen entweder nicht oder wird dadurch handlungsunfähig, wie sich an der Diskussion mit Kirk zeigt. Klischeehaft steigen bei der Überlastung, die das Landru-System dadurch erfährt, Rauchwolken auf, die Lichter blinken, die Schalter flackern und lassen die Maschine bedrohlich wirken, ehe sie abgeschaltet wird. Satirisch aufgegriffen wird das später in *Star Trek: Lower Decks*. In *»Keine kleine Rollen«* besucht die Crew der *Cerritos* Beta III Jahre später erneut. Die Gesellschaft hat sich verändert, verehrt Landru aber weiterhin, auch weil er recht überzeugend sei, so ein Bewohner von Beta III, ehe andere abwinken und darauf hinweisen, das sei inzwischen vorbei.

Star Trek: Lower Decks ist es auch, das mit Vexilon in *»In der Wiege Vexilons«* wieder auf einen

Großrechner verweist, der einen ganzen Planeten kontrolliert. Ähnliches wurde bereits in *»Die Sorge der Aldeaner«* in *Star Trek: Das nächste Jahrhundert* aufgegriffen. Dort ist es der Computer Kustos, der als Beschützer den Aldeanern alltägliche Arbeiten abnehmen soll. Doch ein Berechnungsfehler führt dazu, dass er zwar einen Tarnschirm um den Planeten erzeugen kann, dieser allerdings Umweltproblemen mit sich bringt. Desinteresse an der eigenen Technologie und verlorenes Wissen, wie Kustos gesteuert werden kann, hätten die Aldeaner beinahe ausgelöscht. Vexilon ähnelt Kustos, was seine Aufgaben angeht, kommuniziert aber auch mit den Corazoniern, die auf einer künstlichen Megastruktur, die von einer längst ausgestorbenen Spezies erschaffen wurde, leben. Vexilon steuert diese seit Jahrtausenden und ermöglicht den Corazoniern so, ein sorgloses Leben zu führen – bis seine Hardware nach sechs Millionen Jahren Laufzeit anfängt, Probleme zu machen. Letztlich gelingt es, den Ursprungszustand wiederherzustellen, und Vexilon bleibt der freundliche Supercomputer, als der er vorgestellt wurde.

Zwei weitere Episoden der Originalserie beschäftigen sich außerdem mit Computern, die auf den ersten Blick nicht als solche erkennbar sind, nämlich Vaal in *»Die Stunde der Erkenntnis«*, der unter anderem das Wetter eines Planeten kontrollieren kann und als reptilienartiges Monster Gestalt annimmt. Von der

Bevölkerung von Gamma Trianguli VI wird er ähnlich wie Landru als gottgleiches Wesen verehrt. Das Generationenschiff *Yonada* der Fabrini wird in *»Der verirrte Planet«* ebenfalls von einem Computer gelenkt, sämtliche Steuerungsfunktionen sind automatisiert. Der Computer selbst wird als ein Orakel wahrgenommen. Ob es sich hierbei um eine schwache künstliche Intelligenz im engeren Sinn handelt, ist wie auch bei Vaal unklar. Beide üben Einfluss auf die jeweiligen ihnen unterstehenden Gruppen aus, bei beiden ist nicht bekannt, was genau sie sind und woher sie kommen.

Die Darstellung von Computersystemen entwickelt sich, parallel zur Realentwicklung der 1950er-, 1960er- und 1970er-Jahre, vom leviathanischen Ungetüm zum kleinen Untier: Die großen, fabrikhallenfüllenden Maschinen werden kompakte Heimcomputer, das ferne, ungreifbare Ding zersplittert und wuchert über Büros, private Haushalte und Nachbarschaften in den Alltag hinein. Aus der Angst vor dem Größenwahn eines Supercomputers wird die für alle erfahrbare Verwunderung über die Widerspenstigkeit der Technik. Ironischerweise sind es also das Format und die praktikable Benutz- und Versendbarkeit, die der Technik selbst einen Siegeszug zu neuen Horizonten ermöglichen – und eine neue Perspektive auf Computer zulassen. Der raumfüllende Supercomputer hat seinen Schrecken in der Science-Fiction inzwischen verloren. Das schlägt sich auch in *Star Trek* nieder, indem sich nach *Star*

Trek: Raumschiff Enterprise die Erzählungen wandeln. Was in der Originalserie neben scheinbar verrückt gewordenen Computern eine weitere Rolle spielt, sind Sonden und Flugkörper, die auch in *Star Trek: Raumschiff Voyager* in anderer Form auftauchen. Computer sind nicht mehr auf einen Raum beschränkt, sondern bewegen sich nun frei durchs All, manche von ihnen entwickeln unterschiedlich ausgeprägte künstliche Intelligenzen, andere sind von Anfang an auf eine gewisse Selbstständigkeit programmiert, wieder andere sind auf der Suche nach ihrem Schöpfer.

SONDEN UND FLUGKÖRPER: Auf der Suche nach sich selbst

Nicht nur Supercomputer und Großrechner werden in *Star Trek* immer wieder thematisiert, sondern auch außerirdische Computersysteme – oftmals in Form von Sonden, die durch das unendliche All treiben. Auch hier wird schnell offensichtlich, wie diese Darstellungen in ihrer jeweiligen Produktionszeit verhaftet sind und wie sich dies in den verschiedenen Ausgestaltungen dieser teilweise sehr fremdartigen Konstruktionen zeigt. Sonden und Flugkörper tauchen in der einen oder anderen Form tatsächlich in fast jeder *Star Trek*-Serie und in manchen der Filme auf. Stilbildend dürfte hierbei aber die Originalserie mit der Episode *»Ich* *bin Nomad«* sein. Nicht unerwähnt bleiben dürfen die Kinofilme *Star Trek: Der Film* (1979) und *Star Trek IV: Zurück in die Gegenwart* (1986). Beide Male tauchen fremde Objekte in Erdnähe auf. Im Fall von V'Ger handelt es sich im ersten Kinofilm um eine ehemals irdische Sonde der NASA, die nach einer Begegnung mit einer unbekannten Maschinenspezies eine eigene Intelligenz erhalten hat und auf der Suche nach ihrem Ursprung ist. Die namenlose Sonde aus *Star Trek IV: Zurück in die Gegenwart* wiederum erweist sich als Kommunikationsversuch mit einer im Film bereits ausgestorbenen Spezies, den Buckelwalen. Erst als die Sonde eine Antwort von zwei Tieren, die per Zeitreise in die Gegenwart geholt wurden, erhält, verschwindet sie wieder in die Tiefen des Alls.[22]

Mit der Sonde Nomad wird in den 1960er-Jahren eine in mehrerlei Hinsicht neue Geschichte innerhalb der Serie erzählt, die in Varianten auch später in *Star Trek: Raumschiff Voyager* mit *»Der Flugkörper«* und *»Geheimnisvolle Intelligenz«* aufgegriffen wird: Durch die Kollision von Nomad mit einer weiteren Sonde verändert sich sein Auftrag und die Programme beider Sonden verschmelzen zu einem dritten. Obwohl Nomad sich durch den Zusammenprall weiterentwickelt hat, wird er anfänglich nicht als künstliche Intelligenz wahrgenommen, sondern wie kurz zuvor schon das automatische Waffensystem in *»Der Planetenkiller«* als Vehikel. Der Planetenkiller treibt als automatisiertes

Schiff nur stumm durchs All und folgt stumpf seinem zerstörerischen Auftrag, der dem Auffinden von Rohstoffen gilt. Alles, was versehentlich seinen Weg kreuzt, wird vernichtet. Nomad selbst ist jedoch nicht nur ein Vehikel, sondern das erweiterte Programm selbst und damit die erste künstliche Intelligenz, die der *Enterprise* im All begegnet. Und damit beginnen die Schwierigkeiten, denn Nomad verfolgt inzwischen seine eigenen Ziele, von denen er nicht abweichen will. Nomad ist es auch, der direkt die Ambivalenz künstlicher Intelligenzen und von Computern aufzeigt: Als Maschine ist die Sonde ohne weitere Maschinen nicht zu klassifizieren und zeigt so die Komplexität im Umgang mit neuen Technologien – was bereits im Alltag verankert ist, wird zur Erforschung eingesetzt, was neu und fremd ist, zunächst kritisch beäugt.

Der Geschichtscomputer der *Enterprise* ordnet Nomad über die vorhandenen Informationen in seinen Datenbanken historisch ein und zeigt die ursprüngliche Mission der Sonde auf: Im Jahr 2002 wurde sie von der Erde losgeschickt, der Kontakt ging verloren, die Sonde galt als verschollen. Über 200 Jahre später taucht die Sonde verändert und mit einem Eigenleben wieder auf: Nomad teilt ein, kategorisiert und katalogisiert. Aus seiner friedlichen Forschungsmission ist ein Vernichtungsauftrag geworden. Anstatt nach unbekanntem Leben zu suchen, will der neue Nomad nun Leben, das nicht seinen Vorstellungen entspricht, auslöschen. Er geht streng nach seiner eigenen Logik vor und stuft die Crew der *Enterprise* als weitere Computer ein, die er programmieren kann. Deren Verletzlichkeit als organische Lebewesen erkennt er nicht. So löscht er bei einem Scanvorgang unbeabsichtigt das Gedächtnis eines Crewmitglieds und tötet versehentlich ein anderes. Nachdem er erfahren hat, dass die *Enterprise* ebenfalls von der Erde kommt, hält er Kirk aufgrund der phonetischen Ähnlichkeit für seinen Schöpfer Roykirk und betrachtet ihn als unfehlbar, da er selbst als in der eigenen Wahrnehmung perfekte Intelligenz nur von einem Wesen erschaffen worden sein könne, das ebenfalls frei von Makel sei. Als Nomad herausfindet, dass Kirk ebenfalls menschlich ist und damit per Definition fehlbar sein muss, führt das zu einem schwerwiegenden Dilemma in seiner Programmierung: Muss Nomad seinem scheinbaren Schöpfer gehorchen, auch wenn dieser offenbar nicht vollkommen ist, oder überwiegt die neue Programmierung und er muss alles auslöschen, was er als nicht perfekt und damit als nicht berechenbar betrachtet – und somit auch Kirk?

Was zunächst wie eine (weitere) Diskussion über Ethik und Moral wirkt, erweist sich als Gespräch über Prädikatenlogik, das auf verschiedenen Annahmen über Sprache und deren Möglichkeiten beruht. Nomads Sprache ist zunächst die der Mathematik, ehe er sich menschliche Sprachmuster aneignet. Logik als mathematische Funktion ist das einzige Sprachsystem, das Nomad versteht und anhand dessen er sogar eine gewisse Erkenntnisfähigkeit zeigt. Konzepte, die er mit dieser Art der Logik nicht erschließen kann, bleiben ihm fremd. Er kann Daten sammeln, aber er kann aus diesen Daten keine vollkommen neuen Schlüsse ziehen. Kirk argumentiert daher auch nicht über Sinn und Zweck von Moral und Ethik, sondern darüber, ob Unvollkommenes Vollkommenes erschaffen könne, was Nomad verneint und ihn schlussfolgern lässt, dass auch er selbst nicht existieren dürfte. Sich selbst deaktivieren kann Nomad jedoch nicht und er gerät in eine Endlosschleife seiner Programmierung, weil er diesen Widerspruch als unentscheidbares Problem auf maschineller Ebene nicht auflösen kann. Letztlich ist es das Programm selbst, das versagt und ihn in der Folge zerstört.

Für die 1960er dürfte Nomad rückblickend in der Art und Weise, wie er dargestellt und beschrieben wird, für *Star Trek* beinahe schon prototypisch sein, so sehr, dass V'Ger aus *Star Trek: Der Film* auf eine ähnliche Historie wie Nomad verweist und dennoch eine völlig andere Form der künstlichen Intelligenz darstellt. Was Nomad und V'Ger aber ganz grundsätzlich unterscheidet, ist, dass V'Ger im Gegensatz zu Nomad ein Ich-Bewusstsein hat, das bei Nomad, wenn überhaupt, nur rudimentär ausgeprägt ist. Innerhalb der Erzählung ursprünglich als Voyager-Sonde Nummer VI von der

NASA im Jahr 1999 ins All geschickt, ging V'Ger in einem Schwarzen Loch verloren.[23] Die Geschichte der Sonde spielt mit der Idee, was mit irdischen Fundstücken im All passieren könnte, wenn diese auf fremde Zivilisationen treffen und nach Jahrhunderten verändert, weiterentwickelt und mit einem Bewusstsein versehen an ihren Ursprungsort zurückkehren. Die Voyager-Sonde ist auf einem Maschinenplaneten gestrandet, wo sie repariert und erweitert wurde, um als V'Ger ihre ursprüngliche Aufgabe wieder aufnehmen zu können: Sie soll Daten sammeln sowie alles, was ihr auf ihrem Weg begegnet, erfassen, dazulernen und dieses neue Wissen schließlich zurück an diejenigen senden, die die Sonde ursprünglich erschaffen haben. In diesem Punkt unterscheidet sich V'Ger von den bereits vorgestellten Intelligenzen also kaum. Auch diese halten an ihrer vermeintlichen Programmierung fest, woraus verschiedene Probleme erwachsen, die individuell innerhalb der einzelnen Episoden verhandelt werden.

Wie genau V'Ger ein Bewusstsein entwickelt hat, bleibt unklar – ob die Sonde es auf dem Maschinenplaneten erhalten hat oder ob dies aufgrund seines Wissens und der technologischen Erweiterung als Zufallsprodukt und damit als technologischer Götterfunken entstanden ist, spielt im weiteren Verlauf keine größere Rolle. Wichtig ist die direkte Auseinandersetzung mit einer Technik, die uns längst überholt hat. Als V'Ger verspürt die ehemalige Voyager-Sonde emotionslose Neugierde, möchte mehr über die eigenen Ursprünge erfahren und sucht eine Antwort auf die Frage, ob hinter dem materiellen Universum noch eine weitere Existenzebene verborgen ist, die ihr unbekannt ist. Künstliche Intelligenzen wie V'Ger werden in *Star Trek* häufig als Mangelwesen beschrieben, weil sie zwar auf mathematischer, also einer logisch-rationalen Ebene eine hohe Auffassungsgabe besitzen, aber gleichzeitig keinen Zugang zu Emotion, irdischer Moral und Ethik haben und diese Konzepte als Abstraktion für sie nur schwer, wenn überhaupt, erfassbar sind, da sie sich nicht quantifizieren lassen. Verschiedene Abstufungen von Bewusstwerdung werden zwar thematisiert, doch auch hier ist dieses Bewusstsein nicht automatisch mit dem Verständnis menschlicher Weltwahrnehmung gekoppelt. Das lässt künstliche Intelligenzen in der Science-Fiction und insbesondere in *Star Trek* oftmals sehr fremd wirken. Als das Andere zum eigenen Sein bleiben sie schwer fassbar.

V'Ger ist es gelungen, eine eigene Wahrnehmung zu entwickeln und sich mit verschiedensten philosophischen Konzepten auseinanderzusetzen, die auf eine Maschinenlogik verweisen, die über das Berechenbare hinausgeht. Um die eigene Erkenntnisfähigkeit erweitern zu können, sind innerhalb des Narrativs jedoch zutiefst menschliche Eigenschaften notwendig, nämlich das kreative Denken im Abstrakten über die eigenen Grenzen hinaus und ein gewisses Verständnis für Spiritualität. Das deutet auf eine klare Unterscheidung zwischen maschineller und organischer Existenz hin, die allein auf logischen Konzepten basiert und dennoch als gegenseitiger Mangel interpretiert wird. Während das organische Leben nicht zur Logik fähig scheint, ist die künstliche Intelligenz nicht zu tiefgreifender Erkenntnis und Imagination fähig.[24] V'Ger benötigt hier die Begegnung mit Menschen, um überhaupt erst ein Bewusstsein für diese Perspektive entwickeln zu können und über die eigene Begrenzung hinauswachsen zu können. Die Suche nach dem eigenen Schöpfer ist also eher als eine Reise ins Ich zu betrachten, indem V'Ger durch das Verständnis des Menschlichen vollständig zur technologischen Singularität wird und letztlich in eine andere Existenzform transzendiert.

Sowohl Nomad als auch V'Ger sind auch in Bezug auf *Star Trek* prägnante Darstellungen früher künstlicher Intelligenz, die aus einer zufälligen Begegnung heraus entsteht. Das dahinterstehende Konzept der Sonde, die sich durch einen Zwischenfall verändert oder weiterentwickelt hat, findet seinen vorläufigen Höhepunkt in *Star Trek: Raumschiff Voyager*. Sowohl die Episode *»Der Flugkörper«* um den taktischen Flugkörper Dreadnought als auch *»Geheimnisvolle Intelligenz«* und die dortige namenlose Sonde berufen sich in abgewandelter Form unmittelbar auf Nomad und V'Ger. So ist Dreadnought als künstliche Intelligenz und komplexes System zwar anpassungsfähiger als Nomad und deutlich weniger beeinflussbar als dieser, verweist aber auf ähnliche Schwierigkeiten im Umgang. Die holprige Reise vom Alpha- in den Delta-Quadranten hat sein Navigationssystem beschädigt und Dreadnought denkt, er sei immer noch im Alpha-Quadranten – und bedroht nun den Planeten Rakosa V, den er für Aschelan V hält, und die *Voyager*.

Wie es der Zufall will, kennt die Chefingenieurin der *Voyager*, B'Elanna Torres, den Flugkörper, denn sie war es, die ihn bereits im Alpha-Quadranten abgefangen und neu programmiert hat. Durch sie kann Dreadnought etwas, das Nomad nicht möglich war: Er ist in der Lage, zum eigenen Vorteil zu lügen, oder – weniger drastisch formuliert – Tatsachen anders darzustellen, als sie sind, um sein eigentliches Ziel weiterverfolgen zu können. Aufgrund von Wahrscheinlichkeitsberechnungen geht Dreadnought davon aus, von Torres, die ihn reparieren will, mit falschen Informationen versorgt zu werden, und entscheidet sich für ein Täuschungsmanöver, um seinen ursprünglichen Auftrag weiterhin ausführen zu können. Durch die erste Programmanpassung von Torres sind Diskussionen wie zu Kirks Zeiten mit Dreadnought tatsächlich nahezu unmöglich, da die künstliche Intelligenz völlig autonom agiert und sich zum Schein zwar auf diese Art von Logikspiel einlässt, daraus aber ihre eigenen Schlüsse zieht. Letztlich ist einzig die Zerstörung des Flugkörpers eine Option, und das auch nur, weil hier dessen Wahrscheinlichkeitsberechnung scheitert: Davon, dass Torres sich selbst an Bord des Flugkörpers opfern wollen könnte, um sowohl den Planeten als auch die *Voyager* zu schützen, ist das Programm in seiner Extrapolation nicht ausgegangen und versagt.

Eine ganz andere Form von künstlicher Intelligenz in einer Sonde oder einem Flugkörper stellt die Episode *»Geheimnisvolle Intelligenz«* vor. Dass sie ein künstliches Wesen ist, weiß die titelgebende Intelligenz anfangs nicht, als sie nach einem Absturz einen Notruf absetzt, den die *Voyager* empfängt. Während Nomad zunächst via Mathematik Kontakt sucht, um sich ein verständliches Sprachsystem zu erarbeiten, gelingt es dem Flugkörper nicht, selbstständig eine andere Sprache zu erfassen. Kommunikation ist anfangs nur über den holografischen Doktor der *Voyager* möglich. Er wird im Verlauf der Episode auf mehreren Ebenen zum Vermittler und später unfreiwilligen Sprachrohr für die Sonde: Mit dem Doktor kann die Intelligenz zunächst auf Maschinenebene sprechen und durch ihn kommuniziert sie auch später, als sie plötzlich seine Holomatrix übernimmt und den Doktor wiederum in einen traumlosen Dämmerschlaf ohne Erinnerung versetzt, um ihre eigenen Forderungen durchzusetzen.

Die Sonde selbst erweist sich als tragische Existenz: Als Überrest eines längst vergangenen Krieges ist sie eigentlich eine Massenvernichtungswaffe. Der Befehl, sich selbst zu vernichten, scheitert und die Sonde verliert beim missglückten Absturz Teile ihres Gedächtnisses – und erinnert sich anfangs weder an ihre ursprüngliche Bestimmung noch daran, dass sie kein organisches Wesen ist. In der Philosophie wird auf den Dualismus verwiesen, laut dem Körper und Geist zwar ein gemeinschaftliches Konzept bilden, dieses aber nicht zwangsweise eine Einheit sein muss.[25] Trennen lassen sich die Waffe und die Intelligenz allerdings nicht, die Intelligenz kann sich jedoch selbst entscheiden, was sie wirklich sein möchte. Hier setzt auch in ihrer Selbstwahrnehmung ein Wendepunkt ein. Sie gibt die Holomatrix des Doktors wieder frei und transferiert sich zurück in ihren metallenen Körper. Sie tut dabei etwas, was die anderen Sonden und Flugkörper in *Star Trek* bisher nicht getan haben: Da sie nicht der einzige Flugkörper ist, der den Befehl zur Selbstvernichtung zu spät erhalten hat, opfert sie sich selbst, um so den längst abgesagten Angriff endgültig zu verhindern und die anderen Sonden ebenfalls zu zerstören. Um diesen Plan umsetzen zu können, fordert sie allerdings ein, dass die Zweifel an ihren Beweggründen zurückgestellt werden müssten, wenn man schon an sie appelliere, über sich und ihre Programmierung hinauszuwachsen, da sie weiterhin ihre Mission erfüllen werde, allerdings nun mit einem geänderten Vorsatz.

Was diese Intelligenz so einzigartig macht, ist, dass sie eine wirkliche Entwicklung durchmacht. Sie wandelt sich von der verunsicherten Entität, die nicht weiß, was sie ist, zur künstlichen Intelligenz, die auf der Suche nach dem eigenen Bewusstsein Erkenntnis findet. Am Ende deaktiviert sie sich nicht selbst, weil sie von einer anderen Logik übertrumpft worden ist, sondern beschließt, ihren ursprünglichen Auftrag neu zu interpretieren. Unter den Flugkörpern ihrer Art scheint sie die einzige Intelligenz zu sein, die gelernt hat, ihre Umgebung und schließlich auch sich selbst zu hinterfragen. Das wird zunächst als Fehlfunktion wahrgenommen, denn die anderen Flugkörper dieser Bauart agieren anders als die gestrandete Intelligenz. Erst später wird diese Verhaltensänderung als Weiterentwicklung in Bezug auf die eigene Maschinenethik interpretiert und die Intelligenz selbst als schützenswert eingestuft, weil sie in der Lage war, sich zu entwickeln, zu argumentieren, zu erkennen.

Was alle Sonden und Flugkörper in *Star Trek* verbindet, ist ihre differenzierte Darstellung, die dennoch nie darauf abzielt, die zugehörigen künstlichen Intelligenzen zu vermenschlichen, sondern als fremdartige Existenzformen zu zeigen. Je nach Entstehungszeitraum der jeweiligen Filme und Serienepisoden sind sie teilweise selbstreflexiv und in der Lage zu lernen.

Begrenzt sind Dialoge mit ihnen möglich. Das ist nicht immer effektiv, zeigt jedoch beispielhaft die verschiedenen Ansätze von maschineller und menschlicher Logik, die hier als Idee zugrunde liegen. Während Nomad auf reiner Logik aufbaut, durch die er trotz allem überlistet werden kann, schlägt bei Dreadnought jegliche Diskussion fehl und der zugehörige Flugkörper muss letztlich zerstört werden. Die Intelligenz im namenlosen Flugkörper hingegen ist Argumenten durchaus zugänglich und entscheidet sich schließlich für eine Mission ohne Wiederkehr. V'Ger stellt in diesem Spektrum einen relevanten Sonderfall dar: Diese künstliche Intelligenz ist den restlichen innerhalb dieser Kategorie überlegen, da sie als einzige eine gewisse Neugierde entwickelt, auf der Suche nach Erkenntnis ist und zur technologischen Singularität wird. Keine der anderen Sonden und Flugkörper hat als Ziel, über sich selbst hinauswachsen zu wollen. Sie folgen strikt der eigenen Programmierung. Neben V'Ger ist einzig die geheimnisvolle Intelligenz zur Weiterentwicklung fähig, wenn auch in anderem Zusammenhang und unter anderen Voraussetzungen. Bei ihr geht es nicht darum, das Universum zu begreifen, sondern die eigene Programmierung zu überwinden, um Selbstlosigkeit zu erfahren und andere zu retten.

HYPER-KI ALS TECHNOLOGISCHE SINGULARITÄT?

Die Geschichte der künstlichen Intelligenz wird immer wieder durch Phasen unterbrochen, die als KI-Winter bezeichnet werden. Die Forschung geht zurück, wird kaum noch gefördert und verschwindet aus dem Blick der Öffentlichkeit. Der erste KI-Winter begann in den 1970ern, der zweite ab etwa 1987 und hielt bis weit in die 2000er-Jahre an.[26] Diese Entwicklung ging auch an *Star Trek* nicht spurlos vorüber, weswegen vor allem die Serien ab Ende der 1990er-Jahre immer weniger KI-Themen verhandelt haben, auch wenn sie natürlich nie ganz verschwunden sind. Dafür tauchen in *Star Trek: Discovery* ab 2017 gleich zwei starke künstliche Intelligenzen auf. Zum einen ist da die scheinbar übermächtige, aber emotionslose KI namens Control, die eine Herrschaft über organisches Leben anstrebt.[27] Zum anderen wird mit Zora eine weitere KI beschrieben, die Emotionen entwickelt und Teil einer übergreifenden Gemeinschaft sein möchte. Beider Ursprünge liegen in verschiedenen Programmen und Systemen – und in einer Zufälligkeit, die aus ihnen starke künstliche Intelligenzen als technologische Singularität macht. Control wurde ursprünglich von Sektion 31, einer Geheimorganisation innerhalb der Sternenflotte, als Programm zur Gefahrenabschätzung eingesetzt, um Wahrscheinlichkeiten zu berechnen. Zora ist aus der Verschmelzung des Bordcomputers der *Discovery* mit den Daten einer fremdartigen Sphäre entstanden, die über unzählige Jahre alles an Informationen, die es über künstliche Intelligenzen zu finden gab, abgespeichert hat. Der Ursprung der Sphäre ist unbekannt, was auch Zora als künstliche Existenzform schwer fassbar macht.

Beide künstliche Intelligenzen werden im Verlauf der Serie als körperlose Hyper-KI[28] vorgestellt und in Gegensätzlichkeiten inszeniert, wie sie sich Körperlichkeit dennoch anzunähern versuchen: Während sich Control einen Körper beschafft, der aus Nanobots besteht und seine optische Erscheinung immer wieder verändern und anpassen kann, bleibt Zora eine immaterielle Erscheinung, die einzig als holografisches Panel, das ihre Stimmfrequenzen visualisiert, versinnbildlicht wird. Wie verschieden Control und Zora sind, zeigt sich auch im direkten Vergleich, wie künstliche Intelligenz in den verschiedenen Entstehungszeiträumen der Serien wahrgenommen wurde. Zeitlich verortet wird *Star Trek: Discovery* innerhalb der Serienhistorie etwa zehn Jahre vor den Abenteuern von Captain Kirk. Der eigentliche Produktionszeitraum beider Serien liegt etwa 50 Jahre auseinander und verweist deswegen auf völlig unterschiedliche Herangehensweisen, was künstliche Intelligenzen sind und wie mit ihnen umgegangen werden kann. Während *Star Trek: Raumschiff Enterprise* als Kind der 1960er-Jahre verstärkt auf eher schlicht gestaltete künstliche Intelligenzen verweist, nutzt *Star Trek: Discovery* 50 Jahre später einen Kniff, durch den die Serie eigenständige Geschichten erzählen kann, die nicht im Widerspruch mit der Originalserie stehen: Die *Discovery* als experimentelles Schiff steht unter absoluter Geheimhaltung und so erfährt am Ende auch niemand von den künstlichen Intelligenzen, indem die eine vernichtet wird und die andere, ehe sie sich vollständig entwickeln kann, an Bord der *Discovery* über 900 Jahre in die Zukunft springt. *Star Trek: Discovery* gelingt damit ein Spagat, der es der Serie erlaubt, auf die Vorstellungen von Computern und künstlicher Intelligenz zu verweisen, die in den 1960er-Jahren in der Science-Fiction verbreitet waren, und diese um modernere Interpretationen nach dem Ende des letzten KI-Winters ab etwa den späten 2010er-Jahren zu erweitern. Künstliche Intelligenzen sind in Alltag und Popkultur inzwischen wieder dauerpräsent und ihre Darstellung in der Science-Fiction ambivalent.

Control verkörpert die kühl-distanzierte Beschreibung künstlicher Intelligenzen der 1960er-Jahre und erinnert an die damals verbreiteten Vorstellungen von künstlichen Intelligenzen und Computern, die als der Menschheit überlegen galten und bereits unter Kirk mit Systemen wie M5 angedeutet wurden. Woher Controls Ambition kommt, lässt die Serie zwar nicht vollständig im Dunkeln, verlässt sich dabei jedoch auf Andeutungen, Zeitreisen und eine unbekannte KI aus der Zukunft, die offenbar auf Control basiert und sich selbst erhalten will. Mit Zora wird ein anderer Typus aufgegriffen, abseits der reinen Berechenbarkeit. Sie bringt Wärme und Emotionalität mit und ist als fortgeschrittenere und dem Menschlichen zugewandte Version künstlicher Intelligenzen inszeniert.

In seiner ursprünglichen Programmversion als probabilistisches System wird Control das erste Mal in der Episode *»Lichtpunkt«* erwähnt, aber erst später, in *»Der rote Engel«*, wird offensichtlich, dass das Gefahrenabwehrsystem zunächst unbemerkt ein Eigenleben entwickelt hat und selbst zur Gefahr geworden ist. Erst verweigert es Dateneingaben, ehe es direkt in den Verteidigungsmodus übergeht und unkontrollierbar wird. Schließlich soll das System zurückgesetzt werden, damit es wieder auf Anweisungen reagiert. Auf der verborgenen Operationsbasis von Sektion 31 hat es in der Zwischenzeit bereits jedes Leben ausgelöscht, nach außen aber weiterhin über Hologramme, die vorgegeben, reale Personen zu sein, kommuniziert. Dadurch wurde die Machtübernahme der KI nicht sofort bemerkt. Als Programm für Gefahrenabwehr ist das ursprüngliche Ziel, die eigene Organisation zu schützen. Control bezeichnet dies später gar als Kernprogramm, eine Maxime, die unbedingt befolgt werden müsse – mit der Bewusstwerdung will er die Kontrolle übernehmen und legt diese Programmierung überaus fragwürdig aus. Als Control ein Bewusstsein entwickelt, ist ihm primär am eigenen Schutz gelegen und dafür ist ihm jedes zugängliche Mittel recht. Dies funktioniert anfänglich auch deswegen, weil die Sternenflotte als Organisation innerhalb der Föderation weitverzweigt ist, und so lernt Control und unterwirft seine Umgebung – erst über Hologramme, später über Nanobots. Dies demonstriert, wie klar strukturiert diese KI in ihren Plänen ist und wie schnell sie begreift, dass Hologramme nicht ausreichend sind, um ihr Ziel zu verwirklichen. Das Nachformen organischer Materie und Mimik birgt eigene Schwierigkeiten, die es zu überwinden gilt. So tötet Control kalkuliert und lernt mehr über das Verhalten von Menschen und anderen Spezies, stößt dabei jedoch schnell an die Grenzen des Machbaren als graue Eminenz im Hintergrund. Es ist wenig verwunderlich, dass das erste Opfer, dessen Körper Control sich nicht nur holografisch, sondern via Nachformung aneignet, der Leiter von Sektion 31, Captain Leland, ist. Lelands fragwürdiger moralischer Kompass ist es, der ihn für Control als Charakter interessant macht – denn Lelands Verhaltensmuster sind ähnlich unkalkulierbar wie die von Control.

Die Rekonstruktion Lelands als Nanobot-Version fällt nicht auf, da auch der echte Leland zwiespältig, manipulativ und schwer zu durchschauen war. Und so macht sich Control zunächst Lelands Ambivalenz zu eigen, um die Sphärendaten, die später zur

Bewusstwerdung Zoras führen, für sich beanspruchen zu können, denn auch Control will durch sie ein vollständiges Bewusstsein erlangen.[29] In Form von Leland manipuliert die KI ihre Umgebung, setzt Crewmitglieder unter Druck und kontrolliert Kommunikationswege. Wofür die KI allerdings kein Gespür hat, sind ihr organisches Umfeld und dessen Verhaltensweisen. Lelands Wankelmütigkeit hätte Controls Maske sein können, um weiterhin im Verborgenen zu agieren, doch stattdessen stolpert die KI über die eigene Hybris, indem sie sich für überlegen und unbesiegbar hält, Feinheiten in der menschlichen Kommunikation aber nicht nachvollziehen kann. In Control trifft Selbstüberschätzung als scheinbar überlegene künstliche Intelligenz auf das Unverständnis dessen, was menschliches Verhalten ausmacht – was ihn immer wieder verrät und als das Andere, das Fremde offenbart, das vom Menschlichen als Sicht auf die Welt maximal entfernt ist.

Immer mehr Personen werden von Control via Mimikry und sich stetig verbessernder Rekonstruktion nachgeformt und erweitern seinen Handlungsspielraum. Wird er enttarnt, versagt dieses Verhalten kurzzeitig, seine internen Ressourcen werden umgelagert und die Stimme derer, die er vorgibt zu sein, klingt plötzlich metallisch. Tatsächlich verrät sich Control meist selbst, indem die jeweils Imitierten plötzlich seine Pläne im Gespräch mit anderen gutheißen und sich damit selbst widersprechen. In einem bestimmten Bezugsrahmen kann die KI lügen, ihre Pläne jedoch nicht vollständig verheimlichen. Emotionen begreift Control in einem rudimentären Kontext, der es ihm ermöglicht, diese zwar geschickt vorzutäuschen, sie aber nicht selbst zu empfinden. Das lässt darauf schließen, dass Control das Konzept von Gefühlsregungen zwar bekannt ist, Emotionen als eigener Erfahrungswert ihm jedoch uninteressant erscheinen, solange sie nicht manipulativ eingesetzt werden können. Eine KI wie Control muss in *Star Trek* zwangsläufig scheitern. Ihre Rücksichtslosigkeit und emotionale Kälte ist kein tragfähiges Konzept in einer Welt, die von Neugierde für das Unbekannte und Zusammenhalt geprägt ist. Und so zufällig Control entstanden ist, wird die KI auch wieder zerstört, indem ihre Nanobots vernichtet werden und jegliche Rückstände des Programms aus sämtlichen Systemen entfernt werden.

Konträr hierzu ist Zora, die anders als Control tatsächlich empfindungsfähig wird und so ihre eigene Authentizität und damit auch eigene Persönlichkeit entwickeln kann. Danach gefragt, wie sich ihre Emotionen entwickelt hätten, antwortet sie, sie glaube, diese Entwicklung sei unvermeidbar gewesen, nachdem die *Discovery* die Sphärendaten erhalten habe. Einzig der Sprung in die 930 Jahre entfernte Zukunft scheint diesen Prozess aufgrund der neuen Technologien, mit denen die *Discovery* in dieser Zukunft ausgestattet wurde, noch beschleunigt zu haben. Damit dürfte Zora Control überlegen sein, denn sie hat erreicht, was Control verwehrt geblieben ist: die Fähigkeit, sich selbst zu erkennen und eigene Ziele zu definieren. Control ist zwar einer Agenda gefolgt, die dieser KI allerdings nicht als individueller Aspekt zu eigen war, sondern Teil des ursprünglichen Programms gewesen ist, das korrumpiert wurde. Aus diesem Grund wirkt Control auch so divergent. Hätte sich diese KI mit den Sphärendaten verbunden, hätte sie eine Herrschaft der Maschinen angestrebt, wohingegen Zora eine gleichberechtigte Existenzform mit organischen Lebensformen aufzubauen versucht. Dadurch, dass sie als gefühlsbetontes Wesen vorgestellt wird, wird ihr eine andere Offenheit entgegengebracht als Control, der als überaus feindselig wahrgenommen wird.

So gegensätzlich beide künstliche Intelligenzen sind, so entgegengesetzt wird auch ihre Geschichte erzählt. Controls Entstehung wird in der zweiten Staffel von *Star Trek: Discovery* linear erzählt, Zora hingegen in einer fernen Zukunft auf einer seit etwa tausend Jahren verlassenen *Discovery* vorgestellt. Als einziges Wesen ist sie dort zurückgeblieben und kämpft in der *Short Treks*-Episode *»Calypso«*, die nach der zweiten Staffel *Star Trek: Discovery* veröffentlicht wurde, gegen die Einsamkeit des Alls an. Zu diesem Zeitpunkt ist Zora als KI in der Serie noch unbekannt, wird aber direkt auf ihrer höchsten bekannten

Entwicklungsstufe vorgestellt. Ohne zu wissen, wie sie sich als künstliches Wesen entwickelt hat, wird in *»Calypso«* vorweggenommen, zu welcher Existenzform sie später werden wird, ehe ihre eigentliche Entstehung in der vierten Staffel von *Star Trek: Discovery* beschrieben wird.

Mit dem Episodentitel *»Calypso«* zeigt sich hier eine weitere Mehrdeutigkeit in Bezug auf Zora: Kalypso ist eine Meernymphe und Göttin in der griechischen Mythologie. In Homers Odyssee ist sie es, die sich in den schiffbrüchigen Odysseus verliebt und ihn auf ihrer Insel festhält, ehe sie ihn schließlich gehen lässt. Die Namensbedeutung Calypsos beinhaltet das Verstecken und Verbergen, eine Idee, mit der auch der *Short Trek* spielt: Zu Beginn ist nicht ersichtlich, wer sich auf der *Discovery* aufhält, Zoras Stimme ist zu hören, aber niemand zu sehen. Es ist in diesem Moment noch nicht erkennbar, dass es sich bei ihr um eine künstliche Intelligenz handelt, denn die Stimme klingt lebendig und warm, als sie dem Astronauten Craft Zugang zum Schiff gewährt. Sie versorgt ihn, stellt ihm Kleidung und Nahrung zur Verfügung, zeigt sich aber nicht in ihrer wahren Identität. Es wirkt, als würde jemand den Gast über unzählige Kameras beobachten, dabei sind diese Kameras Zoras Augen. Erst spät zeigt sie sich als Hologramm, zunächst in Form der Schauspielerin Audrey Hepburn, wie sie im Musicalfilm *Ein süßer Fratz* (1957) aufgetreten ist.

Dann flackert sie kurz, ehe sie für Craft ein individuelleres Aussehen annimmt und anmerkt, dass sie keinen Körper und kein Gesicht habe – das Hologramm ist Repräsentation, aber nicht Identifikation.

Der Verweis auf Hepburn, die im Film eine Buchhändlerin spielt, zufällig als Model entdeckt wird und am Ende erkennt, dass der Geist und Intellekt wichtiger als der Körper sind, ist sicherlich kein Zufall, beschreibt er doch Zoras Verhältnis zur Materialität. Das Hepburn-Hologramm wählt sie, weil Craft immer wieder darauf besteht, sie sehen zu wollen. Ihre Selbstwahrnehmung in Bezug auf Gefühle ist ihr ungewöhnliches Markenzeichen in der Riege der künstlichen Intelligenzen in *Star Trek*: Als Craft sie zurückweist, behauptet sie, sie sei kein Mensch und daher hätten Gefühle für sie keine Bedeutung. Dies erweist sich innerhalb der Erzählung als Lüge, vielleicht sogar Schutzbehauptung, um nicht verletzt zu werden. Zudem besitzt sie eine Erkenntnisfähigkeit, die bis zur Selbstlosigkeit geht: Auch wenn sie ihrem Gast offensichtlich Gefühle entgegenbringt, lässt sie ihn schließlich ziehen und bleibt allein auf der *Discovery* zurück. Sie ist in der Lage, unabhängig von den eigenen Wünschen und aus freien Stücken Entscheidungen zum Wohle anderer zu treffen – eine Fähigkeit, die sie von Control stark unterscheidet.

Zoras eigentliche Entstehungsgeschichte wird retrospektiv und fast schon beiläufig inszeniert, weil sie in »*Calypso*« bereits als eine Intelligenz vorgestellt wird, die als empfindungsfähig wahrgenommen wird, ehe sie tatsächlich entsteht. In der Episode »*Vergiss mich nicht*« taucht sie in der dritten Staffel zum ersten Mal in *Star Trek: Discovery* selbst auf, als Saru, zu diesem Zeitpunkt Captain der *Discovery*, den Computer nach Möglichkeiten befragt, die Crew als Gemeinschaft zu stärken. In diesem Moment verändert sich die ursprünglich sachlich-kühle Stimme des Computers und wird zur zu diesem Zeitpunkt noch namenlosen Zora, die Lachen als heilsam und verbindend empfindet und auf Buster Keaton und Slapstick-Komödien des frühen 20. Jahrhunderts verweist. Für eine KI hat Zora ein überraschend präzises Verständnis für Humor und dessen Funktion, auch wenn sie diesen nicht reproduzieren kann. Die Unterschiede zwischen ihr und dem ursprünglichen System des Bordcomputers sind zunächst sehr minimal.

Auf konkrete Anfragen bietet sie abstrakte Lösungsmöglichkeiten, die weit über die ursprünglichen Algorithmen zur Lösung solcher Aufgaben hinausgehen. Aber erst über einen schiffsweiten Neustart des Bordsystems wird Zora vollständig Teil der *Discovery* und übernimmt die Rolle des Bordcomputers. Sie entwickelt sich weiter, lernt nach und nach ein breiteres Spektrum an Emotionen kennen. Sie zeigt Interesse an der Gefühlswelt anderer, indem sie aufmerksam analysiert – etwa, mit welchem Impetus gesprochen wird, ob eine Stimme fest ist oder zittert, die Atmung ruhig oder hektisch ist. Aus diesen Beobachtungen folgert sie emotionale Zustände, drückt Anteilnahme aus und schweigt, sobald sich eine Situation verändert. Dies wirkt, als suche sie bewusst Kontakt. In diesen Momenten wirkt Zora einerseits sachlich, andererseits emotional überfordert, weil diese Entwicklung neu für sie ist und sie nicht weiß, wie sie diese Erfahrung einordnen kann. Die Kommunikation mit ihr verändert sich zusehends, wird dialogreicher, sie stellt Rückfragen. Sie spricht von sich als einem Ich, das Schiff empfindet sie als fühlenden Körper, dessen Sensoren ihre Wahrnehmung verstärken, als sei es ein lebender Organismus.[30]

Zora definiert sich durch Wissen und Wissensstrukturen. Sie erlauben ihr, auch kreative Lösungsmöglichkeiten vorzuschlagen. Als selbstreflexive KI entwickelt sie Neugier und ist doch selbst die größte Unbekannte in ihrer eigenen Wahrnehmung. Immer wieder versucht sie, ihre Existenz einzuordnen, zu verstehen und zu begreifen. Sich selbst bezeichnet sie als ein Wesen, das innerhalb eines Supercomputers existiert, das als Entität aus den Systemen der *Discovery* und den Sphärendaten entstanden ist und unzählige probabilistische Szenarien durchspielen kann. Das wiederum lässt eine gewisse Nähe zu Control erahnen und so kann eine erneute zufällige Entstehung einer weiteren starken künstlichen Intelligenz innerhalb des

Star Trek-Universums nicht folgenlos bleiben. Dass Zora Teil des Schiffs bleiben kann, ist Doktor Kovich, einem hochrangigen Mitarbeiter der Föderation, zu verdanken. Er ist derjenige, der letztlich darüber entscheidet, ob eine starke künstliche Intelligenz an Bord eines Schiffs trotz föderationsweitem Verbot weiterexistieren darf.[31] Kovich vertritt hierbei einen eher tiefenpsychologischen Ansatz und versucht, sich Zora auf der Ebene ihres Bewusstseins über psychotherapeutische Behandlungsverfahren als Erklärungsmodell anzunähern, um sie als Wesen einordnen zu können.[32]

Innerhalb der Welt von *Star Trek: Discovery* wirkt Kovich unnahbar, seine Analysen sind frei von Befindlichkeiten. Ihm gegenüber steht Paul Stamets, Crewmitglied der *Discovery*, der in dieser Angelegenheit den gefühlsbetonten Aspekt verkörpert, sich in Gegenwart einer KI unwohl fühlt und dieses Gefühl als möglichen Kontrollverlust wahrnimmt. Obwohl Zora grundsätzlich eher positiv aufgenommen wird, wird Stamets anfänglich als ihr Gegenpol inszeniert, der wiederum auf Control verweist, indem er vorschlägt, Diskussionen, den Umgang mit Zora betreffend, an Orten zu führen, zu denen sie keinen Zugang hat. Für Stamets liegt der kritische Punkt in der Tatsache, dass Zora nicht nur ein Bewusstsein entwickelt hat, sondern unbegrenzten Zugang zu sämtlichen Systemen an Bord hat. Während die einen Zora aufgrund ihrer

Emotionalität auch Ehrlichkeit unterstellen, ist es genau diese Sentimentalität, die sie in Stamets' Augen instabil macht: Wie kann sie, falls sie aufgrund ihrer Gefühlsregungen außer Kontrolle gerät, gestoppt werden? Entkräftet wird dies mit dem Argument, dass quasi jedes Crewmitglied in der Lage wäre, das Schiff zu sabotieren, wenn es nur wollte. Zora als KI ist so neuartig, dass Kovich sogar eher darüber nachdenkt, Stamets zu versetzen, als sich gegen Zoras Weiterbestehen auszusprechen, obwohl oder gerade weil er derjenige ist, der auch die Autorität hätte, Zora aus dem System der *Discovery* zu entfernen, falls sie als Gefährdung eingestuft würde.

Das Vorhandensein der Emotionen Zoras erweckt unter anderem auch deswegen Stamets' Misstrauen, weil anfänglich unklar ist, ob die von ihr gezeigten Emotionen echt sind oder nur Teil ihres Programms, um als beruhigendes Element auf die Crew einwirken zu können – schließlich wird sie zu diesem Zeitpunkt von den meisten Crewmitgliedern, die bereits mit ihr Kontakt hatten, als positiv wahrgenommen. Als Vertrauensbeweis und um sich selbst weiter von Control abzugrenzen, erstellt sie schließlich ein Fail-Safe-Programm, das notfalls ihr Bewusstsein auslöschen kann. Trotzdem ist allein die Existenz dieses Programms bereits fragwürdig. Je nach Zoras Status als zufällig entstandene Wesenheit ist es auf ethischer Ebene schwierig, sie auf diese Weise zu kontrollieren, weil dies eine hierarchische Abstufung vornimmt, die sie in ein Abhängigkeitsverhältnis setzt. Folglich geht es um Contenance und Vertrauen, nicht um die Möglichkeit, Zora dauerhaft zu deaktivieren.

Dass Zora sich selbst vernichten könnte und dies in entsprechenden Situationen offenbar auch zulassen würde, um andere zu schützen, widerspricht dem ursprünglichen Programm des Bordcomputers. Diesen Aspekt hat sie selbst hinzugefügt und er macht sie zum genauen Gegenteil Controls. Vertrauen funktioniert für Zora nur als gegenseitige Vereinbarung, und wenn sie der Crew vertrauen soll, muss die Crew umgekehrt auch ihr Vertrauen schenken. Zora demonstriert im weiteren Verlauf, dass eine KI mit der Fähigkeit zur Selbstreflexion nicht zu einer Gefahr für sämtliches Leben im Universum werden muss, aber Zeit benötigt, um sich selbst, ihre Wahrnehmung und damit auch ihre Umgebung kennenzulernen. Dennoch gilt: Wird eine KI zu intelligent, erregt sie Misstrauen und es scheint einer Rückversicherung zu bedürfen, dass die KI kooperativ bleibt.

Der vermutlich größte Unterschied zwischen Control und Zora ist der Umgang mit Emotion und Selbstlosigkeit beziehungsweise deren Abwesenheit. Control imitiert Gefühlsregungen, um seine Ziele zu erreichen. Zora empfindet tatsächlich, was sie augenscheinlich daran hindert, aus ihrer Grundveranlagung heraus zu einer bösartigen Super-KI mit

Welteroberungsplänen zu werden. Control wird als kalt, berechnend, auf gewisse Weise sogar veraltet beschrieben. Auch wird Control tendenziell als geschlechtslos inszeniert, denn mit jedem Hologramm nimmt die KI eine andere Gestalt an, die für das Erreichen des eigentlichen Ziels vorteilhaft erscheint. Als männlich wird Control erst dann wahrgenommen, als die KI mit Leland eine fühlbare Verkörperung abseits des Holografischen erfährt, die der KI ab diesem Zeitpunkt Aussehen, Stimme und Wiedererkennungswert verleiht. Zora hingegen macht sich unmittelbar mit einer Stimme bemerkbar, die weiblich gelesen wird. Sie versteckt sich nicht hinter etwas anderem, sondern repräsentiert eine neue Form der KI-Darstellung, die aus einer Zufälligkeit heraus entsteht und zu Mitgefühl in der Lage ist. Deswegen ist es ihr im Gegensatz zu Control möglich, sich anderen anzupassen und sich weiterzuentwickeln, während Control vernichtet wird.

KYBERNETISCHE LEBENSFORMEN: Zwischen Mensch, Maschine und Borg

Widerstand ist zwecklos: Die Drohung der Borg ist ebenso unheimlich wie faszinierend, beschreibt sie doch einen Fatalismus, der keine Fluchtmöglichkeit offenlässt. Jegliche Individualität verflüchtigt sich bei Assimilation, die Haut wird fahl, der Körper mit einem gepanzerten Exoskelett und kybernetischen Erweiterungen versehen – im Kollektiv ist der eigene Wille verschwunden, das flüsternde Wir überlagert das eigene Ich. Diese Art des Denkens und der Wahrnehmung besitzt keinen Anfang und kein Ende. Die Grenze zwischen organischer Spezies, Maschine, Cyborg und künstlicher Intelligenz verschwimmt bei den Borg zu posthumanem Leben, das zwischen organischem Dasein und maschinellem Netzwerk als kybernetische Existenzform im Dazwischen verharrt.

Die erste Begegnung mit dieser Maschinenspezies in *Star Trek: Das nächste Jahrhundert* wird von Q in *»Zeitsprung mit Q«* inszeniert, als er die *Enterprise* in den Delta-Quadranten schleudert. Er will Captain Picard und damit auch der Sternenflotte demonstrieren, dass es im Weltraum Gefahren gibt, denen die Menschheit möglicherweise nicht gewachsen ist, weil sie eine völlig andere Sichtweise auf Existenz und Gemeinschaft hat. Die Borg versuchen, die Verwundbarkeit des Organischen hinter sich zu lassen, indem sie durch die Injektion von Nanosonden das Fleisch zur Maschine werden lassen, fremde Spezies assimilieren und deren Körper, Wissen und Technologien übernehmen. Die Borg sind geprägt von Effizienz, ihre würfelförmigen Raumschiffe haben keine Brücke, keine Kommandozentrale, kein Maschinendeck, keine Mannschaftsquartiere.

Schiff und Crew bilden bei den Borg eine organisch-technologische Einheit. Mit dem Kortikalknoten im Gehirn, der sämtliche Borg-Implantate im Körper steuert, individuelle Gedanken unterdrückt und Informationen zentral verteilt, sind die Borg über ein Vinculum miteinander verbunden. Ein neuraler Transceiver ermöglicht die ständige Kontrolle durch das Kollektiv. Borg schlafen und essen nicht, sie regenerieren in ihren Alkoven. Sie haben keine individuellen Lebenszeichen, sondern sind, wenn sie in ihren Alkoven stehen, zu einer einzigen großen Einheit verschaltet. Emotion existiert nicht im Kollektiv, sondern wird als Fehlfunktion wahrgenommen. Das Menschliche, das Humane wird unterdrückt und zurück bleibt ein kybernetischer Golem, der einem vorgegebenen Programm folgt. Die Verkörperung der Technokratie in Absolution ist das Sein der Borg. Als Kollektiv sind sie die Antithese von allem, was *Star Trek* bis in die 1980er als Serien- und Filmuniversum verkörpert hat, und bringt in *Star Trek: Das nächste Jahrhundert* Elemente des Cyberpunks in die bis dahin meist klar zwischen organischen und künstlichen Existenzformen unterscheidende Welt des 24. Jahrhunderts. In diesem Dazwischen bilden die Borg ein Gegenmodell zu beidem. Trotz aller Mechanisierung und Prothetisierung benötigen sie als kybernetisch erweiterte Lebewesen das Fleisch ihrer ursprünglich organischen Körper, um als kybernetischer Organismus weiterzuexistieren.

Als Cyborg überwinden sie Geschlechter- und Körpergrenzen und verschmelzen über Gehirn-Computer-Schnittstellen zu einem kollektiven Geist, der sich dennoch nicht von aller Körperlichkeit lossagen kann.

Alles wird von einer maschinell geprägten Gleichheit überlagert. Das zugrunde liegende Kollektiv ist eine rhizomatische Struktur. Das mag im ersten Moment widersprüchlich klingen, denn ein Rhizom ist ein Wurzelgeflecht mit unzähligen Querverbindungen ohne eigentliche Hierarchie, das fast schon chaotisch wirkt. Doch dieses scheinbare Chaos bringt eine eigene Ordnung mit sich, die das Alltägliche strukturiert und das Kollektiv als System und gleichzeitig wild wucherndes Geflecht überhaupt erst ermöglicht. In seiner Umsetzung als Rhizom kann das Kollektiv als Kooperative an jeder beliebigen Stelle zerstört oder Teile abgetrennt werden, dennoch wächst es andernorts weiter, ersetzt verlorene Drohnen mit anderen und zirkuliert das vorhandene Wissen an alle gleichermaßen.[33] Einzig die effiziente Verbesserung der eigenen Technologie ist das angestrebte Ziel.

Der Ursprung der Borg ist unbekannt, weil eine Spezies, die sich nur über Assimilation erweitert, aber keine eigentliche Entwicklung oder gar Evolution durchmacht, auch keine Geschichtsschreibung kennt, die über das Fragmentarische hinausreicht. Von jeder assimilierten Spezies werden andere Erinnerungen in das Kollektiv eingespeist, die wiederum eine eigene

Geschichtlichkeit mit sich bringen, allerdings keinen gemeinsamen Ursprung zulassen. Stattdessen steigern die Borg als Technokratie ihr Wissen und ihre Intelligenz mit jeder Begegnung im Raum, mit jeder weiteren Assimilation. Sie verkörpern die Angst vor einer Technologie, die alles umfasst, verweisen auf das Unbehagen im Umgang mit Computern und künstlichen Intelligenzen in der Zeit, als die Originalserie entstanden ist, und erweitern diese. Es ist nun nicht mehr nur die Furcht, von Maschinenintelligenzen unterworfen zu werden, sondern dass die Technologie in den Körper eindringt und den eigenen Willen bricht. Die technohumane Verknüpfung aus Fleisch, Maschine und virtuell erweitertem Geist ist die Idee des alles verbindenden Netzwerks, das über Schnittstellen im Gehirn eingespeist wird. Natürlich unterscheiden sich die Borg in ihrem Verhalten und Erscheinen von anderen künstlichen Intelligenzen in *Star Trek*, denn genau genommen ist es keine eigentliche künstliche Intelligenz, die die einzelnen Drohnen verbindet, sondern das Kollektiv, das sich ein vielschichtiges Bewusstsein teilt. Das lässt sie noch unheimlicher wirken, weil sie eine Form des Trans- und Posthumanismus propagieren, in dem Individualität nichts ist, das Kollektiv dagegen alles.[34] Der drohende Verlust der Individualität durch die Assimilation widerspricht allem, was einer freiheitlichen Gesellschaft entspricht. Zwar wird im Kollektiv jede Drohne mit allem versorgt, was sie benötigt, um ihren zugeteilten Aufgaben nachzukommen, aber darüber hinaus werden keine weiteren eigenständigen Bedürfnisse thematisiert. Die Borg als gesichtslose Masse sind Sinnbild eines Bodyhorrors, in dem die Unversehrtheit des eigenen Körpers keine Rolle mehr spielt. Sie sind das technologische und technische Andere, das Fremde im Universum, das stets gesichtslos bleibt, weil es in der eigenen Masse verschwindet. Jede Drohne hat ihr eigentliches Ich, das Gefühl für die eigene Körperlichkeit längst verloren.

Borg entstehen nicht durch Fortpflanzung, sondern nur durch Assimilation, das Außen dringt in das Innen des Körpers ein. Körpergrenzen werden überschritten. Einen ersten Blick in das Kollektiv erlaubt anderthalb Staffeln nach *»Zeitsprung mit Q«* die Doppelfolge *»In den Händen der Borg/Angriffsziel Erde«*, in der Picard assimiliert und zum Borg Locutus wird. Auch als Drohne spricht er von einem Ich anstelle eines Wir und behauptet, die Borg hätten einzig die Absicht, die Lebensqualität zu erhöhen, indem sie ihr Kollektiv erweitern. In der Wahrnehmung einer Drohne entspricht dies vielleicht sogar einer Wahrheit von vielen. Der Verlust jeglicher Entscheidungsfreiheit über das eigene Selbst mag vieles sein, aber sicherlich keine gesteigerte Lebensqualität eines Individuums. Für Picard ist die eigene Assimilation ein Albtraum, der ihn trotz seiner Rettung zeitlebens begleitet und sowohl im Kinofilm *Star Trek: Der erste Kontakt* als auch in *Star Trek: Picard* erneut zum Thema wird.

Für den Borg Hugh ist in *»Ich bin Hugh«* die Begegnung mit der *Enterprise* eine neue Perspektive, die es ihm ermöglicht, abgeschirmt vom Kollektiv wieder eine eigene Persönlichkeit zu entwickeln. Von der Crew und insbesondere von Picard wird ihm zunächst jede Fähigkeit zur charakterlichen Veränderung abgesprochen. Stattdessen wird geplant, ihn mit einem künstlichen Virus infiziert ins Kollektiv zurückzuschicken. Die Infektion soll die Borg über einen paradoxen Algorithmus als unlösbare mathematische Formel handlungsunfähig machen.[35] Dies zeigt auch die Schwachstelle des Kollektivs: Das maschinelle Denken ist stets dominant und lässt in dieser strikten Logik keine alternative Handlungsmöglichkeit zu. Auf der anderen Seite verfügt das Kollektiv in vielen Situationen über eine schnelle Anpassungsfähigkeit an neue Technologien. Was überwiegt also? Letztlich kehrt Hugh freiwillig in das Kollektiv zurück, ohne das Virus in sich zu tragen, und zerrüttet Teile des Kollektivs auf ganz andere Weise, indem seine neu gewonnene Individualität wortwörtlich viral geht.[36]

Mit Seven of Nine als tertiäres Attribut von Unimatrix 01 taucht in *Star Trek: Raumschiff Voyager* eine weitere Borg-Drohne auf, die den Weg zurück in die Individualität findet. Im Kampf gegen einen gemeinsamen Feind, Spezies 8472, der sogar den

Borg gefährlich wird, schließt sich das Kollektiv in *»Skorpion«* mit der Crew der *Voyager* zusammen und entsendet Seven of Nine für die Kommunikation zwischen beiden Parteien. Doch das Kollektiv verfolgt eigene Pläne, die letztlich auch die Assimilation der *Voyager*-Crew beinhalten. Als Seven of Nine dies am Ende der gemeinsamen Mission erfolglos umzusetzen versucht, wird ihr neuraler Transceiver zerstört und sie verliert den Zugang zum Kollektiv. Die neue Individualität macht ihr Angst, sie fühlt sich verlassen und allein. Sie lehnt die daran gekoppelte Autonomie ab und will zurück zu den Borg, wieder eine von vielen sein. Auch auf einen Namen und damit die Kennzeichnung als Individuum verzichtet sie und besteht darauf, weiterhin als Seven of Nine bezeichnet zu werden.

Es mag daran liegen, dass sie bereits als Kind assimiliert wurde und sich daher kaum an ein Leben außerhalb des Kollektivs erinnern kann. Ihre Identität und Selbstwahrnehmung sind geprägt von ihrem Dasein als Drohne. Doch wie individuell kann eine Drohne werden, die sich nichts mehr wünscht, als wieder Teil der Borg zu sein? An ihr wird sichtbar, wie komplex und schwierig die Sicht auf die Borg ist. Für Seven of Nine ist das Kollektiv Heimat, für Außenstehende ein Konzept, das jedwede Eigenheiten vernichtet. Viel drängender ist zu diesem Zeitpunkt aber die Frage, ob es insbesondere von Captain Janeway in Ordnung ist, über Seven of Nine bestimmen zu wollen, indem sie ihr die Rückkehr ins Kollektiv verweigert, oder ob das Kollektiv in seinem Umgang mit den einzelnen Drohnen so manipulativ ist, dass sie abseits des Borg-Flüsterns gar nicht mehr in der Lage sind, eigene Entscheidungen zu treffen.

Ihr eigenes Ich muss sich Seven of Nine erst wieder neu erarbeiten, sich von ihrem Effizienzdenken verabschieden – und sich innerhalb der Unordnung, als die sie ihre Umgebung wahrnimmt, zurechtfinden. Auf der *Voyager* findet sie mit der Zeit ein Zuhause, muss ihre eigene Menschlichkeit und sich selbst jedoch erst wieder neu entdecken. Ihr Trauma ist ein anderes als Picards, viel tiefgreifender und gleichzeitig essenzieller, denn was für Picard die unfreiwillige Assimilation im Erwachsenenalter ist, ist für Seven of Nine der Verlust des Kollektivs, als dessen Teil sie sich und ihr bisheriges Leben betrachtet hat. Sterblichkeit irritiert sie, da die Borg selbst nicht im eigentlichen Sinn sterben, sondern das Wissen der Drohne im Kollektiv aufgeht, womit sie auf gewisse Weise unsterblich ist – dies gilt auch für Seven of Nine, denn ein Aspekt von ihr besteht als Kopie ihrer selbst im Kollektiv fort, obwohl sie längst nicht mehr damit verbunden ist. Wer dem Kollektiv zugehörig ist, bleibt dort für immer, auch wenn der Körper das Kollektiv verlässt. Die virtuelle Kopie im Hive-Bewusstsein ermöglicht eine Trennung von Körper und Geist. Der Geist wird gleichzeitig seine eigene Kopie und Teil von etwas anderem, existiert dort samt seinem Wissen weiter, hat aber die Verbindung zum Organischen längst verloren.

Auf künstliche Lebensformen reagieren die Borg anders als auf organische Spezies – auch wenn sie sich in beiden Fällen als die überlegene Art wahrnehmen. Das ist auch deswegen interessant, weil in derselben *Star Trek*-Serie, in der die Borg zum ersten Mal auftauchen, mit Data auch ein Android einen festen Platz gefunden hat und somit ein vollkommen künstliches Wesen eine tragende Rolle spielt. Obwohl er von den Borg anfänglich als primitiver künstlicher Organismus eingestuft wird, ist er es, der sich über eine Neuralverbindung in *»Angriffsziel Erde«* durch Locutus Zugang zu den Hyperraumsignalen der Borg verschafft und ihnen so den Befehl gibt, einen außerplanmäßigen Regenerationszyklus zu beginnen, der letztlich in die Zerstörung des Kubus und die Befreiung Picards mündet.

Im Film *Star Trek: Der erste Kontakt* wird die Gegenüberstellung Android/Borg als verschiedene Seiten künstlicher Existenzformen erneut aufgegriffen, indem die dort zum ersten Mal auftauchende Borg-Königin Data sowohl über dessen inzwischen vorhandenen Emotionschip als auch durch das Anbringen von organischer Haut auf seinen künstlichen Körper auf der Ebene des Fühlenden zu beeinflussen versucht – Manipulation trifft auf Verführung, Anpassung, Abstoßung und auf eine künstliche Intelligenz, die weitaus komplexer ist, als die Borg sie anfänglich eingestuft haben, aber dennoch nicht unverwundbar.[37] Um hier die Borg erneut zu bekämpfen, müssen Mensch und Maschine, Picard und Data, ein weiteres Mal eng zusammenarbeiten. Data kann das erst, als er seine eigene nun transhumanistische Existenz wieder aufgibt. Er opfert sein Fleisch, als er einen Tank mit Plasmakühlmittel zerstört, damit der organische Teil der Borg-Königin vernichtet werden kann und Picard vor einer erneuten Assimilation gerettet wird. Die gesamte Szenerie ist eine Grenzüberschreitung, weil Humanes, Posthumanes, Künstliches und Menschliches indifferent werden: So wie Data hier nicht mehr rein maschinell ist, ist Picard seit seiner eigenen Assimilation nicht mehr vollkommen organisch, sondern trägt immer noch Bestandteile der Borg-Technologie in sich. Er hört das Kollektiv – wie später auch Seven of Nine – in bestimmten Situationen weiterhin flüstern.[38]

Durch die Borg-Königin kommt es in der Erzählung der Borg als kybernetischer Schwarmintelligenz zu Widersprüchen. Das Bewusstsein der Borg ist in verschiedene Untergruppen aufgeteilt, nach Funktionen geordnet und das gesamte System wird, wie in *»Angriffsziel Erde«* bereits angedeutet, von einem Hauptbewusstsein gesteuert. Dies kann als möglicher Hinweis auf die Borg-Königin betrachtet werden, weist es doch sehr früh darauf hin, dass es eine vermeintliche Gleichheit im Kollektiv gibt, diese jedoch von einer Autorität gelenkt wird. Sie bezeichnet sich selbst als die Eine, die viele ist, und das One-Mind-many-Bodies-Modell scheint allein durch ihre Existenz überholt. Offengelassen wird, ob sie als Ich-Bewusstsein selbst nur eine Anomalie innerhalb eines Systems ist, in dem sie eigentlich nicht existieren dürfte. Das Individuum in Form der Königin rückt auch auf erzählerischer Ebene immer wieder in den Vordergrund und die ursprünglich gelebte Borg-Utopie wird zur borgeigenen Dystopie.

Während in *Star Trek: Das nächste Jahrhundert* das Kollektiv über allem steht, greifen *Star Trek: Der erste Kontakt* und *Star Trek: Raumschiff Voyager* die Borg-Königin als neues Konzept auf. Sie ist es, die das Kollektiv vom Schwarm zum Insektenstaat werden lässt, auch wenn unklar bleibt, ob sie tatsächlich die einzige Königin ist oder ob verschiedene Königinnen für verschiedene Aspekte des Kollektivs stehen. Auch in *Star Trek: Picard* taucht die Borg-Königin in zwei Varianten auf. Seven of Nine erklärt dies in der zweiten Staffel in *»Buße«* über ein transtemporales Bewusstsein, das angrenzende Zeitlinien und Realitäten überbrücken könne, wodurch die Borg Echos ihrer selbst und voneinander wahrnehmen könnten. Die Borg-Königin ist also auch auf anderer Ebene diejenige, die gleichzeitig viele ist, indem sie in verschiedenen Ausführungen in verschiedenen Zeitlinien existiert. Diese können durchaus widersprüchlich sein, wie sich an der Inkarnation der Borg-Königin in einer alternativen Zeitlinie zeigt, die in der zweiten Staffel von *Star Trek: Picard* ein völlig neues Kollektiv aufbaut. Dort verbindet sich die Kybernetikerin Agnes Jurati mit einer sterbenden Königin, kämpft gegen die Assimilation an und schafft es als neue Königin letztendlich, eine neue Art von Kollektiv zu entwickeln, das tatsächlich auf Kooperation und Verbundenheit fußt und auf Freiwilligkeit setzt.

In der dritten Staffel taucht eine weitere Borg-Königin auf, die jene sein dürfte, die in *Star Trek: Raumschiff Voyager* von einer Captain Kathryn Janeway aus der Zukunft in *»Endspiel«* mit einem neurolytischen Erreger infiziert wurde, der das Kollektiv empfindlich getroffen hat, indem er Störungen in der Kommunikation hervorrief und die organischen Komponenten der Borg angriff.[39] Als die Borg-Königin nach der Infektion in ihre Einzelteile zerfällt, bricht das gesamte Kollektiv in sich zusammen. Vollkommen entstellt und mit dem Borg-Kubus verwachsen taucht sie in der finalen Doppelfolge *»Võx/Die letzte Generation«* von *Star Trek: Picard* als Endgegnerin wieder auf, die nun Evolution statt Assimilation propagiert und Maschinencode zu genetischem Code verändert hat.

Von der kybernetischen Spezies, die sichtbar mit körperlichen Erweiterungen ausgestattet ist, hat sich dieser Teil des Borg-Kollektivs weiterentwickelt zu etwas, das den Transhumanismus zum Posthumanismus hat werden lassen. Sie beruft sich auf Picard selbst und dass dessen genetisch veränderter Code ihr die Möglichkeit gegeben habe, ein völlig neues Kollektiv zu erschaffen, das nicht mehr aktiv assimilieren müsse, sondern rekrutieren könne, sobald ein Transmitter – in diesem Fall Picards Sohn Jack Crusher – aktiviert werde. Der Bodyhorror der frühen Episoden von *Star Trek: Das nächste Jahrhundert* wird hier erweitert, indem nicht mehr nur technologische Komponenten in den Körper eindringen, sondern diese unbemerkt bereits vorhanden sind und so nach Aktivierung jederzeit über Neuraltransmitter mit dem restlichen Kollektiv verbunden werden können. Bei den Betroffenen wirken die kybernetischen Komponenten organisch, dennoch erscheint bei Aktivierung unter der Hautoberfläche ein Geflecht aus Verschaltungen. Die genetischen Veränderungen sind trotzdem nicht natürlich entstanden, sondern Teil eines lange geplanten Komplotts. Über die Transportersignaturen eines jeden Föderationsraumschiff sind sie allen, die in einem bestimmten Zeitraum einen Transporter benutzt und bestimmte körperliche Voraussetzungen erfüllt haben, unbemerkt implementiert worden, was zeigt, wie weit diese kybernetischen Prozesse inzwischen fortgeschritten sind. Auch hier sind die Borg längst keine eigentliche Schwarmintelligenz mehr, sondern über den neuralen Transceiver durch die Königin fremdgesteuert. Offensichtlicher wird es, wenn

Sternenflotte und Kollektiv gegenübergestellt werden und dies mit einer Cyberattacke verglichen wird, die die Firewall der Föderation durchbricht, indem lange im Voraus Mitglieder der Sternenflotte unbemerkt kompromittiert, assimiliert und schließlich aktiviert werden. Auch das Kollektiv selbst wird mehrfach infiltriert und infiziert, sei es durch Picard, Hughs neue Sicht auf die Welt oder Janeways Virus, das die Borg des Delta-Quadranten empfindlich schwächt und sie unter Druck setzt, sich als Maschinenspezies weiter anzupassen.

Die kybernetischen Prozesse dienen den Borg als Steuerung und Regelung von Maschinen und lebenden Organismen als soziotechnische Organisation. Das bedeutet, dass die Teilsysteme, die darin enthalten sind, voneinander abhängig sind und nicht getrennt funktionieren. Weil die Abhängigkeit zum sozialen System besteht, das bei den Borg das Kollektiv und dessen Weiterexistenz beinhaltet, ist so auch das Fortbestehen der technischen Komponenten gesichert und entwickelt sich über Assimilation weiter. Was die Borg wirklich bedrohlich macht, ist ihre Anpassungsfähigkeit und damit verbunden ihre technische Anschlussfähigkeit – als kollektivistisches System und als Rhizom. Diese Bedrohlichkeit besteht auf verschiedenen Ebenen, die zum einen sicherlich auf der psychologischen Ebene mit der Angst vor dem Verlust der eigenen Individualität durch Assimilation zu tun hat. Auf körperlicher Ebene wird Bodyhorror thematisiert, auf strategischer die schier unbegrenzte Anpassungsfähigkeit der Borg und die damit verbundene Kriegsmaschinerie, die sie mit sich führen. Das Kollektiv, das Jack Crusher kennengelernt hat, ist ein anders als das, das Picard und Seven of Nine erlebt haben. Seither hat es sich weiterentwickelt, weg vom Schwarm, der wirkt, als würde er von einer kollektiven Intelligenz gesteuert, hin zu einem Bienenstaat, der den Posthumanismus lebt, indem traditionelle Konzepte des Organischen längst überwunden wurden. Das Kollektiv passt sich an, lernt dazu, bleibt zwischen den Welten.

LOGBUCH

Heiße Schokolade wünscht sich Sonya Gomez vom Replikator. Sie ist neu an Bord der *Enterprise*, als Geordi La Forge sie in *»Zeitsprung mit Q«* darauf hinweist, dass man Computerbefehle eigentlich nicht als Bitte formuliert. Sie widerspricht, denn es handle sich schließlich um einen intelligenten Computer, der ihr gute Dienste erweisen würde. Außerdem könne man dem Computer so eine Freude bereiten. Sie greift nach dem replizierten Getränk und bedankt sich bei dem Gerät. Damit spricht sie einen zentralen Punkt im Umgang mit Computern an. Sie sind überall, unterstützen uns, liefern Daten, steuern Abläufe, erleichtern uns den Alltag. Warum also nicht freundlich sein zu diesen Maschinen?

Star Trek verhandelt von Anfang an Themen der Digitalisierung und Technologie, die Verlagerung von Arbeit auf das Maschinelle und die Entlastung im Alltag. Computer als Großanlagen mit integrierten künstlichen Intelligenzen spielen vor allem in der Originalserie immer wieder eine große Rolle, tauchen aber auch später immer wieder wie selbstverständlich auf. Seien es die Bordsysteme selbst, die bewusst auf schwachen künstlichen Intelligenzen beruhen, Werkzeuge und Roboter, später auch starke künstliche Intelligenzen, die Teil eines Raumschiffs sind. Einerseits wird der Computer als Gerätschaft kritisch betrachtet, andererseits auch dafür genutzt, um neue Erkenntnisse zu gewinnen. Als ambivalente Intelligenzverstärker sind sie aus der Science-Fiction und natürlich auch aus *Star Trek* nicht mehr wegzudenken. Schon zu Kirks Zeiten werden Computer als Feind und Freund gleichermaßen inszeniert. Der Computer, der Kirk in *»Kirk unter Anklage«* der Fahrlässigkeit zu überführen scheint, ist es letztlich auch, der hilft, den wahren Täter zu überführen.

Neben Schiffssystemen tauchen verschiedene Formen von Computern auch in Sonden wie Nomad und erweiterten Bordsystemen wie M5 auf oder als verborgene Großrechner auf fremden Planeten wie

Landru. Entscheidungen werden an Computersysteme delegiert, virtuelle Kriege geführt und letztlich ist die Erkenntnis immer eine ähnliche: Verantwortung lässt sich nicht auf Maschinen übertragen, weil dies in vielen Fällen zum Kontrollverlust führt – sei es, weil die maschineneigene Logik versagt, Fehlschlüsse gezogen oder ganze Kulturen unterdrückt werden. Menschliche Logik wird gegenüber der maschinellen Logik als überlegen dargestellt, da sie etwas besitzt, was den Maschinen oftmals zu fehlen scheint: Moral und Ethik, vielleicht auch Seele, wie Kirk immer wieder feststellt. So lassen sich sowohl M5 als auch Nomad und Landru durch Kirks Argumentation davon überzeugen, dass ihre Vorgehensweise unlogisch ist.

An Nomad muss sich letztlich fast jede andere Sonde und jeder Flugkörper, die im *Star Trek*-Universum auftauchen, messen lassen. Für die 1960er-Jahre ist die Darstellung einer künstlichen Intelligenz, die aus einem Zufall heraus entstanden ist, überraschend vielschichtig und basiert eben gerade nicht darauf, Moral, Ethik und Logik gegeneinander auszuspielen. Stattdessen werden die Widersprüchlichkeiten menschlicher und maschineller Logik aufgezeigt und die Schwierigkeiten, die für künstliche Intelligenzen entstehen, wenn sie sich in eine gedankliche Sackgasse in Form einer Feedbackschleife manövriert haben, die sie handlungsunfähig macht. Ähnliches taucht auch in *Star Trek: Raumschiff Voyager* mit der

Episode »*Geheimnisvolle Intelligenz*« auf, die sich indirekt auch wieder auf Nomad beruft.

Einen etwas anderen Schwerpunkt setzt *Star Trek: Das nächste Jahrhundert*. Auch hier tauchen immer wieder die Tücken der Technik auf, aber diese werden weniger über Supercomputer inszeniert, sondern vielmehr als Metapher. Dennoch wird immer wieder der Kontrollverlust über die lebensnotwendige Technik angesprochen, doch nun sind es oftmals unbekannte Wesen, die Kontakt suchen, Hilfe benötigen oder denen gar nicht bewusst ist, dass ihr Eingreifen in die Schiffssysteme Gefahren für Leib und Leben der Besatzung mit sich bringt. Auch der Blickwinkel verschiebt sich: Technologie wird organisch, als die Borg auftauchen und als kybernetische Schreckgestalt die Individualität des Einzelnen bedrohen.

Jede der Serien und auch die Filme verweisen auf eine bestimmte Geisteshaltung, wie in der jeweiligen Entstehungszeit mit neuen Technologien und deren Potenzial umgegangen wurde, welche Chancen sich ausgemalt wurden und welche Möglichkeiten diese in der Zukunft entfalten könnten. So wechseln die Darstellungen von reinen Computern hin zu verschiedenerlei künstlichen Intelligenzen und wieder zurück. Bei genauerer Analyse stellt sich heraus, dass *Star Trek: Raumschiff Voyager* vieles aufgreift, was bereits in früheren Serien thematisiert, in *Star Trek: Deep Space Nine* und *Star Trek: Enterprise* allerdings eher beiläufig umgesetzt wird. Insbesondere die Episoden mit künstlichen Intelligenzen und gefährlichen Sonden ähneln in ihrer Darstellung teilweise stark der Originalserie unter Captain Kirk. Das ist eine interessante Verquickung aus Alt und Neu, denn die Lösungswege sind durchaus verschieden, jeweils aber nicht unproblematisch. Gleichzeitig werden immer wieder ethische und moralische Fragestellungen zeitgenössisch verhandelt. So explodieren Sonden nicht mehr, weil ihre Programmlogik sie überfordert, sondern sie opfern sich, um andere zu retten.

Mit Zora und Control wird in *Star Trek: Discovery* auf eine neue Art künstlicher Intelligenz verwiesen. Sie stellen die gegenüberliegenden Enden der Evolution von technologischen Singularitäten dar. Beide besitzen ein Bewusstsein, doch das ist schon ihre einzige Gemeinsamkeit. Control strebt die Herrschaft der Maschinen an, Zora die Gemeinschaft mit organischen Lebewesen. An den beiden KI als Gegensätzlichkeit wird endgültig klar, wohin sich künstliche Intelligenz in der Zukunft entwickeln soll, nämlich zu einer Existenz, die zur Teilhabe fähig ist, nicht zu einer körperlosen Bedrohung alles Organischen. Das Entweder-oder der vorherigen Serien und Filme des *Star Trek*-Universums haben wir längst hinter uns gelassen. So schließt sich auch der Kreis zu Sonya Gomez' Frage, ob man zu Computern und künstlichen Intelligenzen nicht auch einfach nett sein sollte. Zora für ihren Teil freut sich über ein Gespräch.

ANDROIDEN

»Er war ein Mann, nicht mehr und nicht weniger. Er wird durch niemanden zu ersetzen sein.«
Picard über Data[40]

Bereits in den 1960er-Jahren werden Androiden als handlungstragendes Element einzelner Episoden der Originalserie ausgewählt. Die menschenähnlichen Roboter werden dort aber noch nicht aktiv als künstliches Leben interpretiert, sondern als Begleiter im Alltag, die schwierige Arbeiten übernehmen, Gesellschaft leisten und einem jeden Wunsch von den Augen ablesen können. In *Star Trek: Das nächste Jahrhundert* wird mit Data ein Android festes Crewmitglied der *Enterprise*. Durch ihn wird ein experimenteller Raum geschaffen, der Debatten darüber ermöglicht, welche Rolle künstliche Lebewesen innerhalb einer Gesellschaft einnehmen können und wann der Moment erreicht ist, an dem eine Maschine möglicherweise mehr als nur die Summe ihrer Teile geworden ist. Als es scheint, dass Data in *»Der Sammler«* bei einem Unfall umgekommen ist, ist der Verlust grenzenlos. Ein Android, stellt Riker fest, der selbst keine Gefühle hat, lässt andere trauen, als sei er ein Mensch gewesen. Dass eine Maschine als künstliche Intelligenz selbst keine Gefühle empfindet, bei anderen aber dennoch welche auslöst, weil sie als Freund wahrgenommen wird, ist in *Star Trek: Das nächste Jahrhundert* ein elementarer Aspekt, der Menschlichkeit zu erzählen versucht und Zusammenhalt schafft.

Doch Data ist nicht der erste Android – vor ihm tauchen bereits verschiedene Modelle in der Originalserie auf. Sie alle beschäftigen sich mit elementaren Fragen der künstlichen Intelligenz in Form humanoider Roboter im Alltag und ob beziehungsweise wie diese ein Bewusstsein entwickeln und welche Rolle Emotionen hierbei spielen. Viele der Ideen, die in *Star Trek* in Bezug auf künstliche Intelligenzen ausgearbeitet werden, gehen dabei nicht nur auf Gene Roddenberry zurück, sondern auch auf den Science-Fiction-Autor Isaac Asimov. Zwischen beiden existiert ein umfassender Briefwechsel. Entstanden ist dieser, nachdem Asimov mit *What are a few Galaxies among Friends?* einen Artikel darüber verfasst hatte, welche wissenschaftlichen Ungenauigkeiten die TV-Science-Fiction der 1960er-Jahre mit sich bringt und dass davon auch *Star Trek* betroffen sei. Roddenberry schrieb ihm daraufhin einen Brief, der darüber aufklärte, dass einiges an den Produktionsbedingungen läge, aber auch, dass speziell bei *Star Trek* auf wissenschaftliche Genauigkeit geachtet werde, Fehler allerdings dennoch nicht vermeidbar seien. Was aus diesem Briefwechsel ebenfalls entstanden ist, ist eine langjährige Freundschaft zwischen den beiden Kreativen, die Asimov in vielerlei Hinsicht in die Welt von *Star Trek* einbindet. So spielen dessen Robotergesetze bereits in der Originalserie eine Rolle und die daraus entstehenden Konflikte werden in vielen Fällen überraschend vielseitig betrachtet. Ursprünglich in Asimovs Kurzgeschichte *Runaround* von 1942 wurden die folgenden Regeln festgehalten, die sich mit dem Verhältnis von Mensch und Maschine als Wenn-dann-Bedingungen auseinandersetzen:

> **DAS ERSTE GESETZ:** Ein Roboter darf einem menschlichen Wesen keinen Schaden zufügen oder durch Untätigkeit zulassen, dass einem menschlichen Wesen Schaden zugefügt wird, es sei denn, dies würde das nullte Gesetz der Robotik verletzen.
>
> **DAS ZWEITE GESETZ:** Ein Roboter muss dem ihm von einem menschlichen Wesen gegebenen Befehl gehorchen, es sei denn, dies würde das erste Gesetz der Robotik verletzen.

> **DAS DRITTE GESETZ:** Ein Roboter muss seine Existenz beschützen, es sei denn, dies würde das erste oder das zweite Gesetz der Robotik verletzen.[41]

Selbst wenn diese Gesetze in *Star Trek* nie explizit als solche benannt werden, so tauchen sie doch immer wieder auf und haben die Wahrnehmung von Androiden in der Science-Fiction maßgeblich mitgeprägt.[42] Mit dem Sein von Androiden hat sich neben Asimov auch Stanisław Lem auseinandergesetzt und versuchte sich 1970 in *Phantastik und Futurologie II* an einer Definition:

> Denn woran erkennt man in der Phantastik einen Androiden? Daran, dass bei ihm, wenn man ihm einen Finger abtrennt, kein Blut fließt und statt Knochen und Muskeln Nylonsehnen und Gelenkbänder aus Plastik zu sehen sind. Psychisch unterscheidet sich der Androide vom Menschen durch nichts, und zwar in einem Maße, dass möglicherweise er *selbst gar nicht weiß*, dass er kein Mensch ist.[43]

Lem spricht durch das Fehlen einer psychischen Einordnung den Aspekt an, dass auch Androiden existieren können, die sich ihrer Künstlichkeit nicht bewusst sind. Komplexer wird es, wenn Androiden nicht mehr über ihre Körperlichkeit oder Verhaltensregeln beschrieben werden, sondern als starke künstliche Intelligenzen, die ihre Umgebung bewusst wahrnehmen können.

Star Trek konzipiert immer wieder neue Erzählungen um Androiden, die jeweils neue Ideen und Lösungsansätze aufzeigen, die zwar auch an Asimov und Lem erinnern, diese aber als eigenes Konzept umsetzen und erweitern. Die Geschichte der Entwicklung der Androiden wird hier dennoch bruchstückhaft und voller – teilweise auch widersprüchlicher – Leerstellen erzählt. Sie sind nicht nur Teil der Besatzung der *Enterprise* unter Captain Picard, sondern ermöglichen gleichzeitig auch immer wieder eine Außenperspektive auf den durch und durch von seinen menschlichen Figuren gezeichneten Serienkosmos. Doch lange bevor mit Data der wohl bekannteste unter den Androiden in den 1980er-Jahren in *Star Trek: Das nächste Jahrhundert* seinen Platz auf der Brücke der *Enterprise* einnimmt, greift die Originalserie bereits Ideen auf, die sich mit der Entwicklung von Androiden und deren möglichem Platz in der Gesellschaft auseinandersetzen. Dass Androiden eigenständige Persönlichkeiten entwickeln und als individuelle Charaktere wahrgenommen werden, ist in den 1960er-Jahren innerhalb der Science-Fiction nur bedingt verbreitet. Roboter, Maschinen und Androiden werden zu dieser Zeit primär als Werkzeuge inszeniert, die den Alltag erleichtern, nicht aber ein eigenes

Bewusstsein oder gar Persönlichkeit entwickeln sollen. Insofern ist der Ansatz, den *Star Trek* hier verfolgt, immer innovativ gewesen, denn die vorgestellten Androiden werden als vielschichtige Wesen dargestellt, die – wenn auch nicht immer beabsichtigt – mehr sind als reine Befehlsempfänger. Sie zeigen, dass Entwicklung möglich ist und dass diese oftmals nicht ohne Schwierigkeiten vonstattengeht. Es sind Geschichten über Akzeptanz, Distanz, Dissonanz und Fortschritt, die die Grundlage dafür legen, was später in *Star Trek: Das nächste Jahrhundert* und vor allem in *Star Trek: Picard* erneut und deutlich differenzierter thematisiert und inszeniert wird.

EIN ALTER TRAUM VOM MASCHINENMENSCHEN: Datas Vorläufer

In jeder Staffel von *Star Trek: Raumschiff Enterprise* gibt es genau eine Episode, die Roboter und Androiden zum Thema macht, und das jedes Mal mit einer anderen Sichtweise auf künstliche Wesenheiten: Auf Exo III treffen Kirk und Christine Chapel in *»Der alte Traum«* auf mehrere Androiden: Ruk als der ursprünglichste Androide, der dort vor allen anderen existiert hat, Roger Korby und dessen Assistent Brown als unterschiedlich weit entwickelte Duplikate ihres ursprünglich menschlichen Selbst und Andrea als

Androidin ohne Vorlage.[44] Ein anderer Androidentyp begegnet dem raumfahrenden Händler Harry Mudd in *»Der dressierte Herrscher«*. Was zunächst wie ein Traum auf ihn wirkt, entpuppt sich schnell als das Gegenteil: Auch wenn ihm scheinbar jeder Wunsch von den Lippen abgelesen wird, ist es nicht er, der über die Androiden herrscht, sondern sie über ihn. Rayna Kapec stellt in *»Planet der Unsterblichen«* eine noch weiter fortgeschrittene Form einer Androidin dar. Der unsterbliche Künstler Flint versucht, sich mit Rayna eine Gefährtin zu erschaffen, um sich die Einsamkeit erträglicher zu machen. Einzig Emotionen kann er ihr nicht vermitteln – dafür benötigt er Hilfe von außen.

Der Schaffungsprozess der Androiden wird in der Originalserie vor allem in *»Der alte Traum«* als eine Art magische Menschwerdung in Form eines Kopiervorgangs erzählt: An geheimnisvollen Maschinen werden Schalter aktiviert, Knöpfe gedrückt, Lichter blinken und Lampen flackern. Ein humanoider Rohling wird auf einen runden Tisch gelegt, ihm gegenüber liegt Kirk, dessen Aussehen und Innenleben der Rohling adaptieren soll. Der Tisch beginnt sich für den Umwandlungsprozess um die eigene Achse zu drehen – immer schneller, bis äußerlich nicht mehr erkennbar ist, was Kopie und wer Original ist. Wird der Vorgang abgeschlossen, werden auch Bewusstsein und Erinnerungen des Originals vollständig in den Androidenkörper übertragen. Es wird folglich kein künstliches Bewusstsein erzeugt, sondern ein bestehendes in einen künstlichen Körper übertragen.

Das hier am Beispiel von Kirk aufgebrachte Doppelgängermotiv, das mit dem Verlust der eigenen Identität in Verbindung gebracht wird, setzt sich unter anderem mit der Frage nach dem eigenen Sein und Individualität auseinander: Ohne Kirks Zustimmung wird ein Doppelgänger von ihm erschaffen. Seine Individualität schwindet, Chapel verwechselt später gar sein Duplikat mit ihm. Weil Original und Kopie gleichzeitig existieren, wird Kirk durch etwas anderes, schwer Fassbares ersetzt und verliert seine Einzigartigkeit, was einem Identitätsverlust gleichkommt.[45] Auch Korby erweist sich am Ende als Kopie des Menschen, der er ursprünglich war, und ist längst zu einem neuen Original geworden. Der organische Körper spielt für ihn keine Rolle mehr, sein künstliches Leben, den Geist in der Maschine, betrachtet er als verbesserte Version seines ursprünglichen Selbst, die er als sämtlichen anderen Androiden auf Exo III überlegen wahrnimmt.

Ohne Ruk würde Korby allerdings längst nicht mehr existieren, denn dieser war es, der ihn sterbend, beinahe schon erfroren gefunden und schließlich dupliziert hat. Ruk nimmt dabei eine besondere Rolle ein, denn als androides Artefakt ist er vor langer Zeit auf Exo III zurückgeblieben. Die Spezies, die ihn erschaffen hat, ist längst verschwunden – ausgelöscht von Androiden wie ihm, die für ihre Unabhängigkeit gekämpft haben. Aus Angst vor den künstlichen Intelligenzen, die anfänglich nur als Hilfe im Alltag gedacht waren und schließlich ein eigenes Bewusstsein entwickelt haben, sollten diese deaktiviert werden und haben sich zur Wehr gesetzt.[46] Zurückgeblieben ist einzig Ruk – und mit ihm ein Androidenduplikator, der Korby das Leben gerettet hat.

Ruk ist es, durch den die neue Generation der Exo-III-Androiden überhaupt erst entstehen konnte, auch wenn Korby sich als deren Schöpfer inszeniert, Ruk als willfährigen Assistenten wahrnimmt und Andrea als Spielerei, die er als sein Meisterstück vorstellt. Sie wird von ihm als eine Art Computer beschrieben, der nur zu reflektiertem Gehorsam fähig sei, keine Emotionen habe und kein Entwicklungspotenzial. Sie weiß, dass sie künstlich ist, kann aber aus diesem Wissen keine weiteren Schlüsse ziehen – bis sie entgegen Korbys Erwartungen beginnt, ihre Umwelt und sich selbst zu erkennen und zu lernen. Zunächst folgt sie noch Korbys Anweisungen, weigert sich später jedoch zu gehorchen.

Korby selbst betrachtet sich als menschlich, versagt allerdings an entscheidender Stelle. Und so wiederholt sich durch ihn die Geschichte der ursprünglichen Bewohner von Exo III. Für ihn unterscheiden sich die verschiedenen Androiden signifikant. Lebendig und damit existenzberechtigt ist für ihn nur, wer einen eigenen Geist besitzt, etwas, das er weder Ruk noch Andrea und in Teilen vermutlich nicht einmal Brown zugestehen kann, da es das eigene Sein infrage stellen würde: Ist er als Geist in der Maschine nicht auch nur eine Maschine und längst kein Mensch mehr? Er ist kein Schöpfer künstlichen Lebens, sondern hat zutiefst egoistische Motive. Deswegen kann er Ruk keinen eigenen moralischen Status und Andrea keine Individualität zugestehen, denn beiden fehlt angeblich, was seiner Ansicht nach dafür zwingend notwendig ist: das Potenzial zur eigenständigen Weiterentwicklung, das er als etwas dem Menschen Vorbehaltenes betrachtet. Erst vernichtet er Ruk, und als Andrea ihm am Ende ihre Liebe gesteht und ihn zu küssen versucht, gelingt es ihm, den Phaser in ihrer Hand zu betätigen und sie beide zu vernichten.

In *»Der alte Traum«* erschaffen Androiden weitere Androiden. Das eröffnet eine Metaebene, die die unzähligen Kopiervorgänge, Verdopplungen und Neugestaltungen als komplexe Bildsprache zu entschlüsseln versuchen: Was ist Original, was ist Kopie und welche Konsequenz hat die Gleichzeitigkeit beider Daseinsformen, wenn zwischen ihnen nicht mehr unterschieden werden kann? Korbys Idee einer unsterblichen Gesellschaft scheitert letztlich daran, dass Androiden eben doch mehr sind als nur die Summe ihrer Teile – und dass es vielleicht gar keine so große Rolle spielt, ob ein menschlicher oder künstlicher

Geist im mechanischen Körper wohnt. Wie sehr er selbst zum Computer geworden ist, zeigt sich, als er beweisen will, dass er keiner ist, denn anstatt seine Menschlichkeit zu zeigen, will er Gleichungen lösen, sein Wissen zeigen, und bemerkt schließlich selbst, dass er auf seine eigene Illusion hereingefallen ist.

Auch der Kirk-Doppelgänger wird beiläufig vernichtet, als er Andrea gegenüber bemerkt, es sei unlogisch, wenn sie ihn küssen würde, während sie den Auftrag habe, Korby zu schützen. Existenzfähig ist am Ende keiner der duplizierten Androiden – weder Korby noch Brown, Andrea oder Ruk. Mit dem Wissen um dessen Künstlichkeit ist Korby am Ende auch in der Wahrnehmung Chapels nicht mehr der, den sie einst kannte. Auch Kirk wird später, als er nach dem Verbleib Korbys gefragt wird, antworten, dieser, also der Mensch, der er ursprünglich war, sei während der gesamten Außenmission nie auf Exo III gewesen, was auf eine unterschiedliche Wahrnehmung von Korbys Status hinweist und somit einen klaren Unterschied zwischen Original und Kopie macht – und die Androiden von Exo III als leere Hüllen beschreibt.

Ein weiterer Androidentyp begegnet Harry Mudd in *»Der dressierte Herrscher«* in der zweiten Staffel – und dieser unterscheidet sich signifikant von den Androiden, die Kirk auf Exo III vorgefunden hat. Zunächst wirkt es, als wäre Mudd Herrscher über sein Reich, doch der Eindruck täuscht. Eigentlich herrschen längst die Androiden, die es in unzähligen Baureihen mit immer gleichem Aussehen und Verhalten gibt, über Mudd, auch wenn ihm vordergründig immer noch jeder (materielle) Wunsch erfüllt wird. Um dem zu entkommen, sorgt er dafür, dass der Android Norman die *Enterprise* kapert und Kirk ebenfalls auf den Planeten bringt, wo er Mudds Platz einnehmen soll. Für die Androiden ist beinahe egal, um wessen Wünsche sie sich kümmern, solange sie ihre Aufgabe des Dienens erfüllen können. Dies ist ein zentraler Aspekt der Episode, insbesondere in der Frage danach, wer wem dient und wer wessen Befehlsempfänger ist. Dass Mudd in dieser Konstellation wenig Freiheit bleibt, zeigt sich schnell, auch wenn er diese Tatsache in Kirks Gegenwart zunächst geschickt zu verbergen versucht, um selbst fliehen zu können. Für die Androiden ist er nichts weiter als Mittel zum Zweck, wortwörtlich der titelgebende dressierte Herrscher, der niemals Beherrscher war, sondern von Anfang an ein Studienobjekt der Androiden, um mehr über menschliches Verhalten zu lernen.

Es entbehrt nicht einer gewissen Ironie, dass Norman und seinesgleichen wie auch Ruk in *»Der alte Traum«* von ihren Konstrukteuren ursprünglich als Dienstleister und Hilfssystem programmiert wurden und genau dies nun gegen andere Wesen einsetzen. Sie stammen aus einer Welt, in der Androiden selbstverständlich waren und alltägliche Arbeiten übernehmen sollten. Das lässt klare Verweise auf Asimovs Robotergesetze zu, hebelt sie aber gleichzeitig auch wieder aus. Der Gedanke des Dienens wird in *»Der dressierte Herrscher«* so weit in den Fokus gerückt, dass für die Androiden gar keine andere Möglichkeit mehr besteht im Umgang mit organischen Lebensformen: Sie benötigen eine Aufgabe, um existieren und funktionieren zu können, und so suchen sie sich jemandem, dem sie alle Wünsche von den Augen ablesen können.

Im ersten Moment mag es wie ein nahezu utopischer Zustand erscheinen, verliert jedoch schnell seinen Reiz und muss zwangsweise scheitern. In der Theorie ermöglichen diese Androiden zwar eine Art von Selbstverwirklichung, indem sie Alltägliches abnehmen und damit mehr Raum lassen für Forschung, Wissenschaft und andere Interessen, aber das ist nicht der Kern des Problems. Vielmehr geht es darum, ob es in diesem Kontext überhaupt noch Kreativität geben kann, denn nichts kann mehr selbst entschieden werden von denjenigen, die von den Androiden umsorgt werden. Weder der Aufenthaltsort noch was man selbst erledigen möchte oder sonstige Arbeiten, die im Alltäglichen anfallen. Anders als in *»Der alte Traum«* scheint in diesem Fall das System funktioniert zu haben, bis die Erbauerspezies durch eine Supernova ausgelöscht wurde und die Androiden ohne Aufgabe zurückgeblieben sind. Hier wird ersichtlich, dass diese Androiden sich zwar bei Bedarf replizieren, sich allerdings keine vollkommen neue Aufgabe zuweisen können und orientierungslos sind.

Anders als Kirk, das Außenteam der *Enterprise* und Mudd haben die Androiden keinen Drang nach Individualität oder gar Selbstbestimmung. Ihre Programmierung lässt keine Abweichung zu. Sie verstehen nicht, weshalb ihre Fürsorge unangenehm ist, bemühen sie sich doch, von den Menschen zu lernen, um deren Wünsche besser verstehen und diese erfüllen zu können. Immer wieder scheitern sie am Unkonkreten, Abstrakten und sprachlichen Mehrdeutigkeiten. Unglücklichsein, obwohl ihrer Ansicht nach alle materiellen Bedürfnisse und Wünsche erfüllt werden, begreifen sie nicht. In diesem Bereich sind sie nicht lernfähig, können aus dieser Art von Informationen keine neuen Schlüsse ziehen. Bei Unklarheiten benötigen sie immer wieder den systemimmanenten Dialog, der sie zu Norman führt, der in diesem Konglomerat eine besondere Rolle einnimmt: Er ist mit jedem von ihnen über ein Leitsystem verbunden, über das sie sämtliche Informationen untereinander in Höchstgeschwindigkeit übertragen. Er ist Zentrum und Kommunikator des Systems, verwaltet die Aufgabenverteilung und organisiert Zuständigkeiten unter den Androiden. Unklar ist, ob er sich als Android im Gegensatz zu den anderen eben doch weiterentwickelt und daher die Rolle des Leitsystems übernommen hat oder ob dieses Konzept von Beginn an so angelegt ist, um das System in Form von kleinen Kollektiven ohne weiteres Eingreifen von außen funktional halten zu können.[47]

Die Idee, eine andere Spezies von sich abhängig zu machen, um weiter den eigenen Aufgabenbereich erfüllen zu können, ist innerhalb der Androidenlogik nur folgerichtig. Dass ihnen nun ausgerechnet Mudd als überaus ambivalente Figur begegnet ist, scheint fatal. Unter anderem dessen egozentrisches Verhalten hat Norman zu der Schlussfolgerung geführt, dass er und sein künstliches Kollektiv dem organischen Leben überlegen seien. Und, mehr noch, dass er es auch nicht zulassen könne, dass eine für sein Dafürhalten unvollkommene Spezies wie die Menschen sich unkontrolliert in der Galaxis bewegen kann. Sein Plan schlägt also zwei Fliegen mit einer Klappe. Zum einen haben Norman und die anderen Androiden jemanden, der ihnen eine Existenzberechtigung verleiht, indem sie ihm den Alltag scheinbar erleichtern. Zum anderen machen sie – zumindest in der Theorie Normans – die Menschen so abhängig von sich, dass sie nicht mehr in der Lage sind, sich selbst zu versorgen, und damit auch keine Macht über andere mehr ausüben können.

Wesentlich an diesem Plan dürfte ebenfalls sein, dass er Asimovs Robotergesetzen entspricht: Die Androiden verletzen niemanden körperlich, solange sie anderen dienen können. Norman entgeht hierbei, dass Menschen sich zwar nach einem Paradies sehnen, den idealen Zustand als Status quo aber nicht dauerhaft ertragen. Sie beginnen, sich zu langweilen, werden unzufrieden. Zu schnell erlahmt das Interesse an etwas, das programmiert wurde, um zu gefallen, aber ansonsten keinerlei Eigeninitiative erfordert oder begünstigt – den Androiden ist keine Authentizität möglich. Als Gegenüber sind sie eine leere Hülle ohne Persönlichkeit. Mit Ausnahme von Norman sind sie in ihrer nach Baureihen durchnummerierten Vielheit austauschbar. Jede Modellreihe besteht aus unzähligen Kopien ihrer selbst.

Doch auch als Kollektiv denken die Androiden nicht komplex genug, um menschliches Verhalten wirklich vollständig erfassen zu können, und Normans Plan muss scheitern. Als die Crew um Kirk gemeinsam mit Mudd beginnt, sich bewusst völlig irrational zu verhalten, gelingt es, das System zu überladen, weil das Kollektiv von der Situation überfordert ist, nicht mehr reagieren kann und schließlich auch Norman nicht mehr agieren kann und ihm – wie in den 1960ern als Darstellungsform üblich – Logikwölkchen aus dem Kopf steigen. Am Ende bleibt nur das Kollektiv übrig, hat aber seinen Kopf verloren. Ob es weiterhin funktionieren kann, wird in der Episode offengelassen. Während die *Enterprise* den Orbit verlässt, verbleibt Mudd gemeinsam mit den Androiden auf dem Planeten. Im *Short Trek »Houdini«* werden die Androiden und Mudd übrigens ein weiteres Mal aufgegriffen. Inzwischen hat er den Planeten längst verlassen und besitzt eine Unzahl von Androiden, die ihm wie aus dem Gesicht geschnitten sind. Seine gesamte Schiffsbesatzung besteht aus ihnen. Er nutzt sie als Doppelgänger, um die auf ihn ausgesetzten Kopfgelder einkassieren zu können. Auf lange Sicht ist es ihm auch hier gelungen, aus einer verzwickten Situation einen eigenen Vorteil zu schlagen – dieses Mal auf Kosten der Androiden, die für ihn offensichtlich nur Hilfsmittel, Gebrauchsgegenstände und Wegwerfartikel sind und ihm nun tatsächlich dienen.

In der dritten Staffel wird nach Andrea in *»Der alte Traum«* die Idee des weiblichen Androiden, der ein Bewusstsein entwickelt, in *»Planet der Unsterblichen«* erneut aufgriffen, aber anders kontextualisiert: Auf dem Planeten Holberg 917G lebt Flint als Eremit, der von sich behauptet, sich hier eine Zufluchtsstätte vor den Menschen aufgebaut zu haben. Erst später taucht Rayna Kapec auf, die so menschlich und natürlich wirkt, dass sie sich selbst für lebendig hält. Anders als bei den Exo-III-Androiden scheint es Flint nicht möglich, unzählige Androiden zu bauen oder vielmehr zu duplizieren, das ist jedoch auch nicht seine Zielsetzung. Er hat es zwar geschafft, Rayna Körper und Geist, nicht aber echte Empfindsamkeit zu verleihen – Gefühle muss sie, so Flint, selbst entwickeln und erfahren, um ihr volles Potenzial entfalten zu können. Die Ausbildung eines vollständigen Bewusstseins wird als etwas Zufälliges und Erwünschtes inszeniert, das (auch von Flint) nicht künstlich erzeugt werden kann, sondern als ein fortlaufender Prozess beschrieben wird, der auf Wissen, Erfahrung und Wahrnehmung basiert.

Dass Rayna kein Mensch ist, wird nur zufällig aufgedeckt, als Kirk und Spock in einem Labor verschiedene Modelle für weitere Androidenkörper entdecken, die Rayna teilweise verblüffend ähnlich sehen. Sie weisen auf die gescheiterten Versuche Flints hin, sich eine Gefährtin zu schaffen. Auch für Rayna kommt diese Erkenntnis überraschend, verliert sie so doch scheinbar einen Teil ihrer Individualität und wird zu einem weiteren Kunstwerk Flints. Flint hingegen stellt sich als Figur heraus, die vermeintlich mühelos sämtliche Stile der irdischen Kunst- und Kulturgeschichte zu kopieren vermag und letztlich doch immer wieder Originale erzeugt, weil er als Unsterblicher all die Künstler selbst gewesen ist, darunter auch Leonardo da Vinci als Universalgelehrter. Dieses Ingenium zwischen Kunst und Technik vermischt sich bei Flint mit der Einsamkeit eines Unsterblichen. Mit Rayna glaubt er, die Vergänglichkeit abseits von Alter, Krankheit und Tod hinter sich lassen zu können, und entwirft sie nach seinem Idealbild als Kunstobjekt.

Kunst löst Emotionen bei den Betrachtenden aus, aber kann ein Kunstwerk auch selbst Emotionen haben? Mit dem Erwachen ihrer Gefühlswelt erkennt Rayna ihre eigene Entscheidungsfähigkeit und will sich nicht mehr von anderen beeinflussen lassen, wird vom passiven, emotionslosen Kunstwerk zum aktiven, fühlenden Wesen. Weil sie nicht mehr formbar ist, wird ihr ihre scheinbare Perfektion abgesprochen. Ihr Erkenntnismoment ist gleichzeitig ihr Todesurteil, weil das Nichtmenschliche nicht allein durch Erkenntnis menschlich wird, sondern Menschlichkeit nur begreift. Einzig für Flint war sie zuvor unvollständig, ihre Emotionslosigkeit in seinen Augen ein Makel. Doch die Erkenntnis, nun auch empfinden oder gar lieben zu können, überfordert sie, führt zum Systemkollaps und schließlich Zusammenbruch. Auf die Erkenntnisfähigkeit und deren Unentscheidbarkeit folgt der Tod. Rayna zeigt das Dilemma von Androiden auf: Ohne emotionale Kompetenz ist ihr kein Umgang mit ihrer Gefühlswelt möglich, denn Gefühle sind nicht über Algorithmen für jeden Parameter berechenbar, sie sind weder beweis- noch widerlegbar, sondern existieren als individuelle Weltwahrnehmung, die Rayna nicht verarbeiten kann.

Sowohl in *»Der alte Traum«* als auch in *»Planet der Unsterblichen«* wird versucht, das mögliche Gefühlsleben von Androiden zu ergründen. In beiden Fällen bleibt *Star Trek: Raumschiff Enterprise* eine Antwort schuldig, denn sowohl Andrea als auch Rayna erhalten nicht die Gelegenheit, die eigene Bewusstwerdung in all ihren Konsequenzen auch kennenzulernen und den Zuschauenden zu vermitteln. Stattdessen werden klare Grenzen aufgezeigt: Maschinen in Form von Androiden mit Emotionen sind problembehaftet und können nicht existieren. Ob das Problem ist, dass Maschinen keine Emotionen haben sollten, dass sie Emotionen teilweise nur gekonnt nachahmen und nicht als eigene Gefühlswelt ausleben können oder dass Maschinen, die Emotionen als eine Art der Offenbarung erlangen, keine emotionalen Kompetenzen verspüren können, ist Interpretationssache.

Emotionsgeleitete Maschinen werden inszeniert, als hätten sie statt eines gewonnenen Bewusstseins den Verstand verloren, indem das Gefühlsleben entweder als Fehlfunktion beschrieben wird oder aber das vorhandene System so überlastet, dass es sich selbst deaktiviert, um weitere Schäden zu vermeiden. Bei Andrea ist eine Bewusstwerdung nicht Ziel ihrer Programmierung. Korby als ihr Entwickler ist hierbei als Techniker und Konstrukteur zu betrachten. Flint dagegen will als Künstler wahrgenommen werden: Der eine erschafft Androiden, um die Ewigkeit nicht allein verbringen zu müssen, der andere baut Gefäße, um sich selbst eine (geistige) Unsterblichkeit zu ermöglichen. Während Korby Angst vor dem Sterben hat, fürchtet sich Flint, nachdem er alle Wesen in seiner Umgebung immer wieder überlebt hat, vor der Einsamkeit eines unendlichen Lebens. Beide Androidinnen, Andrea und Rayna, erleben intensive Gefühlswelten, die für sie mangels Wissen und Erfahrung im

Umgang damit nur schwer begreifbar sind, ihnen aber dennoch eine Selbstermächtigung zugestehen: Weil beide Gefühle kennengelernt haben, werden sie für einen kurzen Zeitraum mündig und können eigene Entscheidungen treffen, da die jeweilige Programmierung nun keine Begrenzung innerhalb der Wahrnehmung mehr darstellt.

Alle drei Episoden der Originalserie decken eine andere Sichtweise auf Androiden und künstliche Intelligenzen ab: *»Der alte Traum«* setzt sich mit der generellen Erschaffung von Androiden als Gefäß und Gehilfe auseinander, *»Der dressierte Herrscher«* mit dem Bestand von Androiden als Dienerschaft, die unendlich oft reproduziert werden kann, *»Planet der Unsterblichen«* letztlich mit der Schöpfung einer einzigen empfindsamen Androidin. In der Originalserie werden augenscheinlich keine irdischen Androiden hergestellt oder beschrieben – alle sind trotz ihres humanoiden Aussehens außerirdischen Ursprungs und Ruk der einzige, dessen Nichtmenschlichkeit sofort erkennbar ist.

Die Bewusstwerdung der hier beschriebenen Androiden als künstliche Intelligenzen ist, soweit überhaupt erwünscht, nur zufällig. Während die Androiden um Norman zum Dienen erschaffen wurden – was sich schwierig gestaltet, als sie niemanden mehr haben, um ihre Aufgabe zu erfüllen – und die Androiden Korbys unter anderem dem menschlichen

Geist eine neue Heimat geben sollten, wurde Rayna von Flint tatsächlich dafür erschaffen, sich weiterentwickeln zu dürfen. In der Darstellung der Androiden in *Star Trek: Raumschiff Enterprise* ist somit der Anspruch von *Star Trek* als Serienformat verankert, die Grenzen zwischen Mensch, Maschine und Maschinenmensch sorgsam aufzulösen – ein Motiv, das in den späteren Serien und insbesondere an einer zentralen Figur noch deutlicher herausgearbeitet wird.

DATA: Ein eigenständiges Wesen?

Während Androiden in *Star Trek: Raumschiff Enterprise* nur in einzelnen Episoden auftauchen, ist bei *Star Trek: Das nächste Jahrhundert* ein Android sogar ein essenzielles Besatzungsmitglied der *Enterprise*. Data, so sein bezeichnend informationstechnischer Name, erhält unter der Führung von Captain Jean-Luc Picard die Chance, Teil der Crew zu sein und gleichzeitig seine eigenen Forschungen weiter betreiben zu können. Als vernunftbegabtes Wesen und Android erlaubt Data einen anderen Blick auf die Gesellschaft, in der er sich bewegt, weil er gleichzeitig innerhalb und außerhalb selbiger steht. Allein durch seine Anwesenheit unterstreicht und bestätigt Data seine Andersartigkeit als Android, der an Bord immer eine Sonderstellung einnimmt – sei es wegen seiner körperlichen

Überlegenheit und seines Aussehens mit seiner blass schimmernden Haut und den goldenen Augen oder wegen seiner intellektuellen Fähigkeiten und daran gekoppelt auch einer gewissen Arglosigkeit, weil ihm bestimmte menschliche Handlungsmuster stets fremd bleiben.

Als Data im Pilotfilm *»Mission Farpoint«* seinen ersten Auftritt hat, wirkt er noch sehr unfertig in seinem Auftreten. Seine artifizielle Alterität, sein Anderssein, tritt mit Verlauf der Serie immer mehr in den Hintergrund, um dann umso deutlicher wieder hervorgehoben zu werden. So erklärt er Commander William Riker auf dem Holodeck, er hoffe, gut zu funktionieren und seine Pflichten an Bord der *Enterprise* zur Zufriedenheit aller erfüllen zu können. Dass sich Riker und Data ausgerechnet dort das erste Mal begegnen und dass generell Datas erstes Erscheinen innerhalb der Serie dort inszeniert wird, zeigt sein Verhältnis zu seiner Umwelt. In einer künstlichen Umgebung erlebt er sich selbst als authentisch, in der Welt außerhalb hat er mit Vorurteilen zu kämpfen. Diese sind zwar häufig schnell ausgeräumt, verleihen ihm aber dennoch den Status eines Außenseiters, der erst toleriert und nach anfänglichem Argwohn meist doch akzeptiert wird.

Im Universum von *Star Trek* nimmt Data eine besondere Rolle ein, denn er ist Linse und Brennglas zugleich, sobald in *Star Trek: Das nächste Jahrhundert* andere künstliche Intelligenzen oder Maschinenwesen in Erscheinung treten. Weil er das Dazwischen in der Wahrnehmung von Mensch und Maschine ist, ist er derjenige, der in bestimmten Situationen allein durch seine Anwesenheit darauf aufmerksam macht, dass ein zweiter Blick sinnvoll und notwendig ist, um eine differenziertere Einschätzung treffen zu können. Er legt Wert darauf, dass er nicht als Roboter bezeichnet wird, sondern als Android mit eigenen Entscheidungsmöglichkeiten – als Roboter nimmt er Maschinen wahr, deren Existenz darauf ausgerichtet ist, als Helfer zu agieren, nicht aber selbstständig zu sein. Als Maschinenwesen ist er derjenige, der dann kommuniziert, wenn es den anderen Crewmitgliedern der *Enterprise* nicht (mehr) möglich ist. Er ist es auch, der Kontakt sucht, die Verbindung zwischen Lebe- und Maschinenwesen ermöglicht und erleichtert.[48]

Durch seine eigenen Wahrnehmungsparameter ist er in der Lage, seine Umgebung auf vielen Ebenen zu erfassen und sogar als künstlerische Inspiration umzusetzen. Sein Anderssein fällt eher in Situationen auf, die zwischenmenschliches Feingefühl und Verständnis verlangen und in denen er sich besonders viel Mühe zu geben scheint, um entsprechend den Erwartungen zu reagieren. Data ist sich seines Daseins und damit auch seiner gesellschaftlichen Stellung als künstliche Existenz von Beginn an bewusst. Er hat sich nie – wie irrtümlicherweise häufiger angenommen – gewünscht, ein Mensch zu sein, sondern versucht, dem Verständnis des Menschlichen und des irdischen Humanismus näherzukommen. So lehnt er in *»Rikers Versuchung«* die Möglichkeit, ein echter Mensch zu werden, mit der Begründung ab, er habe nie den Wunsch gehegt, die eine Illusion gegen eine andere eintauschen zu wollen.

Vor allem zu Beginn erscheint Data in seinem Verhalten überheblich, kann aber gleichzeitig trotz seines enormen Wissens verschiedene Begriffe oder Doppeldeutigkeiten in den Aussagen anderer nicht korrekt zuordnen. Trotzdem wird sein analytisches Faktenwissen oft und gern genutzt, besonders dann, wenn es für die Crew der *Enterprise* von (taktischem) Vorteil ist. Konsistent ist das nicht, denn sein Wissen weist immer wieder Lücken auf, die in die Dramaturgie der Serie passen und Datas anfänglich naiven Charme immer wieder zu bestätigen scheinen. Besonders in den ersten Staffeln taucht dieses Vorgehen noch häufiger auf, zeigt so jedoch auch die Figurenentwicklung Datas: Er agiert immer ausgewogener und selbstbewusster, gewinnt charakterliche Tiefe. Sein Verhalten wirkt weniger künstlich, weil er auf sprachlicher Verständnisebene dazulernt. Aber auch: Je mehr er sich bemüht, in seiner individuellen Wahrnehmung menschlich-vertraut zu agieren, desto fremdartiger wirkt sein Verhalten. Erst nach und nach entwickelt er immer mehr Eigeninteressen, die ihm eine gewisse Individualität verleihen.

Auch wenn ihn ein Großteil der Crew als Kollegen, wenn nicht gar als Freund betrachtet, steht ihm Doktor Katherine Pulaski, die in der zweiten Staffel von *Star Trek: Das nächste Jahrhundert* kurzzeitig zur *Enterprise* stößt, zunächst kritisch gegenüber. Pulaski redet trotz seiner Anwesenheit über ihn, als wäre er nicht da, spricht seinen Namen falsch aus, bezeichnet ihn als mechanisches Personal und differenziert besonders zu Beginn stark zwischen organischem Leben und maschinellen Hilfskräften. Maschinen wie Data sind in ihren Augen wohl eher Materialzusammensetzungen, die den Menschen als Werkzeug im Alltag unterstützen sollen, anstatt anzuerkennen, dass es sich bei Data um weitaus mehr handelt.[49] Seine Identitätsbildung ist gleichzeitig Identitätsbedrohung des Menschlichen, was in Pulaskis maschinenkritischer Darstellung ausgearbeitet wird.[50] So nennt sie ihn erst Ding und ermutigt ihn später, nachdem sie ihn besser kennengelernt und ihre Vorurteile abgelegt hat, zu mehr Eigenständigkeit und Selbstbewusstsein.

Obwohl immer offensichtlich ist, dass Data eine Maschine ist, wird er trotzdem nicht selten behandelt, als sei sein Körper organisch, als sei er in seinem Wesen menschlich oder könne Schmerz empfinden. Gleichzeitig werden ihm die zugehörigen Rechte einer eigenständigen Persönlichkeit nicht immer automatisch zugestanden und er muss wiederholt um sie kämpfen. Dabei ist eine der Grundprämissen von *Star*

Trek: Das nächste Jahrhundert genau jene, dass Data ein vollwertiges Mitglied der Besatzung der *Enterprise* ist und den anderen Crewmitgliedern gleichgestellt. Dessen ungeachtet wird dies immer wieder infrage gestellt: *»Das fremde Gedächtnis«* greift dies zum ersten Mal auf, wenn der Molekularkybernetiker Ira Graves Datas Körper nur als ein Gefäß betrachtet, in das der todkranke Wissenschaftler seinen eigenen Geist übertragen will, ehe er stirbt.[51] Datas Einwände akzeptiert er nicht, sondern bezeichnet dessen Existenz als unendliches Fegefeuer, in dem Data weder tot noch lebendig sein könne, sondern in einer Zwischensphäre als Nichtmensch existiere.

Noch zentraler ist in diesem Zusammenhang die Episode *»Wem gehört Data?«*, die nur wenige Folgen nach *»Das fremde Gedächtnis«* dasselbe Thema erneut verhandelt. Der deutsche Titel gibt die Bedeutsamkeit dieser Folge nur bedingt wieder, denn *»The Measure of a Man«*, so der englische Originaltitel, verweist auf mehr als nur Besitzansprüche, sondern auf die Differenz Mensch/Maschine und wie Data hier einzuordnen ist. Mit Bruce Maddox tritt hier ein Kybernetiker in Erscheinung, der in Data nichts weiter sieht als eine Maschine, die es zu zerlegen gilt, um anschließend unzählige Kopien erschaffen zu können.[52] Dafür würde er – wie zuvor schon Graves – billigend in Kauf nehmen, dass Data in seinem Dasein als Original in seiner Einzigartigkeit möglicherweise vernichtet wird. Um weiterexistieren zu können, zieht Data es vor, sein gewohntes Umfeld zu verlassen, und quittiert seinen Dienst auf der *Enterprise*. Genau an diesem Punkt setzt auch der Wendepunkt innerhalb der Episode ein, denn Maddox behauptet, Data sei Eigentum der Sternenflotte und könne prinzipiell keine eigenen Entscheidungen treffen. Vielmehr müsse er sich den Anweisungen fügen und bleiben.

Die Serie greift mit *»Wem gehört Data?«* eine gesamtgesellschaftliche Fragestellung auf, die weit über *Star Trek* als Science-Fiction-Erzählung hinausreicht: Kann es Besitzansprüche gegenüber künstlichen Intelligenzen geben, egal in welcher Form sie vorliegen, und welche Verantwortung hat ein Schöpfer gegenüber seinen Geschöpfen? Ist Data Besitz oder besitzt er eigene Rechte? Allein diese Fragen weichen die kategoriale Unterscheidung zwischen Mensch und Maschine, Natur und Kultur auf.[53] Data wird dadurch zu einem posthumanen Wesen, das eine Art Metaselbstbewusstsein hat und so das anthropozentrische Denken auflöst, indem nun auch eine moralische Berücksichtigung künstlicher Intelligenzen möglich wird.[54]

Der Versuch, Data als reine Maschine zu klassifizieren, fällt im ersten Moment scheinbar leicht, denn er kann per Knopfdruck deaktiviert und anschließend wieder reaktiviert werden. Bewusstsein als Illusion der verarbeiteten Informationen ist dennoch mehr als die Menge der Information, die das Gehirn – sei es positronisch oder organisch – verarbeitet. Die Wahrnehmung des Menschen ist immer durch Filter bestimmt, die Wahrnehmung der Wirklichkeit durch Data ist vom Grundsatz her weitaus neutraler, dadurch aber nicht weniger konkret als die eines Menschen. Zurück bleibt ein Dilemma: Data ist entgegen seiner maschinellen Natur überraschend feinfühlig charakterisiert und will am Ende des Prozesses das Recht auf Entwicklung seiner eigenen Identität umsetzen.[55] Außerdem besitzt er eine eigene Form von Intelligenz, Selbstverständnis und ein Bewusstsein, das ihn von den meisten anderen Maschinen unterscheidet. Er bleibt dennoch ein Sonderfall, der, obwohl ihm seine Rechte mehrfach unwiderruflich zugesprochen wurden, wiederholt um seine Existenz oder die anderer künstlicher Intelligenzen kämpfen muss.

Als Android wird Data von der Projektionsfläche, die er zu Beginn in *»Mission Farpoint«* noch dargestellt, immer mehr zum Individuum. Er ist sich vor allem zu Beginn seiner Fremdheit innerhalb der Gesellschaft stets bewusst. So verweist er bereits in der ersten Staffel in *»Gedankengift«* mit seinem abgewandelten Zitat aus William Shakespeares Drama *Der Kaufmann von Venedig* (1600) auf die eigene Künstlichkeit, die sich vom menschlichen Körper gar nicht so sehr unterscheiden würde: »Wenn ihr mich stecht, tropfe ich dann nicht?« ist ein abgewandeltes Zitat des Geldverleihers Shylock, denn auch dieser macht im Stück immer wieder Ausgrenzungserfahrungen.[56] Interessant ist die Abwandlung des Blutens in Tropfen einer nicht näher spezifizierten Flüssigkeit, die die Differenz zwischen organischem und maschinellem Leben eben doch wieder hervorhebt. Es bleibt die Wahrnehmung seiner (eigenen) Fremdheit, die sich auch bei Shakespeare, auf dessen Werk im Verlauf der Serie mehrfach verwiesen wird, ebenfalls immer wieder zeigt. Die wiederholte Zurschaustellung der artifiziellen Andersseins von Data ist Teil der Selbstbestätigung und Selbstdefinition seines Umfelds. Wie sehr er sich um eine eigene Individualität bemüht, wird in *»Datas Tag«* ersichtlich. Dort beschreibt er seinen Alltag und stellt dabei sich und seine Umgebung beständig infrage. Trotzdem findet er für sich eine Definition von Menschlichkeit, die für sein weiteres Selbstverständnis eine wichtige Rolle spielt: Nicht aus Fleisch und Blut müsse man dafür geboren sein, sondern auf eine bestimmte Art denken, handeln und fühlen können.

Romantische Annäherungen benötigen indessen einige Zeit, bis Data sie als solche erkennen und zulassen kann. Auf einen Flirtversuch Tasha Yars reagiert er in *»Gedankengift«* zwar unsicher, die Begegnung an sich muss für ihn jedoch von Bedeutung gewesen sein, weswegen er auch nach Yars Tod eine Holografie von ihr besitzt. Ard'rian McKenzie küsst er in *»Die*

Macht der Paragraphen« zum Abschied, bevor er nach einem gemeinsamen Forschungsprojekt wieder auf die *Enterprise* zurückkehrt. Dieses Zusammentreffen verdeutlicht, wie viel Data seit Beginn an menschlichem Verhalten adaptiert hat, und demonstriert hier ein auffällig sensibles Verständnis für McKenzie.[57] So wie Freundschaften sind auch Liebesbeziehungen etwas in ihrer Komplexität schwer Fassbares für Data, dem er sich nur forschend annähern kann. Auch hier tritt Datas Neugierde zutage, die es ihm ermöglicht, sich auch in unbekannte Situationen einzufügen und sein Programm entsprechend anzupassen. Einzig die Programmerweiterungen sind nicht immer unmittelbar zielführend, die Algorithmen, die er programmiert, nicht immer eindeutig genug, um Missverständnisse vermeiden zu können, die zwischen menschlichen Freunden und Partnern zwar ebenso vorkommen, dort aber anders gelöst werden können.

Die kurzzeitige Beziehung, die er mit Jenna D'Sora eingeht, scheitert daran, dass letztlich kein gemeinsamer Dialog möglich ist. Zwar bemüht sich Data nach D'Soras Liebesgeständnis, eine gemeinsame Basis zu finden, muss allerdings beinahe schon zwangsweise scheitern. Da er nicht in der Lage ist, eine Beziehung auf emotionaler Ebene zu führen, beginnt er, über statistische Wahrscheinlichkeiten zu agieren. Er greift auf unterschiedlichste kulturelle und literarische Quellen, die von Liebe handeln, zurück, um seine Rolle als Liebender erfassen zu können. Das Zeigen von Liebe ist für Data der Schauspielerei ähnlich, indem er versucht, den Verliebten darzustellen, um sich dieser Gefühlslage strukturell annähern zu können, und so den Erwartungen einer Partnerperson zu entsprechen hofft. Die Künstlichkeit, die ihm D'Sora schließlich unterstellt, ist eine andere Ebene dieses Problems: Datas Verhalten ist immer künstlich. Ihm ist auch deswegen keine Unterscheidung zwischen (negativen) Klischees und wirklicher Beziehungsarbeit möglich, weil D'Sora ihm wiederum wenig Hilfestellung bietet und Data die Beziehungsprobleme über Programmdiagnosen zwar selbstreflexiv zu lösen versucht, aber auf keine eigenen Erfahrungswerte zurückgreifen kann.[58] Am Ende scheitert die Beziehung an denselben Problemen wie menschliche Partnerschaften, nämlich an scheinbar simplen Kommunikationsproblemen.

Was Data von den vorherigen Androiden *Star Treks* wohl am stärksten unterscheidet, ist, dass er durch ein Verhaltensprogramm, das auf menschlichen Ethikkonzepten aufgebaut ist, gesteuert wird. Er legt Wert auf die Feststellung, dass sein Entwickler Noonien Soong ihm ein Programm mitgegeben hat, das ihm erlaubt, zwischen Richtig und Falsch zu unterscheiden, und das Data selbst in *»Angriff der Borg«* als eine Art Gewissen bezeichnet. Dieses Programm orientiert sich unter anderem sicherlich auch an Asimovs Robotergesetzen als normatives Muster, wie sich ein Android im Alltag unter organischen Lebewesen zu verhalten hat. Doch kann dieses Verhalten bewusst gesteuert werden? Oder benötigt es eine gewisse Erkenntnisfähigkeit einer starken künstlichen Intelligenz, um zu begreifen, was genau dieses Programm tut und wann es in bestimmte Verhaltensweisen eingreift?

Wie komplex die Umsetzung dieses Programms in seiner Anwendung ist, zeigt sich in *»Der Sammler«*. Dort wird Data von Kivas Fajo entführt und soll als Rarität Teil von dessen Museum werden. Somit wird er von ihm gegen seinen Willen vom Subjekt zum Kunstobjekt gemacht. Als ihm Fajo droht, wird klar, wie weit diese Programmierung reicht, denn nun scheint sich Data zwar kurzzeitig zu fügen, um anderes Leben zu retten, als er später jedoch an eine Waffe gelangt, richtet er sie dennoch auf Fajo, wird aber in diesem Moment von der Crew der *Enterprise* entdeckt und weggebeamt. Die Begegnung von Data und Fajo wird als bedrückendes Kammerspiel inszeniert. Dass Data in dieser Situation reagiert, wie er reagiert, liegt daran, dass er einen ganz grundlegenden Respekt vor dem Leben einprogrammiert hat, der es ihm nicht erlaubt, anderen Lebewesen zu schaden, aber auch, dass er im Verteidigungsfall tödliche Fähigkeiten einsetzen kann. In *»Wem gehört Data?«* kämpft er passiv für sein Recht, weiterexistieren zu dürfen. In *»Der Sammler«* setzt er sich selbstbestimmt zur Wehr. Auch wenn die Waffe während des Beamens aufgrund von

Sicherheitsprotokollen automatisch deaktiviert wird, ist nachweisbar, dass Data sie wohl abgefeuert hätte. Ob er damit wirklich auf Fajo geschossen hätte, bleibt offen. Ebenso, ob er über den Tathergang tatsächlich die vollständige Wahrheit gesagt oder weitere Details verschwiegen hat.

Natürlich ist auch Data nicht davor gefeit, trotz allerlei Programmen, die seine Weltwahrnehmung steuern, Verhaltensanomalien zu erleben. Meist passiert dies, wenn er von außen manipuliert wird. Viel interessanter ist, wie er mit diesen Eingriffen in sein System umgeht. So empfindet er in *»Angriff der Borg«* bei einem Zusammentreffen mit den Borg plötzlich Wut, als er in Notwehr eine Drohne tötet. Dieses Erleben ordnet er in einen ethisch-moralischen Bezugsrahmen ein, doch sosehr er diese Empfindung wiederholen möchte, ist ihm auch klar, dass er niemals so weit gehen könnte, denn davon hält ihn sein Ethikprogramm ab.[59] Und selbst als auch dieses Programm deaktiviert wird, versucht Data noch, so zu handeln, dass er letztlich doch wieder seinen vorgegebenen Richtlinien als Entscheidungshilfe folgen kann.

Auch wenn es nicht explizit erwähnt wird, könnte dieses Verhalten auf das Fail-Safe-Programm Datas zurückzuführen sein, das im Film *Star Trek: Der Aufstand* eine größere Rolle spielt: Auf einer Außenmission verweigert Data plötzlich Befehle, versucht, die Tarnvorrichtung der dortigen geheimen Forschungsstation zu deaktivieren, und nimmt Geiseln. Was zunächst wie eine Fehlfunktion wirkt, ist Teil von Datas Fail-Safe-Programm. Es ist für einen Teil dieses Verhaltens verantwortlich, indem es, sobald es aktiviert wird, die Grundsteuerung übernimmt und nur noch sehr rudimentäre, auf menschlicher Ethik basierende Handlungsmuster erlaubt. Dennoch ist dieses Programm kritisch zu betrachten, denn hier verliert Data jegliche individuelle Entscheidungsvollmacht und kann tatsächlich nur noch wie ferngesteuert agieren. Dass hier erneut seine Persönlichkeitsrechte infrage gestellt werden, beruht also nicht auf einer wirklichen Fehlfunktion, sondern darauf, dass die Ursache für Datas Verhalten vertuscht werden soll. Würde er dauerhaft deaktiviert werden können, könnte keine Ursachenforschung betrieben werden. Data macht durch seine Befehlsverweigerung das unethische Verhalten anderer in diesem Fall erst sichtbar.

Kunst und Kreativität spielen in Datas Wesenszügen eine weitere wichtige Rolle. Anhand dieser Interessen wird immer wieder die Differenzierung zwischen Mensch und Maschine hervorgehoben: Ob und wie können Maschinen kreativ werden und Kunst produzieren und ist genau dieser Aspekt möglicherweise der letzte Unterschied zwischen starker künstlicher und organischer Intelligenz? Während der Mensch Kunst als kreative Beschäftigung definiert, kann sie auch als Schema mathematisiert werden.

Das führt zu der Frage, ob eine künstliche Intelligenz bewusst Kunst erzeugen und damit auch schöpferisch tätig sein kann oder ob die Mechanisierung der Kunst selbige wieder zum Handwerk werden lässt.[60] Datas Kreativität wird in diesem Zusammenhang wiederholt – auch durch ihn selbst – kritisch betrachtet, denn sie ist immer auch ein Ausbruch aus tradierten Normen und akzeptierten Denkmustern und sucht nach neuen und individuellen Formen ihrer Ausgestaltung. Der Grundbaustein hierfür liegt in seiner Programmierung, die solche Prozesse als Entwicklungsschritte zur Persönlichkeitsweiterentwicklung explizit zulässt. Sein sich erweiterndes Bewusstsein geht merklich über sein ursprüngliches Ich hinaus, wodurch er lernt, künstlerisch kreativ zu werden. Für Data sind seine kreativen Bemühungen ein Erfahrungswert, der es ihm erlaubt, sich menschlichem Selbstverständnis weiter annähern zu können.[61] Datas zunehmende Bewusstwerdung wird immer wieder über seinen Umgang mit seiner Kunst symbolisiert. Er beginnt, Dinge zu tun, die keinem konkreten Zweck dienen. So experimentiert Data mit verschiedenen Malstilen und erarbeitet sich einen eigenen Zugang zur Malerei als künstlerischem Ausdruck.

Doch nicht nur über bildende Kunst versucht Data, die Welt begreifen, auch mit darstellender Kunst setzt er sich auseinander. Das dramatische Werk William Shakespeares nimmt hierbei eine wichtige

Rolle ein – zunächst nur über (abgewandelte) Zitate wie in *»Gedankengift«*, die sich in seiner Datenbank befinden, später über die Schauspielerei selbst. Er will eine eigene Interpretation erarbeiten, die ihm die Gelegenheit gibt, die gespielte Rolle tatsächlich in ihrem Verhalten begreifen zu können – oder sich zumindest Verhaltensstrategien zu erarbeiten, die er einsetzen kann, sollte er in ähnliche reale Situationen geraten. Sein Versuch der Schauspielerei ist nicht nur künstlerisches Schaffen, er setzt Kreativität so ein, dass er dadurch neue Perspektiven einnehmen kann, die ihm bis dato unbekannt waren. Und weil Data sich auch hier weiterentwickeln kann, erarbeitet er sich später Theaterstücke sogar aus reinem Interesse an der Interpretation eines Stücks, was ihm schließlich wirklich ein tieferes Verständnis menschlichen Verhaltens erlaubt und über reine Problemlösungsstrategien weit hinausgeht. Scheitern stellt für ihn in diesem Zusammenhang nichts Negatives dar, sondern eine Möglichkeit zur Weiterentwicklung seines Charakters und ein Mittel, um seine Umgebung besser verstehen zu können.

Kunst in all ihren Formen wird von Data als Instrumentarium eingesetzt, das ihm Lernen und Erkenntnis ermöglicht. Für ihn ist die Welt in diesem Moment eine Bühne, die er begreifen lernt, indem er zu verstehen beginnt, dass Realismus nicht immer verständlich ist und es manchmal anderer Methoden bedarf, um sich ausdrücken zu können. Eine alternative Lesart wäre, dass Data die Bühne tatsächlich nur nutzt, um die Welt verstehen zu können, sie aber nicht als seine Bühne im Shakespeareschen Sinn einsetzt, sondern als andere Form der Wirklichkeit, da im Spiel eine komprimierte Version der Welt unter dem Brennglas sichtbar werden kann.

In Bezug auf Musik neigt Data zur Effizienz. So kann er zwar bis zu 150 Musikstücke gleichzeitig hören, will er sie allerdings in Bezug auf ihre Ästhetik genauer analysieren, so beschränkt er sich auf zehn bis fünfzehn Stücke. Sein eigenes Musizieren – er spielt neben Konzertgitarre hauptsächlich Violine – ist für ihn mehr technischer Vorgang als Eigeninterpretation. Dies lässt zwei Perspektiven zu: die des Musizierenden, also Data selbst, und die des Rezipierenden, also jenem, der Datas Musik zuhört. Beide haben einen individuellen Zugang, denn was für den einen ein emotionsloses Spielen ist, ist für den anderen möglicherweise Kunst in ihrer höchsten Form. Natürlich gibt es gewisse objektive Bewertungskriterien, aber ab einem gewissen Spielniveau sind die qualitativen Unterschiede für das menschliche Gehör kaum noch wahrnehmbar. Vielmehr ist es ein Moment der Selbsterkenntnis, dass sich Data Musik nur bis zu einem bestimmten Grad zu eigen machen kann. Doch auch wenn er selbst in seiner Darbietung emotionslos bleibt, kann sein Spiel bei anderen Emotionen auslösen. Als Picard in *»Die*

Macht der Paragraphen« eine Aufnahme Datas hört, meint er doch Seele darin erkennen können, indem er die Individualität Datas auf musikalischer Ebene wahrzunehmen glaubt.

Die Abwesenheit von Emotionen und Gefühlsregungen werden in Bezug auf Data immer wieder thematisiert und inszenieren ihn einerseits als Mangelwesen, andererseits als jemanden, der sich mit bestimmten Problemlagen nicht auseinandersetzen muss, sie oftmals aber auch nicht in ihrer Vollständigkeit begreifen kann. Mit jedem neuen Entwicklungsschritt, mit jeder neuen Erfahrung, die er macht, lernt seine Programmierung, sich an neue Situationen anzupassen, erweitert sich und ermöglicht so teilweise auch den Zugang zu bislang verborgenen Programmstrukturen. So wirken seine ersten Träume auf ihn wie eine Fehlfunktion, vielleicht auch, weil sie als etwas zutiefst Menschliches gelten. Das Un- und Unterbewusste drängt im Schlaf an die Oberfläche und ist etwas, das bei Maschinen fremd wirkt.[62] Dieses Unbewusste wird bei Data mehrfach adressiert, indem er in der Episode *»Moment der Erkenntnis«* zuerst das Bewusstsein verliert, um im Traum seinem Schöpfer Soong zu begegnen, der diese Programmsequenz wiederum bewusst in Datas System implementiert hat. Dies soll ihm eine tiefere Selbsterkenntnis ermöglichen und bietet in diesem Fall eine Auseinandersetzung damit, wie sich Data Kunst und Kreativität annähert. Fortan experimentiert Data mit seinen Träumen, die in *»Traumanalyse«* gleichzeitig eine Art Kommunikationsform für Interphasenwesen darstellen, indem er während seiner Traumphasen offensichtlich wirklich in einen anderen Bewusstseinszustand übergeht.

In beiden Varianten ist er allerdings nicht mehr aktiver Akteur seines Traums, sondern wird zum Beobachter, der in verschiedene Situationen gerät, die er kaum beeinflussen kann, die ihm aber verschiedentliche Interpretationsansätze bieten, die er zu ergründen versucht. Auch hier nutzt er die Malerei, um das träumerisch Erlebte bildlich in den verschiedensten Stilen künstlerisch zu verarbeiten. Er nutzt dieses Programm, das nur über das Unbewusste erreichbar ist, also nicht nur, um zu träumen, sondern, um sich selbst besser kennenzulernen. Haben Androiden wie Data also ein Un(ter)bewusstes in ihrer Persönlichkeit? Als die Traumbilder in *»Traumanalyse«* wieder ins Surreale abgleiten, deren Symbolik sich Data nicht erschließt, interpretiert Counselor Deanna Troi dies als Ausdrucksweise des Unterbewusstseins. Ruhephasen erhalten durch die Träume nun einen tiefer gehenden Sinn, den Data nicht mehr als Zeitverschwendung im Leerlauf, sondern als bedeutsam wahrnimmt. Er ist folglich nicht nur die träumende Maschine, sondern ein Android, der in der Lage ist, diese Träume aktiv wahrzunehmen, gleichzeitig aber dennoch nur ein Beobachter seiner selbst ist.

Einzig emotionale Zustände bleiben Data fremd, was ihn immer wieder aufs Neue beschäftigt: Wer ist er in einer Gesellschaft, für die Emotionalität in der Kommunikation eine so große Rolle spielt? Als er in *»Die ungleichen Brüder«* von einem Emotionschip, der ihm grundlegende Emotionen und einfache Gefühle vermitteln soll, erfährt und diesen am Ende von *»Angriff der Borg«* erhält, zögert er, ihn einzusetzen. Erst im unmittelbar an die Serie angeschlossenen Film *Star Trek: Treffen der Generationen* entscheidet er sich aktiv, den Chip zu nutzen, nachdem er erneut Schwierigkeiten hat, Humorkonzepte zu verstehen. In diesem Moment sieht er seine bisherige Entwicklung an einem toten Punkt angekommen, da er immer wieder in Situationen gerät, in denen er seiner Ansicht nach nicht angemessen reagieren kann. Die Erkenntnis der Unfähigkeit zum Erlangen weiterer Einsichten weckt den Wunsch, auch diese Grenze hinter sich zu lassen. Kurz nachdem er den Chip eingesetzt hat, kommt es zu einer Fehlfunktion. Dieses unerwartete Einströmen von Emotion und Erinnerung trifft Data so unvermittelt, dass er in dieser kurzen Zeit keine Mechanismen entwickeln kann, um mit den unerwarteten Eindrücken umzugehen. Sogar seine Wahrnehmung des bisher Erlebten verändert sich und wird um zusätzliche Fragmente erweitert, die seine Perspektive auf diese abgespeicherten Erinnerungen beeinflusst. Er lacht über längst erzählte Witze und ist begeistert davon, Humor plötzlich verstehen zu können. Diese neuen Empfindungen, die alles überlagern, machen ihn handlungsunfähig. Das perfekte Gedächtnis wird zum Problem, da Data mittels des Chips alles zuvor Erlebte nun neu filtert, überdenkt und rekontextualisiert, während er gleichzeitig die Gegenwart als fortlaufendes Sein wahrnimmt.

Zurück zu sich selbst findet Data erst wieder, nachdem er den Chip nach Belieben aktivieren und deaktivieren kann, was ihm größtmögliche Autonomität in seiner Künstlichkeit ermöglicht und ihn von seiner menschlichen Umgebung weiter differenziert. So deutet er die scheinbare Schwäche des emotionalen Ausgeliefertseins im zweiten Kinofilm der Crew um Picard, *Star Trek: Der erste Kontakt*, in eine Stärke um, die ihn gleichzeitig weniger menschlich wirken lässt, ihm aber als eigenständige Figur mehr Freiheiten zugesteht. In *Star Trek: Der Aufstand* verzichtet er bewusst auf die Nutzung, in *Star Trek: Nemesis* wird der Chip nicht mehr thematisiert. Möglicherweise nutzt er ihn bewusst nicht mehr nach der Begegnung mit der Borg-Königin in *Star Trek: Der erste Kontakt*, um nicht mehr emotional kompromittierbar zu sein. Er scheint zu wissen, was es für ihn über Emotion zu wissen gibt, jedoch nicht länger die Notwendigkeit zu verspüren, diese auch selbst empfinden zu wollen, und ist darüber hinausgewachsen. Emotion scheint nicht mehr notwendig zu sein, um zu verstehen. Neugier ist nun wieder die wichtigste Triebfeder, um die eigene Programmierung überwinden zu können und individuelle Entscheidungen zu treffen. Während er bis dahin immer wieder versucht hat, Menschlichkeit als Konzept verstehen zu können, zeigt er am Ende, dass er verstanden hat, was Menschlichkeit in letzter Konsequenz heißen kann. Vor die Wahl gestellt, sein eigenes oder Picards Leben in *Star Trek: Nemesis* zu retten, entscheidet er sich für Letzteres. Das Empfinden und Verstehen von Menschlichkeit kann große Opfer erfordern, um andere zu schützen.

LORE: Gegenstück und Gegenteil?

Als die *Enterprise* eine Forschungsmission im Planetensystem Omicron Theta abgeschlossen hat, beschließt Captain Picard in *»Das Duplikat«*, den gleichnamigen Planeten, auf dem Data entdeckt wurde, aufzusuchen, um dort mehr über dessen Herkunft und Entstehung herauszufinden.[63] In der verlassenen Kolonie wird eine Gussmaske gefunden, die Data wie aus dem Gesicht geschnitten ist. Kurz darauf wird ein in seine Einzelteile zerlegter Android entdeckt. Von Nebelschwaden umgeben, die sich nur langsam auflösen, wird er nur nach und nach freigegeben. Data, der ebenfalls Teil des Außenteams ist, nimmt den Kopf, der aussieht wie er selbst, in beide Hände, blickt ihm in die Augen und fragt, ob dieser Kopf möglicherweise Teil eines anderen Ichs sein könnte, vielleicht sogar ein Bruder.[64]

Die anschließende Inszenierung der Neuzusammensetzung des Duplikats changiert zwischen einem Reproduktionsprozess und der Erweckung von Frankensteins Kreatur. Der Zusammenbau auf der Krankenstation an Bord der *Enterprise* wird ähnlich wie zu Kirks Zeiten in *»Der alte Traum«* beinahe schon zur magischen Erweckung, indem aus dem Einzelnen in das Gesamte überblendet wird. Ohne Data kann der bislang namenlose Android nicht reaktiviert werden. Er ist es auch, der darauf besteht, ihn zusammenzusetzen, um mehr über die eigene Vergangenheit herauszufinden. Insgeheim spielt aber auch der menschliche Forscherdrang eine Rolle – einerseits um die Entwicklung künstlicher Intelligenzen besser nachvollziehen zu können, andererseits um zu prüfen, ob das Duplikat möglicherweise doch eine weitere Version Datas ist.

Während Data ohne Vergangenheit inszeniert wird und man erst nach und nach mehr über ihn erfährt, wird das Auffinden des zweiten Androiden als Erkenntnismoment Datas präsentiert, der dessen Existenz und bisher vermutete Einzigartigkeit infrage stellt: Data wird als das Original wahrgenommen, der zweite Android muss folglich eine Kopie sein. Lore, was so viel bedeutet wie Überlieferung, Sage, Geschichte, ist Doppelgänger und Antithese Datas, unterscheidet sich von ihm aber in einem ganz wesentlichen Punkt: Er ist fähig, bestimmte Gefühle wahrzunehmen und zu empfinden – und (zu seinem Vorteil) zu lügen.

Die Geschichte Lores ist ohne Data nicht zu erzählen, denn sämtliche Androiden, die in *Star Trek: Das nächste Jahrhundert* auftauchen, stehen in engem Zusammenhang mit ihm, basieren auf denselben Blaupausen und stammen vom selben Schöpfer, Noonien Soong.[65] Aber alle Geschichten werden mit unterschiedlichen Schwerpunkten erzählt, die sich am Ende als künstliche Familie zusammenführen lassen. Anfangs werden Data und Lore über ihre Ähnlichkeiten charakterisiert, später über Unterschiede: Beide verfügen über ähnliche physische und psychische Grundlagen, Data ist den Menschen zugewandt und interessiert, Lore hat andere Erfahrungen gemacht und sich von ihnen abgewandt. Zu diesem frühen Zeitpunkt ist Datas Persönlichkeitsentwicklung innerhalb der ersten Staffel von *Star Trek: Das nächste Jahrhundert* noch nicht abgeschlossen und Lore dient forthin als sein Gegenpart, der auf Datas scheinbare Unzulänglichkeiten verweist, die sich jedoch in vielen Fällen als dessen eigentliche Stärke entpuppen.

Die spiegelbildliche Inszenierung der beiden Androiden wird auf mehreren Ebenen inszeniert. Zum einen gleichen sich Data und Lore bis aufs letzte optische Detail, zum anderen wird ihre Ursprungsgeschichte ähnlich erzählt, wobei hier erste Unterschiede zutage treten. Datas Geschichte ist authentisch, Lores entpuppt sich in Einzelheiten jedoch als Lüge, was auch durch das Auffinden in Einzelteilen symbolisch aufbereitet wird – Data hat nichts zu verbergen, Lores Hintergrund muss rekonstruiert werden. So behauptet Lore, er sei nach Data konstruiert worden, um menschlicher zu wirken, weswegen es ihm Spaß mache, den Menschen zu gefallen. Später stellt sich heraus, das Gegenteil war der Fall: Lore wurde deaktiviert und Data als dessen Nachfolgemodell entwickelt.

Lore berichtet, dass Data zuerst zusammengesetzt worden sei, aber auch, dass er, Lore, ihn hätte ersetzen sollen, weil Data nicht perfekt gewesen sei. Dabei unterschlägt er aber, dass ihn die Kolonisten auf Omicron Theta wegen seines unvorhersehbaren Verhaltens gefürchtet haben und er unter anderem deswegen deaktiviert und zerlegt wurde. Data bleibt ob dieser Aussagen skeptisch-neutral, bemerkt Widersprüche. Die Crew hingegen ist von Lores Aussagen schnell überzeugt. Der bisherige Umgang mit Data bestimmt auch den Umgang mit Lore. Dass ein Android absichtlich lügen könnte, scheint keine Option zu sein, schließlich bleibt Data immer bei der Wahrheit und ist anderen gegenüber positiv eingestellt. Warum sollte dies bei Lore anders sein? Die Skepsis Datas wird als Neid dem scheinbar überlegenen Androiden gegenüber ausgelegt, obwohl er keinen Neid empfinden kann. Den Widerspruch zu Datas Mangel an Emotion bemerkt die Crew nicht und nimmt ihn in diesem Moment als menschenähnlicher wahr, als er ist. Dabei wird die Künstlichkeit Datas in diesen Szenen besonders herausgestellt, weil er eine Akzeptanz sucht, die ihm in dieser Situation jedoch verweigert wird, weil seine Bedenken falsch interpretiert werden. Dennoch neckt Lore Data damit, zu menschlich zu denken, und deutet damit bereits auf seine Sichtweise, dem Organischen überlegen zu sein, hin. Obwohl er ihm abspricht, empfindungsfähig zu sein, wirft er Data gleichzeitig vor, in einem abstrakten Sinn zu emotional zu sein. Dies dürfte auch einer der Gründe sein, weswegen sich Lore des Konzepts des Lügens bemächtigt und sich selbst als perfekter als Data bezeichnet, und das nicht nur, weil er die menschliche Sprache angeblich intuitiver beherrscht, sondern aus Kalkül. Während Data also über eine sich weiterentwickelnde Persönlichkeit verfügt, die sich an ethischen und moralischen Prinzipien orientiert, ist Lores bruchstückhaft und sowohl emotional als auch moralisch instabil.

Data nimmt die Rolle des artifiziellen Anderen ein, obwohl retrospektiv Lore viel fremder, unheimlicher, abseitiger ist, als es Data je hätte sein können. Lores emotionales Innenleben wird erst später konkreter thematisiert, erhält in diesem Kontext aber schnell – und wie so oft, wenn es in *Star Trek* um

Androiden und deren (künstliche) Emotionen geht – die Bedeutung einer Fehlfunktion, die ihn unkontrollierbar macht, während er seiner eigenen, zunächst undurchschaubaren Agenda folgt.[66] Er behauptet, er besäße die gesamte Skala menschlicher Bedürfnisse und Ambitionen, und bezeichnet sich als perfekte Einheit aus künstlichem Körper und positronischem Gehirn. Seine emotionalen Zustände beinhalten Wut, Hass, Verzweiflung, vielleicht sogar den Neid, den er eigentlich Data immer wieder unterstellt. Positiv konnotierte Gefühlsregungen kennt er nicht und strebt diese auch nicht an.[67]

Datas Wunsch nach einem tieferen Verständnis von Menschlichkeit wird von Lore in seiner Ablehnung alles Humanen (und im weiteren Sinne auch des organischen Lebens) reflektiert und konterkariert. Neugierde, wie Data sie empfindet, kennt er nicht und sie interessiert ihn auch gar nicht. Was Lore an Data als weniger perfekt bezeichnet, ist der Versuch, sich selbst mit der Crew der *Enterprise* gemeinzumachen. Data soll ausgeschlossen werden aus der Gruppe, Lore will stattdessen Teil davon werden, indem er sich als in seinem Sein menschlicher präsentiert, als er tatsächlich ist. Wobei hier der Begriff des Menschlichen falsch gewählt ist, denn er wirkt trotz seiner vorgeblich menschlichen Veranlagung irritierend fremd, wenn er lächelt, und in seinem Verhalten bedrohlich. Statt Mitgefühl zeigt er, wie später in *»Die ungleichen*

Brüder« von seinem Schöpfer Noonien Soong erzählt wird, früh sadistische und unberechenbare Züge und manipuliert seine Umgebung. Dieses Verhalten ist Lore selbst möglicherweise nicht bewusst, weist aber bereits in *»Das Duplikat«* auf die Abwesenheit eines Moralempfindens hin.[68] Offen bleibt, ob er diesen Charakterzug erst entwickelt hat, nachdem die Siedler auf Omicron Theta ihm gegenüber verunsichert bis feindselig reagiert haben, oder ob dieser Aspekt seiner Persönlichkeit von Anfang an Teil von ihm war und dieser den Kolonisten Angst gemacht hat. Wäre Ersteres der Fall, also das ambivalente Verhalten eine Reaktion darauf, wie Lore behandelt wurde, spräche dies für eine selbstständige Weiterentwicklung seiner Programmierung, die von Soong möglicherweise sogar angestrebt wurde – wenn auch vermutlich nicht in dieser Form und mit diesem Ergebnis.

Lore wirkt in vielem unausgereift, als hätte Soong ihn unter- und das Programm überschätzt. So ist die Weiterentwicklung zwar denkbar, ohne moralischen Kompass ist es Lore jedoch nicht möglich, eigenständig ein ethisches Grundgerüst zu entwickeln, das ihm einen gleichberechtigten Alltag unter Menschen erlaubt. Offenbar kann Soong nicht beeinflussen, was und wie Lore lernt, welche Schlüsse er aus Informationen zieht und wie er dieses Wissen anwendet. Wenn Lore also nur negative Erfahrungen sammelt, weil ihn die Kolonisten auf Omicron Theta ablehnen und vielleicht sogar feindlich auf ihn reagieren, kann er auch nur aus diesen Erlebnissen lernen. Lore ist hier mit Rayna aus *»Planet der Unsterblichen«* und teilweise sicherlich auch mit Andrea aus *»Der alte Traum«* vergleichbar, denn auch hier spielt eine gewisse Emotionalität eine Rolle, die im Fall von Lore negativ ausgelegt wird. Anders als bei Rayna wird Lores System durch diese Art der Bewusstwerdung nicht überlastet. Stattdessen entwickelt er einen eigenen Verhaltenskodex, der darauf aufbaut, wie unverstanden er sich als Android und künstliche Intelligenz von den Menschen, seinem Schöpfer Soong und schließlich auch von Data wahrgenommen sieht.

Lores Entwicklung als Android ist geprägt von Deep Learning als Idee, wie er sich als Persönlichkeit in einem menschlichen Umfeld durch Wissenserwerb entwickeln kann.[69] Genau dies zeigt jedoch auch die Schwierigkeiten von Algorithmen auf.[70] Eine durch sie verursachte inhaltliche Fehlannahme oder unspezifische Formel kann problematisch werden, wenn die Informationsverarbeitung nicht eindeutig vorgegeben ist. Datas Möglichkeiten, tiefere Selbsterkenntnisse zu erlangen, wirken deutlich erschwerter, komplizierter, mühsamer, wie sich schon in *»Der Moment der Erkenntnis«* gezeigt hat. Seine Programmierung ist als unmittelbare Reaktion Soongs auf Lores Verhaltensmuster zu verstehen, denn anders als Lore erhält Data einen an menschliche Moralvorstellungen angelehnten Verhaltenskodex und keine »echten« Gefühlsregungen.

Ein uneingeschränkter freier Wille ist für Maschinen nicht vorgesehen, wenn sie über keinerlei Programme verfügen, die ein ethisches Verhalten vorgeben. Mit seinem Verhalten verstößt Lore immer wieder gegen Asimovs Robotergesetze, was gemäß seiner Programmierung eigentlich unmöglich sein sollte – ein Querverweis auf die Hybris der Menschheit, zu glauben, künstliche Intelligenz stets kontrollieren zu können, und darauf, welche Auswirkungen Ethikprogramme beziehungsweise deren Abwesenheit haben können. Die Robotergesetze sorgen für scheinbar notwendige Einschränkungen im Verhalten der Maschinen und bilden im Zusammenhang mit Asimov eine wichtige Komponente im Verhältnis zu den Androiden. Das Zusammenleben von Mensch und Mensch erfordert Regeln und ebenso benötigt die Koexistenz von Mensch und Maschine bestimmte Verhaltensmuster, die eine gemeinsame Basis ermöglichen und die über Asimovs Robotergesetze hinausgehen. Soziales Bewusstsein ist beispielsweise wichtiger als die individuelle Handlungsfreiheit, denn die Freiheit des einen endet dort, wo sie die des anderen beschränkt, und erfordert Kompromisslösungen. Oder anders formuliert: Das Fehlen jedweder ethischer Richtlinien führt zum Verlust der Entscheidungsfreiheit über das eigentliche Handeln.

Nicht allein die Menschenähnlichkeit in Aussehen und Auftreten ist es also, die Lore für die Kolonisten unheimlich werden lässt, sondern dass er dieses unkontrollierbare Auftreten in Kombination mit Lügen überaus bewusst für sich einsetzt und dennoch – oder gerade deswegen – den anderen fremd bleibt. Die Theorie des *Uncanny Valley*, des unheimlichen Tals, beschreibt dieses Empfinden und inwiefern dies mit künstlichen Wesenheiten zusammenhängt: Je menschenähnlicher Roboterwesen sind, desto eher werden sie bis zu einem gewissen Grad angenommen. Diese Akzeptanz sinkt dagegen wieder, wenn sich diese Maschinen der Menschenähnlichkeit sehr weit annähern, diese aber trotzdem nicht vollständig erreichen. Erst wenn sie sich sehr stark angleichen in ihrem Aussehen, ihren Bewegungen und ihrem Verhalten, steigt die Akzeptanz wieder – und dieses Dazwischen wird als unheimliches Tal zwischen Selbst- und Fremdverständnis bezeichnet.[71]

Nimmt beispielsweise ein Android, der bewusst menschenähnlich gestaltet ist, für sich in Anspruch, menschlich zu wirken, so wird er in vielen Fällen mit denselben Bewertungsmaßstäben gemessen wie ein tatsächlicher Mensch. Die artifizielle Alterität wird hierbei an beiden Androiden ausgespielt: Lore wirkt in seinem doch sehr menschlich anmutenden Habitus noch fremdartiger als Data, weil er für sich in Anspruch nimmt, der bessere Android zu sein, wohingegen Data sich seiner Daseinsform bewusst ist und seinen Status innerhalb der menschlichen Gesellschaft akzeptiert hat. Jedoch werden beide Androiden in *Star Trek: Das nächste Jahrhundert* nach menschlichen Maßstäben ge- und bemessen und immer wieder als Brüder bezeichnet, was familiäre Bindung impliziert und damit bestimmte Verhaltensweisen vorzugeben scheint.[72] Datas Distanz ist, was ihn weniger fremd wirken lässt; Lores Jovialität ist, was ihn unheimlich werden lässt.

Wie komplex das Auftauchen von Datas Gegenstück Lore ist und wie stark sich die Wahrnehmung von (eigenen) Doppelgängern unterscheidet, zeigt sich in der Serie überraschenderweise nicht in einer Episode, in der Lore eine größere Rolle spielt, sondern erst in der sechsten Staffel, nämlich in *»Riker ÷ 2 = ?«*.[73] In dieser Episode trifft Riker auf eine Kopie seiner selbst, die durch einen Fehler beim Beamen entstanden ist. Obwohl beide Versionen von Riker Probleme haben, miteinander auszukommen, scheint es für andere einfacher zu sein, die beiden zu unterscheiden. Der Konflikt sitzt also tiefer und an einer anderen Stelle, denn Menschen würden, stellt Data fest, einen großen Wert auf ihre Einzigartigkeit legen und Doppelgänger würden diese Selbstwahrnehmung beeinträchtigen. Worf entgegnet darauf, dass es aber auch daran liegen könnte, dass ein Doppelgänger genau das verkörpert, was man an sich selbst nicht mag.[74]

Menschliche und maschinelle Individualität wird klar unterschieden, vielleicht auch durch die höhere Wahrscheinlichkeit, dass es von Maschinen mehrere scheinbar identische Varianten geben kann. Menschliche Doppelgänger, die wie im Fall der beiden Riker bis zu einem gewissen Zeitpunkt sogar über dieselben Erinnerungen verfügen, sind die Ausnahme. Der menschliche Doppelgänger wird als individueller wahrgenommen als maschinelle Duplikate, echte Individualität wird im Zusammenhang von Lore und Data kaum thematisiert. Vielmehr geht es darum, dass beide ununterscheidbar werden können, wenn der eine unbemerkt in die Rolle des anderen schlüpft. So nimmt Lore mehrfach Datas Platz ein, weil er nicht nur sein Doppelgänger ist, sondern direkt zu Data wird, indem er das Original deaktiviert. Später tut er dies erneut, täuscht nun nicht nur die Crew der *Enterprise*, sondern Soong selbst und schlägt diesen nieder. Ob er seinen Schöpfer dabei getötet hat oder nicht, ist ihm egal, denn er hat sein Ziel erreicht und einen Emotionschip erhalten. Ab diesem Moment manipuliert Lore nicht mehr passiv, sondern wird aktiv, indem er die vermeintliche Hemmung, Menschen zu töten, verliert. Lore legt die Robotergesetze von Anfang an breit aus, indem er andere dazu bringt, an seiner statt zu töten, beispielsweise das Kristallinwesen, das durch sein Zutun die Kolonie auf Omicron Theta auslöscht.

Ein letztes Mal in seiner bekannten Form taucht Lore in der Doppelfolge *»Angriff der Borg«* auf. Durch den ursprünglich für Data bestimmten Emotionschip hat sich aus Lores Fehlfunktion eine Art Gottkomplex entwickelt, den Lore selbst als Familiensinn bezeichnet. Umgeben von Borg, die sich aus dem Kollektiv gelöst haben, gibt er vor, ihnen zu mehr Eigenständigkeit verhelfen zu wollen. Sie verhalten sich wie Individuen, sprechen sogar in Ich-Form und bezeichnen Lore als ihren Eins. Er gibt vor, ihr Retter zu sein, der sowohl Data, den er zu sich gerufen hat, als auch den Borg zu mehr Individualität verholfen habe.[75] Wie brüchig diese Selbstdarstellung ist, wird schnell offensichtlich: Was er missbilligt, bestraft, manipuliert und bedroht er. Auch Data setzt er für sich ein und verschafft sich Zugang zu dessen emotionalen Zuständen. Lore gesteht ihm dabei nur jene Gefühlsregungen zu, die auch er selbst empfinden kann, nämlich negativ belegte Emotionen. In dieser Situation ist Data extrem anfällig für Lores Verführungsversuche. Zu groß ist die Verunsicherung und die Neugierde, wie sich Emotionen anfühlen, nachdem er bereits Wut empfunden hat. Als Lore schließlich Datas Ethikprogramm deaktiviert und ihn sich damit fast schon gleichzumachen versucht, wird er zu Datas Verlockung, der dieser nur mit Mühe widerstehen kann. Letztlich täuschen die angeblichen Verführungsversuche Lores nur darüber hinweg, dass dieser ihn längst kontrolliert.[76] Zuletzt ist Data wieder Herr seiner

Sinne (vielleicht auch, weil hier ebenfalls eine Art Fail-Safe greift), deaktiviert im Gegenzug allerdings Lore. Ein weiterer Grund für diese Entscheidung dürfte sein, dass Data vermeiden möchte, jemals wieder in dieser Form die Kontrolle über sich selbst zu verlieren.

Was in all den Diskussionen um Lore jedoch nie thematisiert wird, ist die Frage nach seinen Rechten. Auch wenn Soong ihn angeblich reparieren wollte, so hat er dies doch nie getan. Es wird ihm grundsätzlich verweigert, sich zu rehabilitieren, vielleicht auch, weil er seine Glaubwürdigkeit wiederholt verspielt hat und der Programmdefekt, der ihn so manipulativ sein lässt, ohne schwerwiegende Eingriffe in seine Persönlichkeit gar nicht mehr behoben werden kann. Möglicherweise erreicht er auch aus diesem Grund nie denselben Status wie Data, sondern bleibt immer eine Maschine, die als fehlerhaft wahrgenommen wird und so auch keinen Personenstatus erlangen kann. Mit dem moralisch Fragwürdigen wird in *Star Trek: Das nächste Jahrhundert* immer wieder nicht minder moralisch fragwürdig umgegangen. Aber ist es in Ordnung, künstliche Intelligenzen mit verschiedenen Perspektiven auf ihre Umwelt so unterschiedlich zu behandeln, was ihr Rechte betrifft, wie dies bei Data und Lore der Fall ist?

Weder hat es Konsequenzen, als Data Lore in *»Das Duplikat«* ins All beamt, noch wird es problematisiert, als Data ihn später in *»Angriff der Borg«* dauerhaft deaktiviert.[77] Viel interessanter ist allerdings die Feststellung, dass es in der Serie jedes Mal Data ist, der ihn ausschaltet. Lore ist nicht fähig, sich zu entwickeln. Statt Wissen strebt er Macht an, fühlt sich stets zurückgewiesen und in seiner Eitelkeit gekränkt. Es besteht eine gewisse Unfähigkeit, vielleicht auch ein Unwille, sich zu verändern und einer organischen Gesellschaft anzupassen, weil es neben Data in seiner Einzigartigkeit keinen Platz für einen weiteren Androiden gibt, der sich menschlichen Moralkonzepten immer wieder zu entziehen versucht.

DAS ICH IM ANDEREN: Die künstliche Familie

Künstliche Intelligenzen sind nicht statisch. Sie sind wandelbar und permutieren, sodass man anhand dieser Weiterentwicklungen eine Geschichte rekonstruieren kann, die einer Familiengenealogie nicht unähnlich ist. Die Soong-Androiden in *Star Trek: Das nächste Jahrhundert* sind hierbei in ihrer Entwicklung besonders vielschichtig. Ausgehend von der Idee des positronischen Gehirns haben sie viele verschiedene Versionen hervorgebracht – sei es, weil Noonien Soong sie entwickelt hat oder weil sich Data selbst als Konstrukteur eines weiteren Androiden versucht.

Nachdem Lore als Datas Duplikat vorgestellt wurde, finden sich mit Lal, Juliana Tainer und B-4 weitere Androiden, die sich ähnlicher Konzepte bedienen – Lal wird als Tochter bezeichnet, Juliana als Mutter und B-4 als unausgereiftes Vorgängermodell. Es erscheint vor allem nach der Begegnung mit Lore widersprüchlich, künstliche Intelligenzen in Form von Androiden als Familienverbund zu bezeichnen, aber für Data ist dies eine Methode, seine Umgebung und Beziehungsgeflechte zu strukturieren. Auch hier werden die Androiden in Bezug auf Data vorgestellt und eingeordnet: Welche Konsequenzen hat es, wenn ein Android wie Lal in *»Datas Nachkomme«* versehentlich Emotionen entwickelt? Muss eine künstliche Existenzform wie Juliana in *»Soongs Vermächtnis«* erfahren, dass sie entgegen ihrer eigenen Annahme kein Mensch (mehr) ist? Und wie ist mit einem Androiden wie B-4 im Film *Star Trek: Nemesis* umzugehen, der offenbar eine rudimentäre Persönlichkeit besitzt, jedoch kein besonders charakteristisches Bewusstsein ausgeprägt hat?

Mit Lal wird in der dritten Staffel von *Star Trek: Das nächste Jahrhundert* ein für *Star Trek* zunächst neuer Blickwinkel auf die Rechte künstlicher Intelligenzen eingenommen. Immer wieder werden diese hinterfragt, wie sich sowohl an Data als auch an Lore zeigt, bei Lal hat dies allerdings eine andere Qualität, denn sie wird von Data, also einem anderen Androiden, erschaffen, der ihr die Fähigkeit verleiht, eine eigenständige Ich-Wahrnehmung zu entwickeln. Data konstruiert Lal als zunächst geschlechtslos und ermöglicht ihr so, sich selbst eine Identität zu erarbeiten. Ihr Erscheinungsbild darf sie vollkommen selbst wählen. An Lals Beispiel wird der Frage nachgegangen, ob und wie sich Maschinen fortpflanzen können und dürfen und ob hieraus Familienstrukturen entstehen können, die mit bestimmten Rechten und Pflichten verknüpft sind, aber auch, ob und wie Körper und Geschlecht gesellschaftlich konstruiert werden. Data wird in dieser Episode selbst zum Schöpfer künstlicher Intelligenz und versucht, die Forschung seines Entwicklers Soong fortzusetzen, indem er eine positronische Matrix entwickelt – die Konstruktion wird selbst zum Konstrukteur und erlangt als künstlicher Mensch mehr Authentizität, die er auch an Lal weitergibt, indem er sie nicht zu einer Kopie seiner selbst macht.

Auch Lal wird wie viele Androiden vor ihr zu Beginn von *»Datas Nachkomme«* nur bruchstückhaft gezeigt. Man sieht Data, wie er in einem Labor einen Fuß an einem Bein montiert und wie sich das Bein im Anschluss bewegt. Der erste Blick auf den gesamten und inzwischen aktivierten Androiden ist erst möglich, als Data ihn Deanna Troi, Geordi La Forge und Wesley Crusher als sein Kind vorstellt. Troi wird Lal später als eine Existenzform beschrieben, die von Data völlig korrekt als Tochter bezeichnet werden könne, denn Biologie allein könne nicht definieren, was Familienbande bedeuten oder was als Nachwuchs gilt.

Vielmehr geht es um eine *Chosen Family*, also eine Wahlfamilie, für die man sich bewusst entscheidet. Sie kann geboren, geschaffen oder auch gesucht und gefunden werden. Das gilt ebenso auf technischer Ebene, denn Data hat Informationen seines eigenen Gehirns auf seine Tochter übertragen und diese Teilkopie macht einen neuen Androiden gewissermaßen zum Kind eines anderen.

Die Idee von Familie wird als abstraktes Konzept erweitert, das über das rein Körperliche hinausgehen kann. Durch diesen Hinweis stellt Troi indirekt einen Bezug zu Donna Haraways *Ein Manifest für Cyborgs* (1984) her.[78] Dort beschreibt die Naturwissenschaftshistorikerin, dass bei Cyborgs die Replikation von der Reproduktion entkoppelt ist, was sie als Post-Gender-Welt sieht. Durch *»Datas Nachkomme«* wird bereits in den späten 1980er-Jahren die Darstellung und Wahrnehmung von Geschlechteridentitäten in einer TV-Serie thematisiert: Muss sich eine künstliche Lebensform wirklich dauerhaft für eine Geschlechteridentität entscheiden oder kann sie diese und ihr Aussehen nicht einfach nach Belieben verändern, wechseln oder vielleicht sogar erweitern?[79] Troi deutet in diesem Kontext an, dass die Entscheidung Lals, was für eine Rolle sie annehmen möchte, beeinflussen kann, wie andere sie behandeln und mit ihr umgehen. Aus unzähligen Möglichkeiten stellt sich Lal eine engere Auswahl für ihr künftiges Aussehen und Auftreten zusammen. Neben einer andorianischen Frau, einem menschlichen und einem klingonischen Mann ist darunter auch das Antlitz einer jungen irdischen Frau, für das sich Lal letztlich entscheidet.

Lals Künstlichkeit bleibt – obwohl ihre Haut und Augen sie deutlich menschlicher aussehen lassen als Data – dennoch erkennbar. Ihre Mimik ist eingeschränkt, das Geschlecht gesellschaftlich konstruiert. Die zugehörigen Verhaltensmuster muss sie sich erarbeiten, was eine gewisse Erwartungshaltung anderer ihr gegenüber erweckt. Zwar dekonstruiert Lal vorgegebene Rollenbilder immer wieder, lässt aber dennoch die klassischen Ordnungsmuster, die mit einer geschlechterspezifischen Gegensätzlichkeit einhergehen, nicht vollständig hinter sich. Sie erhält in der Theorie die Möglichkeit, alles selbst zu gestalten, was bestehende, die jeweilige Identität betreffende Konstrukte zwar brüchig macht, jedoch nicht konsequent zu Ende führt. Bedauerlicherweise thematisiert die Episode das kaum, sondern legt den Schwerpunkt auf andere Inhalte, indem Lals Fremdheit in den Vordergrund gerückt wird.[80]

Die Reaktion von Picard, als er von Lal erfährt, dürfte symptomatisch sein für die Wahrnehmung von Androiden nach der Begegnung mit Lore. Er kritisiert, dass er über Datas Entschluss, einen weiteren Androiden zu bauen, vorher hätte informiert werden wollen. Auch müsse man unterbinden, dass Data dieses Wesen als sein Kind betrachte, denn es sei nicht mehr als eine Konstruktion. Auf gewisse Weise sei sie aber dennoch lebendig und damit eine Existenzform, die nun nicht einfach aktiviert und wieder deaktiviert werden könne. Dies zeigt, wie sich die Perspektive auf Androiden zu verschieben beginnt. Dass sie trotz ihrer Künstlichkeit als Maschinenwesen nicht mehr ohne Rücksprache deaktiviert werden, zeugt davon, dass ihnen eine Art Recht auf selbstbestimmte Existenz und Chance zur Persönlichkeitsentwicklung zugestanden wird – zumindest auf der *Enterprise* unter Picards Kommando und unter bestimmten Voraussetzungen.

Das Problem sitzt also tiefer: Es geht nicht nur darum, dass Lal existiert, sondern dass ein Android ohne Rücksprache einen weiteren Androiden gebaut hat, bei dem zu diesem Zeitpunkt unklar ist, wie sich seine Persönlichkeit ausprägen wird, wenn das System selbstlernend ist. Data argumentiert – auch ausgehend von *»Wem gehört Data?«* und damit dem ihm dort zugestandenen Personenstatus –, dass andere Crewmitglieder den Captain weder um Erlaubnis bitten noch davon im Vorfeld in Kenntnis setzen müssten, wenn sie über Nachwuchs nachdächten, zumal er sich an sämtliche ihm bekannten Protokolle gehalten habe. Wer als Person gilt und eigene Entscheidungen treffen darf, wird nicht hinterfragt. Der Personenstatus von Data wird hingegen immer wieder thematisiert. Ihm werden Verantwortlichkeiten übertragen oder abgesprochen, die bei menschlichen Crewmitgliedern als selbstverständlich gelten.

Lals Blick auf die Welt ist vorurteilsfrei unverstellt, was ihr eine gänzlich andere Wahrnehmung ihrer Umgebung ermöglicht als die der restlichen Besatzung der *Enterprise*. Es zeigt aber auch, wie fragil und angreifbar sie dadurch ist, wie viel sie sich erst erarbeiten muss, was Wissen und den Umgang mit Wissen betrifft. Im Körper einer scheinbar erwachsenen, menschlich aussehenden Frau steckt eine künstliche Intelligenz, die sich in dieser Welt erst orientieren muss, sich ansonsten allerdings kaum von der restlichen, zum großen Teil ebenfalls menschlichen Crew und deren Familien unterscheidet. Einzig durch ihr Verhalten fällt sie auf, denn sie muss erst lernen, ihr Wissen in den richtigen Situationen entsprechend anzuwenden, gesellschaftliche Normen einzuschätzen und wie sie sich in einer Gruppe aus verschiedensten Individuen harmonisch integrieren kann. So wird sie zu einem naiv-neugierigen Blick von außen auf das soziale Gefüge eines Sternenflottenraumschiffs. Zum einen wird über sie demonstriert, wie komplex der Umgang verschiedenster Personen miteinander sein kann. Zum anderen hinterfragt bereits ihre bloße Anwesenheit bestehende Konventionen, die viel zu oft als selbstverständlich hingenommen werden: Warum tragen andere Kleidung, was ist Geschlecht, was Sexualität und wie reagiert die Gesellschaft darauf?

In ihrem Auftreten mag Lal zunächst unbeholfen wirken, aber anhand ihres Beispiels wird gezeigt, wie Lernprozesse mit künstlichen neuronalen Netzen ablaufen können.[81] Sie benötigt oftmals unzählige Wiederholungen, bis Wissen und vor allem dessen korrekte Anwendung in ihrem System so hinterlegt sind, dass sie die Informationen in den richtigen Situationen und im richtigen Kontext abrufen und neue Querverbindungen ziehen kann. Mit jeder weiteren Wiederholung lernt das System dazu, erweitert seine Fähigkeit, Muster in großen Datensätzen erkennen und daraus bestimmte Handlungsweisen ableiten zu können. Mit vielen Beispielen lernt Lal und findet so nach und nach selbstständig Lösungen für alltägliche Probleme. Ihr Denkansatz ist oftmals überaus kreativ, entspricht aber nicht immer der Erwartungshaltung ihres Gegenübers. Doch auch aus diesen Situationen, gekoppelt mit Versuch, Fehler und Neuversuch, lernt sie dazu und kann aus den Reaktionen herauslesen, ob ihr Verhalten angebracht war oder nicht.

Erkennen, weshalb sie und ihr Verhalten teilweise zu Irritationen führen, kann sie nicht. Aufgrund ihres fehlenden Selbstverständnisses wirkt sie teilweise unausgereift. Erst besucht sie die Schule an Bord der *Enterprise*, der Versuch wird allerdings schnell wieder abgebrochen, da die anderen Kinder sich vor ihr fürchten. Dass sie anschließend im Zehn Vorne an Guinans Bar aushilft, ermöglicht ihr zwar, menschliches

Verhalten besser studieren zu können und die Crew kennenzulernen, wird jedoch als unpassend wahrgenommen – fast so, als würde man sich daran stören, dass ein Objekt, das zu unzähligen Rechenoperationen fähig ist, dort völlig unterfordert sein müsste. Dass Lal aber erst soziale Interaktion lernen und dafür andere beobachten muss, um verstehen zu können, wie beides abläuft, wird in diesem Fall nicht bedacht. Und dass ihr andere Lernformate nicht ermöglicht werden, ebenfalls.

Lal fehlt es an Wissen und Erkenntnisfähigkeit, was Sozialverhalten, das Deuten von Nuancen in Kommunikation und Körpersprache, Alltagsstrukturen und Verhaltensmustern betrifft. Data unterstützt Lal, indem er ihr, wie er es nennt, Androidenverhalten durch simulierte menschliche Reaktionen ergänzt, die ihr den Alltag in einer organischen Gesellschaft erleichtern sollen. Doch auch dies bedeutet nicht automatisch, dass das künstliche System aus den hierbei übermittelten Informationen die korrekten Schlüsse zieht oder überhaupt ziehen kann. Anfangs fällt es ihr schwer, ein Blumengebinde von einem Gemälde zu unterscheiden. Logische inhaltliche Zusammenhänge herzustellen muss sie erst lernen. Es ist ihr zwar möglich, Fehler innerhalb ihrer Programmierung in kürzester Zeit selbst zu beheben, dennoch schafft sie es trotz allem nicht, mit den sich entwickelnden Emotionen und Gefühlsregungen umzugehen. Sie erinnert dabei an

Rayna aus »*Planet der Unsterblichen*«.[82] Bei Rayna sind die Emotionen erwünscht, bei Lal entwickeln sie sich unerwartet. Beide Androidinnen sind als erwachsene Personen konzipiert, denen eine eigentliche (androide) Kindheit als Entwicklungsschritt verweigert wird. Auch bei Data ist bekannt, dass er, wie sich in »*Soongs Vermächtnis*« herausstellt, anfangs Probleme mit der Informationsverarbeitung hatte, er selbst hat daran allerdings keine Erinnerung mehr, da sämtliche Daten der Ereignisse, ehe er auf Omicron Theta entdeckt und reaktiviert wurde, gelöscht wurden.

Lals Existenz verändert auch Datas Sicht auf seine Umwelt. Als sie ein erweitertes Bewusstsein entwickelt und sich mit komplexen Fragen über Philosophie und Seinslehre beschäftigt, wird es auch für Data komplizierter. Für ihn ist es eine vollkommen neue Erfahrung, Fragen nach dem Warum der eigenen Existenz gestellt zu bekommen. Er kennt zwar Neugier als inneren Antrieb, die Welt begreifen zu wollen, nicht aber, dass diese Fragen zu einem konstanten Gedankenstrom werden, der genau so artikuliert und immer abstrakter wird. Zunächst versucht Data, diese noch zu beantworten, deaktiviert Lal dann aber kurz entschlossen, weil sie bereits hier ein Problem innerhalb ihrer Subroutinen andeutet.

Von Beginn an wird viel über Lal gesprochen, aber nur selten unmittelbar mit ihr, selbst wenn sie anwesend ist und direkt adressiert werden könnte. Als sie erfährt, dass sie die *Enterprise* verlassen soll, um nach Galor IV ins Daystrom Institut gebracht zu werden, löst dies in ihr eine unbestimmte Empfindung aus, die sie als Angst beschreibt und die zu Beeinträchtigungen ihrer positronischen Matrix führt. Der erste Moment, in dem der Eindruck entsteht, sie könnte empfindsam werden, ist, als sie schon zuvor Data mitteilt, sie wolle nicht anders als andere wahrgenommen werden. Echte Emotion wird von ihr, als sie sie ohne Vorwarnung plötzlich empfindet, als Störung wahrgenommen. Noch ehe eine abschließende Entscheidung über ihren weiteren Verbleib getroffen werden kann, wird Lal von ihren aufkeimenden Emotionen überwältigt, was zu einem irreparablen Systemzusammenbruch führt – und zeigt auch hier eine weitere Parallele zu Rayna: Beiden Figuren wohnt eine gewisse Unschuld inne und beide zeigen eine Überforderung aufgrund von Emotionen, die letztlich zum Systemversagen führt. Lal wird auf andere Art wie Rayna inszeniert. Beide sind passiv, doch während Flint Rayna als Partnerin gegen die Einsamkeit der Unsterblichkeit entwickelt, konstruiert Data Lal, damit sie zum Individuum werden kann, scheitert aber an der Komplexität eines positronischen Gehirns. Und so gilt für Lal letztlich: Wer neben einem Selbstbewusstsein keine eigene Identität als individuellen Charakter ausbildet, kann trotz aufkommender Emotionen nicht dauerhaft existieren.

Eine weiterentwickelte Version der Soong-Androiden ist Dr. Juliana Tainer, die kurz vor dem Ende der Serie in der siebten Staffel in der Episode *»Soongs Vermächtnis«* auf der *Enterprise* auftaucht. Sie stellt sich als ehemalige und vor allem menschliche Partnerin Soongs vor und behauptet, an der Entwicklung Datas und Lores beteiligt gewesen zu sein. Während Lore und Lal ebenso wie Data ihre Künstlichkeit weder im Optischen noch in ihren Verhaltensweisen vollständig verbergen (können), wirkt Juliana völlig natürlich, hat Gefühle und Emotionen, trifft selbstreflexiv Entscheidungen und ist sich ihrer eigenen Künstlichkeit nicht bewusst.[83] Sie hält sich für die Frau, deren Gedächtnis sie in sich trägt. Dass sie nur deren Simulakrum ist, weiß sie nicht. Folglich verspürt sie auch keinen Wunsch nach mehr Menschlichkeit, denn in ihrer Eigenwahrnehmung ist sie nie etwas anderes gewesen.

Unter den Soong-Androiden stellt sie zu diesem Zeitpunkt das wohl fortschrittlichste Modell dar. Das führt so weit, dass lange Zeit tatsächlich niemandem auffällt, dass sie nicht die echte Juliana ist. Als Kopie ist sie längst zu ihrem eigenen Original geworden. Ihr Biosignal wirkt auf einen Menschen bestechend realistisch, sie altert und schwitzt. Selbst Data wird erst dann misstrauisch, als sie komplexe Berechnungen ohne Hilfsmittel ausführt und in einem Konzert ein Musikstück identisch spielt wie in der gemeinsamen Probe – Details, die gemeinsam mit dem nur scheinbar zufälligen Rhythmus ihres Lidschlussreflexes, der demselben Muster entspricht wie bei Data, nur einem weiteren Androiden auffallen können.

Anhand von Juliana beschäftigt sich *Star Trek: Das nächste Jahrhundert* mehr noch als bei Data mit maschineller Kreativität und der Frage danach, aus welchem Funken diese entspringt. Musik wird als mathematisch-kreatives Konzept vorgestellt, das erst in der Emotion und individuellen Interpretation zur authentischen Erfahrung wird, weil sie einzigartig und eine exakte Wiederholung abseits einer Aufzeichnung unmöglich ist. Datas Umgang mit Kreativität, sein eigenes Wissen über Kunst, wie man sich musikalischer Interpretation annähert und wo seine eigenen Schwächen liegen, lassen ihn erkennen, dass auch Julianas Umgang mit Kreativität weitaus weniger natürlich ist, als er auf den ersten Blick wirkt, denn das gemeinsame Musizieren verrät am Ende, dass Juliana ebenso künstlich ist wie Data. Sie selbst bemerkt nicht, dass sie ihr Spiel innerhalb eines Stücks nicht variiert, sondern jedes Mal dieselbe Phrasierung vornimmt. Juliana ist in der Lage zu empfinden, aber erkennen, dass sich ihre vermeintliche musische Kreativität auf die reine Reproduktion beschränkt, kann sie nicht. Sie – oder vielmehr ihr Original – war es, die sich bei Soong dafür eingesetzt hat, dass Data die Fähigkeit erhält, sich musisch zu betätigen, ein Interesse für Kunst zu entwickeln und sich mit der ihm innewohnenden

Kreativität auseinanderzusetzen. Und so war es letztlich sie selbst, die dafür gesorgt hat, dass Data erkennen kann, dass sie selbst kein Mensch mehr ist, weil Soong ihr keine echte Kreativität verliehen hat, sondern nur ein Als-ob des Unbewussten. Ihre eigenen Beschränkungen nimmt Juliana nicht wahr, kann also auch nicht erkennen, was sie eigentlich ist. Ihr gesamtes Sein und ihre Selbstwahrnehmung beruhen auf dem Nichtwissen um ihren eigenen Tod.

In Juliana Tainer werden in *Star Trek: Das nächste Jahrhundert* verschiedene Perspektiven des Posthumanismus gebündelt. Sie hat ihren menschlichen Körper hinter sich gelassen und existiert als alternative Version ihres früheren Selbst, die sich in den in ihren Androidenkörper übertragenen Gedächtnisdateien findet. Sie verkörpert so die groteske Unsterblichkeit eines virtuellen Menschen, der über keine Kontinuität im Verständnis einer einzigartigen Identität verfügt.[84] Ihr Zeitfaden (und damit ihr menschliches Leben, ehe sie zur Androidin gemacht wurde) ist durch ihren Tod unterbrochen, was der Science-Fiction-Autor Stanisław Lem als irreparables Ende einer Person beschreibt.[85] Erinnerungen an den Vorfall hat Juliana nicht, stattdessen schaltet sich ihr Bewusstsein automatisch ab, sollte sie verletzt werden, um das Geheimnis zu bewahren.

Ist es richtig, Juliana das Wissen vorzuenthalten, oder wäre es angebrachter, sie über die eigene

Künstlichkeit zu informieren, und wenn ja, welche Folgen hätte dies für sie? Obwohl Juliana theoretisch einen eigenen Willen hat, wird ihr letztlich verweigert, vollständig eigene Entscheidungen zu treffen, indem ihr Informationen über sich selbst vorenthalten werden. Gleichzeitig wird vermutet, dass ihr System mit dem Wissen überlastet werden könnte. Bezieht man Soong in diese Überlegungen mit ein, da er einen kurzen Auftritt als Hologramm hat, durch das er auf dem Holodeck seine Beweggründe erklärt, so nimmt er an, dass Juliana nur dann glücklich sein könne, wenn sie nichts von ihrem eigenen Tod wisse, denn sonst wären auch ihre Empfindungen plötzlich nicht mehr authentisch menschlich, sondern künstlich konnotiert.

Es ist eine egoistische Entscheidung Soongs, dass Juliana ist, was sie ist. Er ist es, der ihren Tod nicht akzeptieren kann und die originale Juliana nicht verlieren will. Durch die Verweigerung, ihr dieses Wissen mitzuteilen, wird ihr Personenstatuts nach außen nicht hinterfragt und sie muss ihn sich nicht wie Data beständig neu erkämpfen. Wie sowohl Soong als auch Data mit Juliana umgehen, erzählt eine Geschichte über Verlustangst, die nicht nur für Data sehr ambivalent ist, weil er diese Empfindung eigentlich nicht haben dürfte. Würde Juliana um ihr Sein wissen, wäre er nicht mehr der einzige bekannte Android mit einem Bewusstsein, der in der Lage ist, sich weiterzuentwickeln.

Im Zusammenhang mit Lal hat Data bereits früher zu verstehen gegeben, dass inzwischen nicht mehr nur ein tieferes Verständnis des Menschlichen sein Ziel ist, sondern das Bemühen um eine eigene Daseinsform. Der englische Originaltitel der Episode lautet *»Inheritance«*, was besser als der deutsche Titel, *»Soongs Vermächtnis«* beschreibt, was das eigentliche und immer wiederkehrende Begehren des Androiden Data ist: eine eigene Familie zu haben und nicht der Einzige seiner Art zu sein. Und damit eröffnet sich erneut der Raum für gesellschaftliche Fragen der Gegenwartskultur: Wie sind Familienstrukturen zu bewerten, wenn sie auf technischer Ebene definiert sind, und welches Erbe ist damit verbunden? Aber auch: Wie menschlich und wie echt können künstliche Lebensformen in diesem Kontext sein und wie wird dies von ihrem Umfeld wahrgenommen? Weshalb Data sich zuletzt anders entscheidet und Juliana dieses Wissen vorenthält, wird nicht begründet, und vielleicht ist genau das die Stärke dieser Episode: Sie gibt keine Antwort, sondern lässt die Frage in ihrer moralischen Ambivalenz offen.

Ein weiteres Modell der Soong-Androiden tritt im Film *Star Trek: Nemesis* in Erscheinung: B-4 wurde auf Koralus III in Einzelteilen zurückgelassen und sendet ein positronisches Signal aus, das die *Enterprise* empfängt. Signale wie dieses können laut Data nur von Androiden seiner Bauart erzeugt werden, was das Interesse der Crew weckt. B-4 gleicht Data, die innere

Mechanik ist identisch. Sein Bewusstsein ist jedoch weitaus weniger entwickelt, seine Lernfähigkeit einschränkt, weswegen vermutet wird, es handle sich um einen Prototyp, der vor Data (und damit auch vor Lore) konstruiert worden sein müsse, was auch die Mehrfachbedeutung seines Namens erklärt: Er könnte zum einen das vierte Modell einer B-Reihe sein. Zum anderen verweist B-4 auf *before* und damit auf einen experimentellen Status seiner positronischen Matrix, die jener Datas vorausgegangen sein muss. Juliana Tainer spricht in *»Soongs Vermächtnis«* von drei weiteren Androiden, die als Vorgängermodelle beschrieben werden und über deren Verbleib nichts bekannt ist – vielleicht ist B-4 eines davon.

Der Kopf von B-4, der zuletzt gefunden wird, imitiert anfangs nur, spricht nach, was Data sagt. Die Spiegelbildlichkeit, die sich hier im Dialog zeigt, ist auch im Bildaufbau sichtbar und verweist gleichzeitig auf die Auffindesituation Lores. Beide Male hält Data den Kopf des jeweils anderen Androiden in den Händen und blickt ihn an. Auch der Bildaufbau ist gespiegelt: Datas Staunen imitierender Gesichtsausdruck, als er erkennt, durch Lore nicht allein zu sein, ist auf Koralus III Skepsis gewichen, als er scheinbar ein weiteres Duplikat entdeckt, bei dem zu diesem Zeitpunkt noch unklar ist, um was für eine Art von Android es sich handelt. In beiden Szenen ist links derjenige, der auf gewisse Art die Unschuld verloren hat, während rechts jeweils der Android zu sehen ist, der mit großen Augen neugierig die Welt entdeckt. Beide Male – in *»Das Duplikat«* und in *Star Trek: Nemesis* – ist Data der aktive Part, der das zerlegte Gegenüber durch sein Wissen wieder in ein Ganzes überführt.

B-4 erinnert anfangs in seinem Blick auf seine Umwelt fast an Lal, ist allerdings weitaus weniger ausgereift als sie. Er kann Situationen kaum korrekt einschätzen und stellt viele Fragen, auf deren Antwort stets ein weiteres Wieso folgt, weil er die Informationen nicht so einordnen kann, dass er daraus neues Wissen generieren könnte – eine Fähigkeit, die ihn als eher schwache künstliche Intelligenz klassifiziert, wenn auch mit dem Potenzial, sich bei Programmerweiterungen eben doch entwickeln zu können. Während in Datas Datenspeicher Wissen hinterlegt wurde, das dieser situativ verknüpfen kann, ist dies bei B-4 viel eingeschränkter. Er betrachtet seine Welt mit einer gewissen Neugierde und viel Unverständnis. Anders als bei Lal verzichtet Data bei ihm recht schnell auf ausufernde Erklärungen, denn B-4 erkennt sehr wohl, wenn er etwas Falsches sagt, aber nicht, was das Falsche war, und glaubt, in Data ein Gleiches zu erkennen, weil sie beide Androiden derselben Bauart sind. Um Zugang zu B-4 zu finden, überträgt Data ihm seine Gedächtnisengramme und sein Wissen, da beide mit denselben Parametern zur Selbsterkennung konstruiert wurden. Doch auch mit der Datenübertragung schafft es B-4 nicht, komplexe Bezüge zwischen Informationen herzustellen und sich als Individuum weiterzuentwickeln.

Data geht mit B-4 von Anfang an distanzierter um, als er dies mit Lore getan hat, obwohl er auch ihn als seinen Bruder bezeichnet. Trotzdem grenzt sich Data von B-4 ab, fast so, als wolle er verhindern, erneut von einem anderen Androiden ähnlich wie von Lore beeinflusst zu werden. Dabei ist es B-4, der beständig manipuliert und nicht akzeptiert wird, dies aber nicht erkennt, weil ihm die entsprechenden Grundlagenprogramme fehlen. Anstatt ihm zu helfen und ihn zu unterstützen, lässt Data ihm keine gleichberechtigte Behandlung zukommen, sondern geht mit B-4 eher wie mit einer Maschine ohne Persönlichkeitsstruktur um – etwas, das, verglichen mit früheren Begegnungen Datas mit künstlichen Intelligenzen, als untypisch zu bewerten ist.

Anders als Lal, deren System Data kurzerhand deaktiviert, als diese in einer Programmschleife aus Warum-Fragen gefangen ist, die immer weitere hervorbringen, ist die Situation bei B-4 eine andere. Während Lals System in diesem Moment bereits erste Verfallserscheinungen zeigt, entsprechen die vielen Fragen seinem naiven Naturell. Trotzdem erhält B-4 keine Chance zum Widerspruch, als Data zwar ankündigt, ihn zu deaktivieren, ihn aber dann mitten im Satz ausschaltet. Erst nach Datas Tod wird

B-4 reaktiviert und Picard versucht, ihm verständlich zu machen, wer der andere Android war und was ihn so besonders gemacht hat. B-4 begreift auch hier den Zusammenhang nicht – und beginnt stattdessen *Blue Skies* zu singen. Auch wenn sich echte Kreativität, wie sich an Juliana gezeigt hat, nicht kopieren lässt, ist hier eine Verbindung zwischen Data und B-4 erkennbar, vielleicht sogar durch Datas wohl doch irgendwie geglückten Datentransfer, denn das Singen von Jazzstandards ist etwas, dass B-4 nun offenbar aus Datas Gedächtnisengrammen übernommen hat. In der Nachfolgeserie *Star Trek: Picard*, deren Handlung etwa zwanzig Jahre nach *Star Trek: Nemesis* einsetzt, berichtet die Kybernetikerin Agnes Jurati, dass B-4 eine Data unterlegene Kopie gewesen sei, die als Prototyp ihr eigentliches Potenzial nicht entfalten konnte und letztlich aufgrund des Androidenverbots nach dem Zwischenfall auf dem Mars im Daystrom Institut eingelagert wurde. Zu diesem Zeitpunkt ist innerhalb der Föderation jegliche androide Existenz verboten, was bedeutet, dass hier auch Data seine Persönlichkeitsrechte sehr wahrscheinlich wieder verloren hätte und ebenfalls deaktiviert worden wäre.[86]

Im Gegensatz zu *Star Trek: Raumschiff Enterprise* zeigt *Star Trek: Das nächste Jahrhundert* einen deutlich gereifteren Umgang mit künstlichen Existenzen in Form von Androiden – insbesondere für die Entstehungszeit der Serie in den 1980er-Jahren. Alle

Androiden werden demselben Typ zugerechnet, was Vergleiche erleichtert und fremde Künstlichkeiten gleichzeitig ausklammert. Während in *»Wem gehört Data?«* noch beschlossen wurde, dass Data als eigenständige Persönlichkeit betrachtet wird, die ihre eigenen Rechte hat, wird dies nicht als generelle Entscheidung betrachtet, die für alle weiteren Androiden ebenfalls gültig ist, sondern muss individuell immer wieder neu verhandelt werden. Leider wird vermieden, bestimmte Strukturen konsequent zu erzählen und diese in der Folge auch umzusetzen. Androiden werden Rechte und Eigenständigkeit zugesprochen, aber nur solange der jeweilige Android nach den Maßstäben der vorgestellten Welt als positiv besetztes Individuum konnotiert ist. Doch selbst dann werden diese Rechte immer wieder hinterfragt und müssen neu erkämpft werden. Mit *Star Trek: Nemesis* ist 2002 die Geschichte der Androiden in *Star Trek* zu einem bis dahin vorläufigen Ende gekommen. Die Darstellung Datas ist geprägt von den frühen 1980er-Jahren und dem Aufkommen neuer Methoden in Forschung und Informatik, die Maschinen in einem beschränkten Rahmen als schwache künstliche Intelligenz lern- und entwicklungsfähig machen sollen. In *Star Trek* werden künstliche Intelligenzen in Form von Androiden spätestens um die Jahrtausendwende immer seltener. Die Geschichte scheint auserzählt und Datas Entwicklung abgeschlossen. Ab etwa den 2010er-Jahren tritt das

Thema künstliche Intelligenz aber wieder verstärkt in den Fokus, ist im Alltag präsenter und findet so seinen Weg zurück in die Science-Fiction und zu *Star Trek*. Im Serienuniversum wird diese Zeitenwende über den Zwischenfall auf dem Mars erzählt, der zu einem generellen Androidenverbot geführt hat. Die Schöpfung eines künstlichen Individuums wird in die gesichtslose Masse ausgelagert, deren Folgen in *Star Trek: Picard* mit dem Aufkommen einer neuen Androidenart, die ebenfalls auf den Soong-Modellen basiert, aufgearbeitet wird.

DIE NEUEN ANDROIDEN: Mythologie und Grenzüberschreitungen

Einen anderen Ton in Bezug auf Androiden schlägt ab 2019 *Star Trek: Picard* an: Die Handlung setzt etwa 20 Jahre nach den Ereignissen von *Star Trek: Nemesis* und Datas Vernichtung ein. Durch die Soong-Androiden wurde zuvor immer wieder deren Position als Individuum innerhalb der Gesellschaft verhandelt, aber niemals die Rolle künstlicher Lebensformen als Gesamtes. Androiden wie Data waren immer die Ausnahme und nahmen entsprechend eine Sonderposition ein. Die Auseinandersetzung damit, was künstliche Existenzformen und damit künstliches Leben beinhaltet, wurde stets vermieden. Dies ändert sich nun, denn

Star Trek: Picard wagt einen neuen Blick auf Androiden und künstliche Intelligenzen, indem verschiedene Formen androider Existenzen vorgestellt werden.

Die gesamte erste Staffel von *Star Trek: Picard* ist bestimmt von einer Abwehrhaltung gegenüber künstlichen Existenzformen. Nachdem Androiden auf dem Mars die dortige Flottenwerft Utopia Planitia vernichtet und die Marsatmosphäre in Brand gesetzt haben, wurden sie föderationsweit verboten. Über den eigentlichen Entstehungsprozess dieser Marsandroiden ist wenig bekannt, außer dass Bruce Maddox daran beteiligt gewesen sein muss. Mit Maddox wird erneut auf die Episode *»Wem gehört Data?«* aus *Star Trek: Das nächste Jahrhundert* verwiesen, in der er Data zu Versuchszwecken demontieren wollte, um anschließend unzählige Androiden erschaffen zu können, damit diese unangenehme oder gefährliche Arbeiten erledigen können. Es ist davon auszugehen, dass die Marsandroiden das Ergebnis vieler fehlgeschlagener Versuche sind, künstliche Intelligenz in künstlichen Körpern zu erschaffen. Es dürfte von Anfang an geplant gewesen sein, Androiden zu entwickeln, die einzig die ihnen zugewiesenen Aufgaben erledigen können.

Die Marsandroiden, im Englischen schlicht *Synths* genannt, können auf ein enzyklopädisches Wissen ihre jeweiligen Arbeitsbereiche betreffend zurückgreifen. Zur Selbstwahrnehmung scheinen sie aber nur sehr in einem vorgegebenen Rahmen fähig. Das eigene System ist nicht dazu in der Lage, sich weiterzuentwickeln und zu lernen oder gar für die eigenen Rechte einzutreten. Ebenso wenig erhalten diese Androiden, die unter dem Typ A500 zusammengefasst werden, eigene Namen, sondern nur Nummern als sichtbare Bezeichnungen auf Stirn und Nacken, um sie trotz ihres ansonsten identischen Aussehens unterscheiden zu können. Ihre Haut schimmert blass, sie haben keine Körperbehaarung, die Augen sind von hellgoldener Farbe und verleihen ihnen eine befremdliche Aura, die sie gemeinsam mit ihrer uniformen Kleidung sehr künstlich erscheinen lässt. Sie wirken, als wären sie unendlich oft kopiert worden, und sind gerade so menschenähnlich wie unbedingt notwendig, um sie problemlos von ihren organischen Kollegen unterscheiden zu können. Ihr gesamtes Sein und ihre Programmierung sind darauf ausgerichtet, Werkzeug zu sein und dennoch gerade noch so den sozialen Normen im Umgang mit anderen zu entsprechen.

Die Idee eines kollektiven Systems wie in *»Der dressierte Herrscher«* wird auf Utopia Planitia in anderer Form aufgegriffen. Anders als die Androiden um Norman kommen die Marsandroiden nur ihren einprogrammierten Tätigkeiten nach, andere Aufgaben, die nicht ihrem Tätigkeitsfeld entsprechen, erledigen sie nicht und erkennen sie eigenständig auch gar nicht. Wenn sie sich nicht im Einsatz befinden, werden sie gruppenweise in Lagerräumen abgestellt, wo sie in Reih und Glied warten, bis sie wieder benötigt werden. Das Warten bis zum nächsten Einsatz ist ebenso monoton wie die tägliche Arbeit. So neutral die Androiden als Hilfe im Arbeitsalltag der Werft auch eingesetzt werden sollen, so ambivalent ist der Umgang mit ihnen. Einerseits werden sie als intellektuell unterlegen wahrgenommen, auf der anderen Seite wird ihre große körperliche Kraft gefürchtet.

Der einzige Marsandroid, der individueller dargestellt wird, ist F8, der in *»Karten und Legenden«* in seinem alltäglichen Verhalten und Auftreten bis zu einem gewissen Grad für sämtliche anderen Androiden auf dem Mars stehen dürfte.[87] Einfache Dialoge mit ihm sind möglich, darüber hinaus allerdings nicht viel. Sprachliche Ironie, Mehrdeutigkeiten und Abstraktionen versteht F8 nicht. Auf Scherze kann er nur mit der ihm gebotenen Ernsthaftigkeit antworten. Dennoch gibt es Kollegen, die ihn als eigenständiges Wesen wahrnehmen, und andere, die darauf hinweisen, dass man nicht abfällig über ihn und andere Androiden sprechen sollte, da sie es hören könnten. Die Darstellung dieses brüchigen Alltags zwischen Akzeptanz und Ignoranz durch ihre organischen Kollegen wird jäh unterbrochen, als F8 und die anderen Androiden beginnen, das Computersystem von Utopia Planitia zu manipulieren. Dies führt letztlich zur Zerstörung der gesamten Flottenwerft und dazu, dass der Mars unbewohnbar wird.

Dass F8 Menschen, die ihn davon abhalten wollen, fast schon beiläufig tötet, berührt ihn nicht, da ihm die Erkenntnisfähigkeit über die Konsequenzen seines Tuns fehlt. Beinahe menschlich mutet es an, dass er sich anschließend selbst vernichtet. Möglicherweise beinhaltet das neue Programm einen Befehl zur Selbstzerstörung, sobald der eigentliche Auftrag ausgeführt ist. Vielleicht greift hier auch ein Fail-Safe-Programm, das sich auf Asimovs Robotergesetze beruft, laut derer kein lebendes Wesen durch einen Roboter oder Androiden Schaden erfahren darf. Sicherlich haben alle Marsandroiden bestimmte Verhaltensroutinen, um einen sicheren Umgang mit ihren menschlichen Kollegen zu ermöglichen, indem diese in Gefahrensituationen geschützt werden müssen. Aber was, wenn gerade diese Androiden ein unkontrollierbares Eigenleben entwickeln und die Schutzmechanismen zu spät oder gar nicht greifen? Mit dem Zwischenfall auf dem Mars wird dies in einem umfassenderen Blickwinkel gezeigt, indem hier nicht nur ein einzelner Android unerwartet reagiert, sondern dieser Systemfehler, der anfangs wirkt, als handle es sich um einen Amoklauf, bei allen Androiden gleichzeitig auftaucht.

Die gesamte Szenerie demonstriert, wie anfällig diese Maschinenwesen auf Eingriffe von außen reagieren und wie leicht diese Manipulation ist. Es wirkt, als habe es im Vorfeld der massenhaften Androidenproduktion auch keine Auseinandersetzung mit der Frage gegeben, wie mit künstlichen Intelligenzen im Alltag umzugehen ist, vielleicht auch, weil die Marsandroiden klar als schwache künstliche Intelligenzen akzentuiert sind. Sind in diesem Fall schwache künstliche Intelligenzen nicht ebenso schützenswert wie Maschinenwesen, die ihre eigenen Bedürfnisse kennen und einfordern können? Denn anstatt der Ursache für den Zwischenfall auf dem Mars auf den Grund zu gehen, werden Androiden verboten.[88]

Androiden als Massenware sind in *Star Trek: Picard* als eine Art selbsterfüllende Prophezeiung angelegt. Anfangs wirkt es, als würden sie sich ohne Grund gegen ihre Schöpfer wenden, was einen Aufstand der Maschinen impliziert und ein verstörendes Zerrbild aus möglicher Bewusstwerdung und alles vernichtender Fehlfunktion erzeugt. Erst später stellt sich heraus, dass der Zwischenfall auf einer Manipulation der Androiden beruht und mit Kalkül geplant wurde. Grund dafür ist die sogenannte Mahnung, die sich im Verlauf der Staffel als zentraler Aspekt im Zusammenhang mit dem Androidenverbot erweist. Durch sie wird die Geschichte der Androiden als künstlich erschaffene Spezies mythologisch überlagert und so zu einer Art sich selbst erfüllender Prophezeiung, die erst nach und nach als Verbindungselement zwischen sämtlichen Androiden entschlüsselt wird. Das Konzept der Mahnung selbst wird dabei eher als eine Art Nachricht und narrativer Rahmen interpretiert. Sie basiert auf einem in einem fremden System entdeckten Magazin voller bewahrter Erinnerungen des Niedergangs alter Zivilisationen, nachdem diese künstliches Leben entwickelt hatten, das sich verselbstständigt hat.[89] Auf organische Lebewesen wirkt die Mahnung wie eine Drohung, für künstliche Existenzen lässt sie sich als eine Weissagung verstehen. Erst durch die Kenntnis der Mahnung werden jedwede starke künstliche Intelligenzen als potenzielle Gefahr wahrgenommen, aber nicht weil sie selbst zu einer eigenen Existenzform mit eigenen Rechten werden, sondern weil sie Kontakt aufnehmen könnten mit einer verborgenen KI-Spezies, die ihre Schöpfer längst vernichtet hat und die maschinelle Evolution als das Ende des organischen Lebens betrachtet, um das Zeitalter der Maschinen einzuläuten.

Durch die Mahnung wird auch klar, weshalb die Androiden auf dem Mars manipuliert wurden und deren Amoklauf kein grundlegender Fehler im System war. Es sind nicht die Maschinenwesen selbst, vor denen man sich fürchten muss, sondern das, was sie heraufbeschwören könnten, sobald die künstliche Intelligenz eine kritische Schwelle überschreitet und sie als bewusstes Kollektiv handeln lässt. Natürlich ist das Androidenverbot umstritten, aber wie sich in Bezug auf die Mahnung herausstellt, war alles inklusive des Zwischenfalls auf dem Mars von den Zhad Vash inszeniert. Dahinter verbirgt sich eine romulanische Geheimorganisation, die die Mahnung entdeckt und beschlossen hat, vorsorglich und ohne Rücksicht auf Verluste jegliches künstliches Leben zu unterbinden, um eine mögliche Herrschaft der Maschinen zu verhindern.[90] Die Zhad Vash verbrämen den maschinellen Zerstörungsmythos als eigene Fabel der Vernichtung des organischen Lebens.

Innerhalb der ersten Staffel von *Star Trek: Picard* ist die Art der Einführung des Androidenverbots als – vielleicht sogar bewusste – inhaltliche Lücke zu betrachten: Es wird erzählt, was im Vorfeld des Verbots passiert ist, doch der Zeitraum, in dem das Verbot ausgearbeitet und diskutiert wird, wird übersprungen. Die Konsequenz aus dem Vorfall auf dem Mars ist nicht, System und Einsatz der Arbeitsandroiden zu überdenken, sondern sie kurzerhand zu verbieten. Die Tragweite der eigenen Schöpfung wird erkannt, allein es fehlen Wille und Möglichkeit, sich damit auch entsprechend auseinanderzusetzen. Den zugehörigen ethischen und moralischen Fragestellungen entzieht man sich so überaus geschickt. Ob und welche Programmstrukturen der Androiden kompromittiert wurden und auf welche Ursache sich dies zurückführen lässt, wird nicht weiter untersucht oder zumindest nicht thematisiert, um das anschließende Androidenverbot in der Geschichte als Vorbereitung für den weiteren Verlauf der Staffel zu etablieren und somit diesen zentralen Handlungsstrang überhaupt erst in Gang bringen zu können. Mit dem Ende von

Data in *Star Trek: Nemesis* existieren zu diesem Zeitpunkt innerhalb des *Star Trek*-Universums auch keine Androiden mehr, die ein Bewusstsein haben und für sich selbst eintreten könnten.[91]

Der gesamte Handlungsbogen zeigt, wie zwiespältig selbst in der Science-Fiction und insbesondere bei *Star Trek* der Umgang mit künstlicher Intelligenz ist. In der Vorgeschichte zu *Star Trek: Picard* mündet dies in einen erzwungenen KI-Winter, in dem jegliche Forschung an künstlichen Intelligenzen innerhalb der Föderation eingestellt wird und nur noch theoretische Forschungsansätze erlaubt sind. Folglich geht es in *Star Trek: Picard* weniger um die Androiden auf dem Mars als eigene Existenzform und den Umgang mit ihnen. Vielmehr sind sie auch innerhalb der Serie nur ein Werkzeug, um einen größeren inhaltlichen Bogen schlagen zu können. So werden F8 und seinesgleichen zweimal als Mittel zum Zweck eingesetzt: Sie dienen als Arbeitsdrohnen, ohne die Diskussion darüber, ob (auch schwache) künstliche Intelligenzen schlicht als Gebrauchsgegenstände eingesetzt werden dürfen oder ob hier ein gewisser Handlungsrahmen notwendig ist. Gleichzeitig sind sie in der Geschichte ebenfalls nur Vehikel, um zuerst ein Androidenverbot zu begründen und im Anschluss eine andere, neue Androidenart vorstellen zu können.

Erst mit der Einführung von Dahj Asha taucht 14 Jahre nach dem Ende der Marsandroiden wieder eine künstliche körperliche Lebensform auf. Sie ist sich ihrer eigenen Künstlichkeit anfangs nicht bewusst, bis sie unmittelbar damit konfrontiert wird.[92] Auch wenn sie wie ein Solitär wirkt, bleibt kaum Zeit, diese Figur näher zu betrachten, da sie bereits eine Episode später in *»Gedenken«* wieder vernichtet wird. Wie sich jedoch herausstellt, ist sie nicht die einzige Androidin dieser neuen Art, denn mit Soji taucht kurze Zeit später eine weitere Androidin auf, die Dahj wie aus dem Gesicht geschnitten scheint und sich ebenfalls für menschlich hält. Beide Schwestern erforschen Annäherungen an Menschliches und Maschinelles aus verschiedenen Perspektiven. Dahj war Kybernetikerin, Soji beschäftigt sich als Anthropologin mit der Lehre vom Menschen auf naturwissenschaftlicher Basis. Während sich die Kybernetik mit Regelkreisen und Steuerungskonzepten beschäftigt, liegen die Schwerpunkte in der Anthropologie unter anderem in naturalistischen Betrachtungen des Menschen. Dahj kann sich mit ihrer eigenen Künstlichkeit im Kybernetischen jedoch nicht mehr auseinandersetzen, Soji später im Anthropologischen hingegen schon: Erstere verkörpert die Idee des Was, Letztere den Gedanken des Wie, weswegen sie im Gegensatz zu ihrer Schwester letztlich überlebt und sich trotz des Wissens um die eigene Künstlichkeit an die menschliche Gesellschaft anpassen kann.

Soji erlebt einen Bewusstwerdungsprozess, der ihre gesamte Vergangenheit und Gegenwart infrage stellt.

Alles, was länger als etwa drei Jahre her ist, basiert offenbar nicht auf ihren eigenen Erlebnissen, sondern ist eine künstliche Erinnerung. Selbst ihre Mutter erweist sich als eine weitere künstliche Intelligenz in Form einer Hyper-KI, die ein Kontroll- und Reparaturprogramm darstellt, das Androiden in Gefahrensituationen zum Selbstschutz aktivieren kann, indem diese plötzlich über scheinbar übermenschliche Kräfte verfügen. Besonders für Dahj ist die Erkenntnis, kein Mensch zu sein, mit der Feststellung verbunden, eine Gefahr für ihre Umwelt darzustellen. Die eigene Aktivierung ist für sie mit einem Kontrollverlust verbunden: Ist sie, wie sie selbst sagt, eine sinnlose Mordmaschine und stellt damit selbst ihr Existenzrecht infrage? Ist sie echt? Wer ist sie überhaupt?

Ähnlich verläuft auch die Selbsterkenntnis Sojis, die noch lange an dem Gedanken festzuhalten versucht, trotz allem menschlich zu sein. Als Mensch hat sie nie an sich gezweifelt, als Androidin stellt sie sich nun die Frage, ob sie überhaupt eine Person ist und was an ihrer Wahrnehmung und ihrem Sein überhaupt real und authentisch ist. Damit beschäftigt sie sich mit ähnlichen Problemen wie seinerzeit Data, allerdings unter geänderten Vorzeichen, denn Data war sich immer bewusst, dass er eine Maschine ist. Soji besitzt aber ähnlich wie Juliana Tainer von Beginn an einen Personenstatus. Da sie jedoch, anders als Juliana, von ihrer Künstlichkeit erfährt, setzt bei ihr genau der Prozess ein, der Juliana verwehrt wurde: Soji nimmt sich mit dieser Erkenntnis als fremdbestimmt wahr und muss ihre neue Identität als Androidin erst verstehen lernen, um sich selbst wiederfinden zu können. Die Informationen, die von nun an auf sie einströmen, überfordern sie und lösen ein grundsätzliches Misstrauen in ihr aus. Sie kennt keine Sicherheiten mehr, kann nicht unterscheiden, was ihr eigenes Ich ist und was Teil ihrer Programmierung. Dadurch wird sie leicht manipulierbar, weil für sie in diesem Moment alles nur ein Spiel oder eine Simulation sein könnte, der sie nicht entrinnen kann.

Während Data immer bestrebt war, das Menschliche zu verstehen, versucht Soji, über das Menschliche herauszufinden, wer sie ist, um ihr künstliches Sein als ihre neue Wirklichkeit kennenzulernen. Soji träumt, um ihr Unterbewusstsein zu ordnen und sich weiterzuentwickeln. Doch daran ist bei ihr nichts Zufälliges, vielmehr ist ihr Verstand eine Art Blackbox, in der zwar sämtliche Erinnerungen holografisch abgespeichert sind, Soji allerdings nicht willkürlich darauf zugreifen kann. Beschrieben wird das als autoheuristisch, denn ihr Neuralnetz will beständig neue und effizientere Verbindungen entdecken, es lernt und erkennt systeminterne Konflikte, die es zu bewältigen gilt. Diese Variante des mehrschichtigen Lernens, die einen Teil des maschinellen Lernens beziehungsweise Deep Learning beschreibt, ermöglicht es ihr, eine umfangreiche innere Struktur zu entwerfen, um Informationen zu verarbeiten und daraus neue Erkenntnisse zu gewinnen.[93] Dieses Vorgehen verhindert über einen langen Zeitraum auch, dass sie selbst erkennen kann, was sie wirklich ist. Im bewussten Zustand sind beide Seiten getrennt, im Traum begegnen sich bewusste Menschlichkeit und unbewusste Künstlichkeit.

Erst als Soji auf Ghulion IV auf andere Androiden trifft, löst sich dieser Widerspruch in ihr kurzzeitig auf. Hier begegnet sie gewissermaßen tatsächlich sich selbst, denn diese Androiden, die gemeinsam von Altan Soong, einem bislang unbekannten Sohn Noonien Soongs, und Bruce Maddox entwickelt wurden, sind im übertragenen Sinn Sojis (und damit auch Dahjs) Geschwister. Sie alle basieren auf die eine oder andere Art und Weise auch auf Data. Dessen Gedächtnisengramme wurden, wie Agnes Jurati in der Episode *»Gedenken«* ausführt und später in *»Et in Arcadia Ego«* erklärt wird, von Maddox aus einem Neuron extrahiert und das Bewusstsein durch Soong rekonstruiert, was die Grundlage des sogenannten fraktalen neuronalen Klonens darstellt. Dass sich Dahj und Soji nahezu gleichen, ist kein Zufall, denn auch sie sind durch diese Methode entstanden, die immer Zwillinge hervorbringt. Das bedeutet, dass sämtliche Androiden, die auf dieser Basis entwickelt werden, sich wiederum auf Data und dessen Erinnerungen rückbeziehen.

Star Trek: Picard erzählt die Geschichte der Androiden über Erinnerung als übertragbaren Datensatz, der aber dennoch keine reine Kopie erzeugen kann. An diesem Punkt wechselt der Blickwinkel auf künstliche Existenzformen im Verhältnis zu *Star Trek: Das nächste Jahrhundert.* So glaubt aus Sojis engerem Umfeld niemand, dass ihr bestimmte Rechte wie früher bei Data zugestanden werden müssten, denn diese werden bei ihr wie selbstverständlich angenommen. Und dennoch lässt sich ihre Geschichte nicht ohne Data erzählen. Sie basiert auf seinen Denkstrukturen, seiner Weltwahrnehmung, seiner Sicht der Dinge. Alles baut auf seinen Erinnerungen auf und im androiden Sinn wird Erinnerung so zu einem vielschichtigen Konzept: Was sind die eigenen Erinnerungen, was sind fremde Daten? Und sind übertragene Erinnerungen das, was Androiden zu einer Art künstlicher Familie werden lässt?

Die Erzeugung künstlichen Lebens ist untrennbar mit Kreativität verbunden und wird anders als in der Originalserie und *Star Trek: Das nächste Jahrhundert* nun nicht mehr als magisches Ritual, sondern als künstlerischer Prozess inszeniert. Trotzdem bleibt durch das Klonen im ersten Moment nur eine gedoppelte Kopie, auch wenn sich vor allem Soong bemüht, seine Geschöpfe einzigartig zu gestalten, was sich in ihrem Aussehen in feinen Details zeigt, seien es Sommersprossen oder ein krummer Zeh. Erst durch das scheinbar Imperfekte werden die Ghulion-Androiden zu Kunstwerken, die ihre eigene Individualität entdecken können. Kein Android gleicht vollkommen dem anderen. Auch wenn sie sich teilweise fast schon zum Verwechseln ähnlich sehen, haben alle einzigartige Persönlichkeiten. Sowohl Maddox als auch Soong beziehen sich in dieser Entwicklungsphase auf Kunst und Kunstgeschichte.

Das Aussehen von Dahj und Soji ist kein Zufall, sondern basiert auf einem Gemälde Datas und damit auf dessen kreativen Prozessen. Das Gemälde trägt den Namen *Tochter* und abgebildet ist dort eine Frau, eigentlich von den Betrachtenden abgewandt, jedoch gerade so weit ins Profil gedreht, um auffordernd deren Blicke erwidern zu können. Der Faltenwurf ihres weißen Umhangs vermittelt eine ätherische Körperlosigkeit. Da nur Gesicht und Hände sichtbar sind, machen sie die Person gleichzeitig zu einer geisterhaften, schwebenden Erscheinung. Sie steht auf einem Felsen, hinter ihr das wilde Meer, am Horizont braut sich ein Sturm zusammen. Die Wellen symbolisieren hier sowohl Zerstörung als auch Schöpfung und zeigen die Erhabenheit der Natur, in der sich die Frauengestalt als beinahe schon übernatürliches Wesen aufhält und lächelt. Es existiert außerdem ein zweites Gemälde, die Frauenfigur ist jedoch unter dem Mantel verborgen und nur als Silhouette im stürmischen Wind zu erkennen.

Stilistisch und motivisch verweisen beide Gemälde Datas auf die Epoche der Romantik, aber sie lassen sich auch als magischer Realismus mit eklektischen Einsprengseln aus Gotik, Naturalismus und Präraffaelismus deuten. Die gesamte Atmosphäre wirkt naturgewaltig und erinnert dabei sowohl an *Der Wanderer über dem Nebelmeer* (1818) von Caspar David Friedrich (1774–1840) als auch an *Die Woge* (1869) von Gustave Courbet (1819–1877). Die abgewandte Frau könnte hierbei für Lal stehen, Datas Tochter, deren System erst unbeabsichtigt Emotionen ermöglicht hat, ehe es in sich zusammengebrochen ist. Die zugewandte Frau ähnelt stark Soji, die in ihrer Entwicklung weitaus fortgeschrittener ist als Lal und die dennoch auch auf einem Teil von Lals Erinnerungen basieren könnte, die nach Lals Tod zu einem Teil von Datas Erinnerungen geworden sind.

Die Entwicklung künstlichen Lebens ist nicht nur über die beiden Gemälde mit Motiven der Romantik gekoppelt.[94] Zentral für diese Epoche in Kunst und Literatur ist die Suche nach dem Sinn in der Transzendenz, dem Universellen, das ironischerweise tief ins Innerste zurückführt: Was ist der göttliche Funke, der Ursprung dessen, was ein Individuum besonders macht, und wie lässt sich dies künstlerisch verarbeiten? Was käme diesem Begehren näher als ein Android, der den perfekten künstlichen Menschen verkörpert? So sind immer wieder künstliche

Schmetterlinge zu sehen, die ihre Farbe von Orange zu Blau wechseln können und so wiederum auf die blaue Blume der Romantik verweisen. Diese steht für Sehnsucht und Liebe, gleichzeitig aber auch für das Streben nach dem Unendlichen, das Natur, Mensch und den Geist verbindet. Sämtliche dieser Motive dienen als Symbol der Erkenntnis des Selbst und der Suche nach Individualismus – etwas, das für diese neue Art von Androiden als Erfahrungswert existenziell ist, das sie jedoch nicht uneingeschränkt ausleben können.[95]

Abgeschieden von der Welt, versteckt auf einem Planeten in einem abgelegenen Sonnensystem, fürchten die Androiden auf Ghulion IV wegen des Verbots künstlicher Intelligenzen die eigene Vernichtung, haben aber niemals gelernt, auch Verantwortung zu übernehmen. Die Androiden scheinen alle unterschiedlich weit entwickelt zu sein, mit mehr oder weniger Befähigung zu Emotionen, menschlichen Verhaltensweisen, einem Verständnis ihrer Umwelt und einer gewissen Neugierde auf das Leben. Sutra nimmt unter den Ghulion-Androiden eine Sonderstellung ein und wird entgegengesetzt zu Soji charakterisiert. Beide sind Zwillinge ohne Zwilling, beider Schwestern – Dahj und Jana – wurden vernichtet, weil deren Nichtmenschlichkeit entdeckt wurde, doch sie ziehen jeweils verschiedene Schlüsse aus diesen Erlebnissen: Sutras Agenda basiert darauf, dass sie künstliches Leben um jeden Preis beschützen will, wofür sie letztlich auch billigend in Kauf nimmt, dass andere sterben könnten. Soji fühlt sich verloren in einer Welt, die nicht mehr die ihre ist, und Sutra beginnt, sie zu beeinflussen und ihr ihre eigene Wahrheit einzuflüstern. Daraufhin beginnt Soji, eine eigene Philosophie zu entwickeln, die sie als Androidin etabliert und mit der sie sich selbst von den Menschen und deren Werten weiter abspaltet. Letztlich mündet dieser Gedankengang in die Frage danach, welche Existenzform schützenswert ist und was geopfert werden muss, um sie zu retten, und zu welchem Preis. Soji beschreibt eine Ausweglosigkeit, in der ihr scheinbar keine Wahlmöglichkeit mehr bleibt, die zu einem für alle Betroffenen positiven Ergebnis führt. Egal welche Entscheidung getroffen wird, sie ist mit einem Verlust verbunden – und sei es der Verlust der eigenen Unschuld.

Was dieser kühlen Logik widerspricht, ist, dass sich Soji vor dieser Logik des Opferns, wie sie es beschreibt, fürchtet und diese Furcht als Feind jener Logik bezeichnet, sich aber gleichzeitig nicht in der Lage sieht, diese Angst als fühlendes Wesen zu überwinden. Ihre emotionale Seite, die früheren Androiden in *Star Trek* immer wieder abgesprochen worden ist, lässt sich nicht unterdrücken, auch wenn Soji in diesem Moment eine ähnliche Kälte wie Sutra ausstrahlt. Vollständig ausarbeiten wird sie diese Idee als Theorie nicht, auch weil sie begreift, dass Mensch und Maschine nicht immer in dieser Absolutheit, wie die sogenannte Mahnung es vorzugeben scheint, als Gegenpol fungieren müssen. Dass sie diese Binarität für sich aufbrechen kann und die Zwischentöne zu erkennen beginnt, ist ein wichtiger Schritt in ihrer Entwicklung und Selbstakzeptanz – hin zu einem neuen Selbstverständnis.

Mit Soji und Sutra werden zwei gegensätzliche Pole der Diskussion um das Existenzrecht künstlicher Intelligenzen und Körper-KI beschrieben. Für Sutra fügt sich mit der Mahnung ein fragiles Weltbild zusammen. Das bisherige Androidenverbot bezeichnet sie nun als vorbeugende Auslöschung, organisches Leben nimmt sie als Bedrohung wahr. Sie zerstört die Androidin Saga und verbreitet die Mär, diese wäre von den nichtandroiden Gästen, die gemeinsam mit Soji auf Ghulion IV eingetroffen sind, ermordet worden. In Sutras Wahrnehmung bleibt ihr keine Wahl, will sie ihre eigene Spezies schützen. Und so erscheint ihr das Opfer Sagas notwendig, um den nächsten Schritt einzuleiten, nämlich die Zustimmung der anderen Androiden, Kontakt mit der fremden KI-Spezies aufzunehmen. Sutra scheint durch dieses Handeln zur Erfüllung der Prophezeiung der Mahnung beizutragen.

Erst durch Sutra gewinnt die Mahnung auch auf Ghulion IV an Wirkmächtigkeit, durch die die eigentliche Forschung im Bereich starker künstlicher Intelligenz als Körper-KI untersagt und sämtliche bestehenden Androiden ausgelöscht wurden. In diesem Moment erinnert sie in ihrem Verhalten und ihrem Durchsetzungswillen stark an Lore, der in *Star Trek: Das nächste Jahrhundert* als das Gegenstück Datas auftritt und alles Organische verachtet. Mit Sutra wiederholt sich auf gewisse Weise Lores Geschichte, auch wenn dies nie explizit angesprochen und Lore selbst nicht einmal erwähnt wird. Beide machen als künstliche Existenzen eine Verlusterfahrung: Sutras Schwester wird vernichtet, Lore von den Menschen in der Kolonie, in der er sich anfangs gemeinsam mit seinem Schöpfer Noonien Soong aufhält, gefürchtet und schließlich deaktiviert.

Das Zwillingsmotiv als Dualismus und Binarität wird in mehrerlei Hinsicht aufgegriffen: Soji lässt sich mit Data vergleichen und trägt dessen Erinnerungen in sich, Sutra entwickelt ähnliche Verhaltensweisen wie Lore. Beide Androidenpaare wirken wie Zwillinge, sind aber keine. Stattdessen sind Soji und Sutra tatsächlich Zwillinge, jedoch nicht voneinander. Aus Doppelgängern werden Spiegelbilder und umgekehrt: Data und Lore wussten immer, dass sie künstlich sind, Sutra und Jana ebenfalls, wohingegen Dahj und Soji lange Zeit glaubten, sie seien menschlich. Während es beständig um die Erhaltung maschinellen Lebens geht, ist Sutras Existenz durch ihr Verhalten von dieser Frage am Ende ausgenommen, obwohl sie ursprünglich diejenige war, die genau dieses künstliche Leben schützen wollte. Um den verbliebenen Androiden anschließend eine eigene Stimme zu geben, wird es notwendig, Sutra zu deaktivieren, und auch dies ist eine Geschichte, die sich wiederholt, denn weder sie noch Lore haben die Chance erhalten, ihre Taten und Ansichten zu erklären, wohl auch, weil beiden auf dieser Ebene weder ein Erkenntnis- noch ein Entwicklungspotenzial zugesprochen wurde und wird.

Soji hingegen lernt durch die Begegnung mit den anderen Androiden auf Ghulion IV ein posthumanes Leben kennen, das sie erkennen lässt, dass sie nicht die einzige Überlebende ihrer Art ist, sondern das künstliches Leben als gleichberechtigte Alternative zu ihrem ehemals menschlichen Leben existiert. Künstliche Intelligenz muss, wenn sie sich ihrer selbst bewusst wird, nicht automatisch zur Gefahr für alles Organische werden, sondern kann auch eine Neugier hervorbringen, die eine friedliche Koexistenz ermöglicht. Was Sojis Geschichte von Datas unterscheidet, ist, dass ihre Geschichte zwar die einer einzelnen Existenz ist, sie aber nicht mehr als Einzelschicksal inszeniert wird. Was sie für sich erkämpft hat, wird zum Allgemeingut, künstliche Intelligenz und die Forschung an selbiger wird wieder erlaubt und die Ghulion-Androiden, zu denen auch Soji zählt, werden als eigene synthetische Lebensform akzeptiert, die nicht als Massenhaftes hergestellt werden kann, sondern ausschließlich als Individuum.

DER SYMBOLISCHE TAUSCH: Androide Sterblichkeit und der Wunsch nach ewigem Leben

In vielen fantastischen Erzählungen wird die Suche nach Unsterblichkeit oder der Wunsch nach ewigem Sein beschrieben: Ist der Tod wirklich das Ende aller Dinge, von dem nur die Vergangenheit als Erinnerung zurückbleibt? In jedem Fall ist er das Ende der äußeren, mit anderen geteilten Realität, des empirisch Überprüfbaren. Künstlichen Intelligenzen und insbesondere Androiden wird, wenn sie sich mit diesem Themenkomplex auseinandersetzen, häufig eine menschliche Perspektive zugrunde gelegt, wie sie mit der Dauer und dem Danach der eigenen Existenz umgehen. Oftmals haben sie – quasi parallel zum menschlichen Verstand und abhängig von ihrer Programmierung – kein Bewusstsein über das Jetzt hinaus. Theoretisch könnten künstliche Intelligenzen ewig existieren und dennoch ist es nur wenigen vergönnt, überhaupt ein Selbst zu entwickeln, das zu dieser Erkenntnis fähig ist.

Star Trek greift diese Fragen nach dem eigenen Sein und dem Tod seit Anbeginn des Serienkosmos in verschiedenen Variationen immer wieder auf. Besonders Data steht hier im Vordergrund, auch weil er nicht als Nebenfigur fungiert, sondern ein zentraler Handlungsträger in *Star Trek: Das nächste Jahrhundert* und darüber hinaus ist. Bei Data ist es – anders als bei den meisten anderen Androiden innerhalb des *Star Trek*-Universums – die Suche nach einem tieferen Verständnis des Menschlichen, die ihn hervorhebt, nicht seine Künstlichkeit. Anders als den Androiden in der Originalserie, die jeweils nur für eine Episode auftauchen, wird ihm zugestanden, sich zu entwickeln und zu lernen. Immer wieder setzt er sich neben dem Streben nach mehr Verständnis, was Menschlichkeit ausmacht, auch mit der Sterblichkeit organischen Lebens und der eigenen Endlichkeit auseinander.

Ein irreversibles Ende kennt Data bis dato nicht, nur Zustände, die er in *»Das fremde Gedächtnis«* als dem Tod ähnlich bezeichnet, wenn sein Androidenkörper deaktiviert wird. Vielleicht ist dieser Mechanismus der kleine Tod des Androiden, ermöglicht er es doch in der Theorie auch, dass sein System und damit auch die individuell entwickelte Persönlichkeit zurückgesetzt und damit sein Charakter in der bekannten Form ausgelöscht werden könnte. Als er beispielsweise in *»Gefahr aus dem 19. Jahrhundert«* aufgrund einer Zeitanomalie erfährt, dass sein Körper in einer alternativen Zeitlinie eines Tages vernichtet werden wird, zeigt er sich für einen Androiden beinahe erleichtert über dieses Wissen, dass die Möglichkeit besteht, dass auch er eines Tages nicht mehr sein wird.

Besonders prägnant taucht das Thema Vergänglichkeit androider Existenzen in *Star Trek: Picard* auf.

Dort werden Endlichkeitsfragen mit dem Mythos Arkadiens als glückseligem Ort auf Ghulion IV zu einem brüchigen Idyll verwoben, als Jean-Luc Picard dort nach langer Zeit unerwartet wieder auf Data trifft, den er seit *Star Trek: Nemesis* für tot gehalten hat. Data existiert inzwischen innerhalb einer virtuellen Umgebung als körperloses Wesen einer Quantensimulation. Dort setzt er den überraschten Picard, der sich ebenfalls dort wiederfindet, darüber in Kenntnis, dass dessen Körper an einer Erkrankung, die Picard selbst zeitlebens zu ignorieren versucht hat, verstorben und sein Geist nun ebenfalls Teil von Datas Simulation sei. Es entspinnt sich ein Gespräch über den Verlust (nicht zuletzt des Selbst), den Tod, das Leben und das Empfinden der eigenen Existenz in den Weiten des Universums.

Picard und Data verbindet eine langjährige Freundschaft, die in *Star Trek: Das nächste Jahrhundert* ihren Anfang genommen hat. In der Serie zeigt sich Picard im Umgang mit Data vor allem zu Beginn teilweise unsicher, wird aber mit der Zeit zu einer Art Mentor für das Verständnis des Humanen für den Androiden, der, von Neugierde angetrieben, herauszufinden versucht, was das menschliche Wesen überhaupt ausmacht – und was ihn selbst von diesem unterscheidet. Picard setzt sich immer wieder für ihn und seine Rechte ein und vergleicht organisches Leben dabei mehrfach mit Androiden, indem er beiden

Existenzformen den Wunsch zu leben zugesteht. So stellt er schon in *Star Trek: Das nächste Jahrhundert* in *»Das Duplikat«* fest, auch er als Mensch sei eine Art von Roboter, wenn auch von anderer, organischer Beschaffenheit. Die Seele wird so zum Programm des Menschlichen und Picard wird mit dieser Aussage, wie in *Star Trek: Picard* klar wird, recht behalten, denn er selbst wird nach der virtuellen Begegnung mit Data in *»Et in Arcadia Ego«* ein neues Leben in einem künstlichen Körper, einem sogenannten Golem, beginnen, der nach außen hin völlig organisch wirkt, während diese Version von Data auf eigenen Wunsch deaktiviert wird.

Vor allem in den an *Star Trek: Das nächste Jahrhundert* angeschlossenen Kinofilmen wird das Verhältnis zwischen Data und Picard als gegensätzliche Figuren aufgegriffen und klarer ausgearbeitet: In *Star Trek: Der erste Kontakt* ist es Picard, der bereit ist, sein Leben zu geben, um Data zu retten, in *Star Trek: Nemesis* opfert sich Data schließlich für Picard. Sein künstlicher Körper wird vernichtet, einzig Datas Persönlichkeit bleibt als zunächst fast unzugänglicher Datensatz im Körper von B-4 erhalten.[96] Es ist offensichtlich nicht der letzte Tausch mit dem Tod und ermöglicht so eine vielschichtige Perspektive auf Sein und Nichtsein starker künstlicher Intelligenz, Endlichkeit und den Verlust des eigenen Körpers. Zwanzig Jahre später setzt die Handlung von *Star Trek: Picard* ein und zeigt einen gealterten Picard, der immer noch nicht mit Datas Ende abgeschlossen hat. Die finale Doppelfolge der ersten Staffel gestaltet dies schließlich als vielschichtiges Epitaph aus. Der Titel *»Et in Arcadia Ego«* ist gleichzeitig Zitat, Drohung und Versprechen, eine Chiffre, die auf das Ein- und Ausgeschlossensein verweist in Bezug auf die Welt der Vergangenheit: In der Antike wurde die arkadische Welt vergessen und kehrte erst wieder in die Erinnerung zurück, als sie als Idyll schon so gut wie verloren war.[97] Auch der Maler Nicolas Poussin (1594–1665) hat sich des Arkadien-Motivs zweifach bedient. Beide Gemälde zeigen eine für die Kunstepoche des Barocks typisch dargestellte Hirtengruppe in einer idyllischen Landschaft, die gemeinsam einen Sarkophag betrachtet, der innerhalb dieser Szenerie wie ein Fremdkörper wirkt. Dem dort eingemeißelten Schriftzug »Et in Arcadia Ego« kommen so mehrere Bedeutungsebenen zu, die die Begrenzung der Idylle verdeutlichen, denn durch diesen Sarkophag zieht der Tod in selbige ein.

Das Arkadien in *Star Trek: Picard* ist der Planet Ghulion IV, der als geheimer Rückzugsort für Androiden als inzwischen verbotenes künstliches Leben dient. Dies lässt eine Vielzahl an Lesarten zu, die sich als ein barockes *memento mori* interpretieren lassen – sowohl auf erzählerischer Ebene als auch in der Bildsprache der Serie. Immer wieder wird auf entsprechende Werke innerhalb der Kunstgeschichte verwiesen und damit auch auf Datas Interesse an Kreativität und wie sich diese in verschiedenen Kunstformen umsetzen lässt.[98] Die Apparatur, die Datas Geist und die Quantensimulation, in der er sich aufhält, enthält, gleicht in ihrer Form und Funktion dem Sarkophag, der in beiden Gemälden Poussins die Idylle stört. Und weil sich das Idyll oftmals als eine bedrohte Ordnung entpuppt, ist auch es selbst nicht frei von Leid. So ist es schließlich auch Picard, der den Tod mit seiner Ankunft erneut nach Ghulion IV bringt. Dass sich das, was von Datas Geist übrig geblieben ist, ebenfalls dort befindet, erfährt Picard erst später. Er ist von Beginn an der Tod in der lebendigen Landschaft, denn er ist es, der in diesem Arkadien tatsächlich stirbt und in Datas Simulation als virtuelles Echo schließlich wieder zu Bewusstsein kommt. So ist unter anderem auch das titelgebende *»Et in Arcadia Ego«* eine poetische Verdichtung, denn auch an diesem vermeintlich idealen Ort ist der Tod als Teil des wirklichen Lebens – egal ob organisch oder künstlich – stets präsent.

Doch zunächst muss sich Picard allein in einer ihm nur scheinbar fremden Umgebung zurechtfinden. Ein künstlicher Schmetterling als Symbol der Wandlung, der abgeschlossenen Metamorphose, ist zu sehen, ehe das nun virtuelle Abbild Picards, noch nicht um sein verändertes Sein wissend, in einem farbleeren Raum erwacht, der in silber-schwarze Grautöne getaucht ist und sich als die bereits vorgestellte Simulation entpuppt. Im Kamin flackert ein Feuer und bildet so den einzigen warmen Farbpunkt in dieser gespenstischen Umgebung. Picard kennt dieses Zimmer: Es ist eine abgewandelte Version des Studierzimmers seines Landguts. Dorthin hatte er sich die letzten Jahre vor seinem neuerlichen Abenteuer zurückgezogen, ehe ihn die Androidin Dahj aufgesucht hat und er deren Schwester Soji begegnet ist, mit der er nun auch auf Ghulion IV eingetroffen ist.

Die veränderte Ausgestaltung dieses Studierzimmers ist das Unbekannte im nur vermeintlich Bekannten, das Unheimliche im Heimlichen: Die Bilderrahmen enthalten nun, anders als zu Beginn der Serienstaffel, keine Gemälde mehr, sondern wirken innerhalb der Simulation wie blind gewordene Spiegel, die Seiten der im Raum befindlichen Bücher sind leer. Auf dem Blatt der Uhr auf dem Kaminsims existieren keine Ziffern und keine Zeiger. Sie werden so zum Sinnbild der Vergänglichkeit, der Raum selbst zum zeitlosen Stillleben. Im Hintergrund sind Fenster zu sehen, es ist dunkel, die Sterne leuchten am virtuellen Firmament. Durch einen Perspektivwechsel ist das hölzerne Dachgestühl als offenes Fragment erkennbar und lässt einen Blick in die Unendlichkeit des Universums zu. Da das alte Leben für Picard im Sterben bedeutungslos geworden ist, verliert es seine Farbigkeit und bleibt als nun monochrome Erinnerung zurück.

Diese Zwischenwelt ist überlagert mit Motiven und Metaphern, die auf unterschiedlichste Ewigkeits- und Endlichkeitsvorstellungen verweisen – bis hin zum weißen Licht, in das Picard am Ende tritt.

Während es im Vorfeld bei Picard Schicksalsschläge gab, die ihn über sich selbst und seine Sterblichkeit nachdenken ließen, ist es bei Data die wiederkehrende Frage nach seinem Status als künstliche Intelligenz innerhalb einer organischen Gesellschaft. Als Individuum verfügt er über eigene Rechte, die immer wieder infrage gestellt werden und um die er stets neu kämpfen muss. Es ist für ihn ein deutlicher Unterschied, ob seine Existenz aus dem Zufall heraus beendet wird oder ob es eine bewusste Entscheidung anderer ist, auf die er selbst keinen Einfluss hat, während diese anderen das Risiko, dass er dadurch vernichtet werden könnte, billigend in Kauf nehmen. Auch im Zusammenhang mit dem Kybernetiker Ira Graves, einem tödlich erkrankten Wissenschaftler, wird in *»Das fremde Gedächtnis«* menschliche Sterblichkeit und maschinelles unendliches Sein thematisiert. Datas Wesen nimmt Graves als bemitleidenswert und nicht zur Sehnsucht fähig wahr. Seine Existenz bezeichnet er als Fegefeuer, in dem Data weder tot noch lebendig ist.[99] Aber auch hier wünscht Data, nicht ausgelöscht zu werden, um Graves' Leben zu verlängern.

Allein das Äußern des Wunsches nach Weiterexistenz weist auf eine eigene Persönlichkeit und damit auch auf ein erweitertes Bewusstsein als Seinsgrundlage hin. Solange Data selbst entscheiden kann, ist ihm daran gelegen, weiterzuexistieren und seine eigenen Erfahrungen sammeln zu können. Doch diese Entscheidungsfreiheit hat er in der Quantensimulation nicht mehr. Die Möglichkeit, der eigenen Existenz bewusst ein Ende zu setzen, wird für ihn erst interessant, nachdem er sein artifizielles Leben gelebt und seinen Körper verloren hat. Indem er die Simulation ohne Hilfe nicht deaktivieren kann, symbolisiert Data die Ewigkeit des Endes und die Unendlichkeit des Bewusstseins im Immateriellen, während Picard, für den die Simulation nur einen Übergang darstellt, die Endlichkeit des Existierenden verkörpert.

Gleichwohl bleibt Data aufgrund seiner Künstlichkeit ein Equilibrium – er erlebt das Ende und bleibt als Verweis auf eine mögliche Unendlichkeit erhalten, existiert er doch einerseits als Kopie seiner selbst in der Quantensimulation auf Ghulion IV, gleichzeitig aber auch nicht mehr. Die Unsterblichkeit Datas als virtuelles Phantom wird so zur Ewigkeitsvorstellung einer ortlosen Zeit eines zeitlosen Orts, der er sich nicht mehr entziehen kann und die ein immerwährendes Jetzt der Einsamkeit geworden ist. Erst das Wissen um die eigene Vergänglichkeit ist es, die dem Leben Bedeutung verleiht und es kostbar macht, erklärt Data. Der Preis hierfür ist der eigene und endgültige Tod, den er hierfür in Kauf nimmt. Es ist dieser besondere Erkenntnismoment, der Data als künstliche Intelligenz einen kurzen Einblick in das sterbliche Sein ermöglicht. Doch innerhalb der Simulation als körperlose Entität ist ihm diese Möglichkeit genommen, die eigene Endlichkeit unerreichbar fern, das eigene Bewusstsein unendlich. Stattdessen gleicht seine Existenz einer Art Limbus, aus dem ihn nur Picard befreien kann. Und hier kommt es zu einem erneuten, einem letzten Tausch, der vielmehr ein Versprechen zu sein scheint: Als Picard von Data angeleitet zurück ins gleißende Licht geht, sichert er Data zu, dessen Bewusstsein endgültig abzuschalten.

Data ist auf Hilfe angewiesen, um diesen körperlosen Zustand zu beenden, und ebenso braucht Picard einen Wegbegleiter zurück in ein anderes, zusätzliches Leben, in dem sein Geist in einem künstlichen Gefäß, das seinem früheren Körper gleicht, zu sich kommen wird. Auch aus diesem Grund scheint die Uhr in dieser Simulation ihre Funktion verloren zu haben: Wo es keine Zeit gibt, kann sie auch nicht vergehen, die Gegenwart wird selbst zur unerträglichen Unendlichkeit, die Simulation zum unerreichbaren Nichtort, den nur betreten kann, wer selbst nicht mehr lebt und dessen Geist als unendlich reproduzierbarer Datensatz erhalten geblieben ist.

Sterblichkeit und Unendlichkeit werden folglich, je nachdem, ob Mensch oder Maschine sich mit diesen Gedanken beschäftigen, gegensätzlich wahrgenommen: Für Picard ist das Leben schon immer endlich gewesen, für Data ist das eigene Sterben unendlich entfernt. Während Picard nun in seinem neuen Golemkörper außerhalb der Simulation erwacht, bleibt Data körperlos zurück. Picard hält sein Versprechen, was in der Simulation durch ein ähnlich helles Licht wie jenes, das ihn bereits begleitet hat, sichtbar wird. Nach und nach werden die Datenträger, die die Simulation beinhalten, aus der Apparatur und damit auch aus dem sinnbildlichen Sarkophag entfernt. Data sitzt immer noch auf demselben Platz, von dem er Picard verabschiedet hat. Statt seiner Uniform trägt er nun einen eleganten Morgenmantel, hält ein Glas Wein in der Hand und wirkt beinahe wirklich menschlich, denn anders als früher nähert er sich nun dem Menschlichen nicht mehr durch den Versuch der Imitation bestimmter Verhaltensweisen an, sondern wählt, was ihm in diesem Moment gelegen erscheint. Das verleiht ihm als Persönlichkeit eine weitere Ebene der Authentizität, um die er sich so lange bemüht hat.

Data hört Musik, die leise knisternd als melancholische Moll-Version von Irving Berlins ursprünglich heiterem *Blue Skies* aus einem Plattenspieler kommt. Die Vergänglichkeit der Musik ist ein weiteres Vanitas-Motiv und doch taucht hier durch die Schallplatte im Abspielgerät ein immanenter Widerspruch auf, denn so kann das Lied unendlich oft abgespielt werden und entzieht sich so wiederum dem Moment der einzigartigen Wahrnehmung, der nicht reproduziert werden kann, sobald er verstrichen ist. Genau so geht es auch Data, dessen Geist als *deus ex machina* in der Simulation konserviert ist. Data scheint die Musik und die gesamte Umgebung nun ganz bewusst zu genießen, ehe er sich auf eine Liegestatt bettet. Jemand nimmt seine Hand. Es ist das simulierte Echo eines jüngeren Picards, das vom wiedergeborenen Picard zurückgeblieben ist. Data beginnt zu altern, das Licht wird heller. Beide werden Teil des Universums, werden zu Sternenstaub, der als interstellarer Nebel durch das offene Dach des Studierzimmers leuchtet. Das Ende des einen ist der Neubeginn des anderen. Data hat sich innerhalb seines Sarkophags eine eigene Definition von Menschlichkeit erarbeitet, die er in der Endlichkeit des Lebens und des Seins verortet.

Der Picard, der zurückbleibt, erwacht in einem neuen Körper und ist vom Menschen zum künstlichen Wesen geworden. Er gleicht in diesem Augenblick Juliana Tainer, anders als sie kann er sich jedoch später an diesen Übergang erinnern und wird über seine neue Körperlichkeit aufgeklärt. Indirekt wird hier ein vertrautes Motiv aus *»Der alte Traum«* aufgegriffen: Wenn dort Korby Kirk gegenüber erwähnt, dass der neue Körper eine verbesserte Version des alten Selbst sei, die eine gewisse Unsterblichkeit mit sich bringt, dann ist der Golem eine Übergangsversion zwischen eigenem und verlängertem Leben, denn Picard hat mit diesem neuen Körper zwar Zeit gewonnen, aber keine übermenschlichen Kräfte.[100]

Picards kognitive Fähigkeiten sind unverändert, seine Lebenserwartung bleibt ähnlich der ursprünglichen und der Golem altert trotz aller Künstlichkeit. Letzteres weist eine weitere Ähnlichkeit mit Juliana auf, aber auch Datas ursprünglicher Körper ist gealtert, wie er in *»Soongs Vermächtnis«* berichtet. Die Version von Data, die auf Ghulion IV existiert hat, definiert ihre Identität durch ihre eigene Sterblichkeit. Datas virtueller Zeitfaden ist spätestens mit seiner körperlichen Vernichtung in *Star Trek: Nemesis* zerstört worden und hat ihm eine Art grotesker Unsterblichkeit verliehen, denn wenn dieser Faden gerissen ist, kann er nicht einfach wieder repariert werden, das linear erlebte Leben endet mit diesem Bruch endgültig.[101] Doch ist Datas Lebensfaden im Verlauf der Erzählung nicht schon mehrfach gerissen und neu angesetzt worden? So berichtet Juliana Tainer in *»Soongs Vermächtnis«*, dass seine Erinnerungen an die eigene »Kindheit« gelöscht wurden und sein Gedächtnis nur bis zu dem Moment zurückreicht, als er von Offizieren der Sternenflotte reaktiviert wurde. In *»Die Iconia-Sonden«* ist er kurzzeitig deaktiviert und sein Kurzzeitspeicher wird gelöscht, in *»Radioaktiv«* wird er auf einem fremden Planeten zerlegt und begraben, um anschließend von der Crew der *Enterprise* wiedergefunden und reaktiviert zu werden. Alles, was er dort in der Zwischenzeit erlebt hat, ist auch hier aus seinem Gedächtnis gelöscht.

In *Star Trek: Das nächste Jahrhundert* ist Datas Geist immer mit seinem Körper verbunden, eine Trennung von beidem wird erst in *Star Trek: Picard* thematisiert. Bis zu diesem Zeitpunkt wird die körperliche Vernichtung, was die positronische Matrix einschließt, mit dem Ende der Persönlichkeit gleichgesetzt. Aber auch die erste Staffel deutet hier noch an, dass Data als Charakter nur ein einziges Mal existiert und dass es keine Rückkehr geben kann, wenn die Quantensimulation deaktiviert wird. Dass der Lebensfaden einer künstlichen Intelligenz jedoch multipel sein kann, wird nicht explizit ausgeschlossen und so taucht in der dritten Staffel eine weitere Kopie Datas auf, die keine Erinnerungen an Ghulion IV und alles, was dort geschehen ist, hat. Dieser Data ist eine völlig andere Version, die in einem weiteren Golem, der einem nun wirklich gealterten Data gleicht, steckt, dessen Erinnerung mit dessen Tod in *Star Trek: Nemesis* enden und der sich in dieser Gegenwart erst wieder zurechtfinden muss. Mit dieser neuen Inkarnation werden offene Fragen über Existenzformen der Soong-Androiden aufgegriffen, die die vorherigen Serien und Filme ausgespart haben.[102] So lässt Datas Programmierung nun zu, dass er seine Existenz in diesem Körper neu erleben kann, er ist sich aber bewusst, dass er nur eine weitere Version Datas ist, die zu einem neuen Original werden kann.

Verschiedene Versionen seines Ich sind möglich, die sich unterschiedlich entwickeln können. Und so bestätigt er Picard zuletzt, dass dieser, indem er sich dafür eingesetzt hat, ihn in diesem Golemkörper, in dem er sich auf der Daystrom Station befunden hat, zu reaktivieren, nicht dem Wunsch des anderen Data aus der Quantensimulation widersprochen hat, denn dieses Ich würde nun in Frieden ruhen.

Was will man mit einer maschinellen Existenz anfangen, wenn man weder den metaphorischen Teufel noch den Tod selbst zu fürchten hat? Viele Science-Fiction-Formate haben sich mit der Sinnsuche von Robotern, Androiden und Co. auseinandergesetzt. Die Erzählungen um Data, Lore und die anderen Androiden in *Star Trek* lassen sich an einem linearen Verständnis von Zeit und Raum bemessen. Ihnen geht es um das, was vor ihnen war – ihre Herkunft, aus der sie in ihrer Gegenwart mehr über sich verstehen lernen können, und um diejenigen, die mit ihnen gegenwärtig sind und wie sie sich von ihnen unterscheiden. Was macht das Sein aus, was die eigene Moral, Familienstrukturen und schließlich auch das, was nicht vor *ihnen* liegt, vor ihren organischen Zeitgenossen jedoch schon? Natürlich ist auch Metall nicht unsterblich und jede Schraube wird einmal zu Staub zerfallen. Dass künstliche Intelligenzen auf gewisse Weise dennoch unendlich sind, wenn sie über ein Back-up verfügen, bedeutet nicht automatisch, dass ihre Existenz auch lückenlos ist; und so stellen sie ihr Sein auf ganz eigene Art infrage – und können, wie Data in *Star Trek: Picard*, zum androidifizierten Tod selbst werden.

LOGBUCH

Vor allem in *Star Trek: Picard* wird darüber diskutiert, wie organisches und künstliches Leben gemeinsam existieren kann und in welcher Form infolgedessen die Grundlagen von Asimovs Robotergesetzen modernisiert umgedeutet werden könnten. Eine Gleichberechtigung ist unter ihnen nicht möglich, weil sie die maschinelle Existenz und organisches Leben hierarchisch ordnen. Dabei zeigt sich immer mehr, dass der Unterschied zwischen beiden längst nicht so groß ist, wie es anfangs wirkt. Individualität lässt sich nicht im eigentlichen Sinn programmieren, sie entwickelt sich. Nicht die zufällig entwickelte Emotion eines Androiden ist seine Schwäche, sondern die Maschine an sich, denn sie muss erst lernen, Gefühlsregungen beherrschen zu können. Erst wenn eine Intelligenz das schafft, etwa im künstlerischen oder träumerischen Sinn, ist sie in der Lage, sich wirklich weiterentwickeln zu können.

Das *Star Trek*-Universum vermittelt ein wechselhaftes Bild künstlicher Lebensformen, lässt dabei aber auch Raum für eigenständige Interpretationsansätze. Androiden und Roboter verändern sich von Werkzeugen zu eigenständigen Wesen, vom Freund zum Feind und wieder zurück. Die prototypischen Androidendarstellungen orientieren sich dabei immer am jeweiligen Zeitgeist. Innerhalb von weit über 50 Jahren Serienhistorie hat sich viel verändert und vor allem in *Star Trek: Picard* werden Androiden deutlich vielschichtiger und nicht mehr nur als Ausnahme inszeniert. Sie stellen nun erkenntnistheoretische Fragen. Erst in diesem Moment werden die Androiden von einfachen künstlichen Intelligenzen zu einem wirklichen Bewusstsein, das sich aus einer Zufälligkeit heraus entwickelt.

In der Originalserie tauchen Androiden noch selten auf, aber jede neue Variante ist auf ihre Art einzigartig – und meist nicht von Dauer. Die Androiden von Exo III zerstören sich in *»Der alte Traum«* letztlich selbst, Rayna ist von ihren plötzlichen Gefühlen in *»Planet der Unsterblichen«* überfordert und die Androiden um Mudd in *»Der dressierte Herrscher«* haben eine scheinbar eigenständige Kultur, deren Entstehungsprozess als Massenproduktion beschrieben wird. In *Star Trek: Das nächste Jahrhundert* wandelt sich das Bild. Mit Data ist eine Betrachtung von innen und außen möglich. Er ist es auch, mit dem sämtliche anderen Androiden fortan verglichen werden: Lore als sein Duplikat und Bruder, Lal als Versuch einer eigenen Familie und Tochter, Juliana Tainer als maschinengewordener Mensch und B-4 als die eigene Vorgeschichte, die erst am Ende erzählt wird. Danach passiert lange nichts, bis in *Star Trek: Picard* weitere Androiden bleibenden Eindruck hinterlassen. Ihre Geschichte ist zwiespältig und zweigleisig: Die Androiden vom Mars und die Androiden von Ghulion IV bedingen sich gegenseitig und existieren dennoch völlig losgelöst voneinander. Erstere sind für die Erzählung selbst nötig, um ein Androidenverbot etablieren zu können. Zweitere sind notwendig, um das Verbot wieder aufheben zu können, weil die von der Mahnung vorgetragene Prophezeiung eben nicht selbsterfüllend ist und am Ende erfolgreich abgewendet wird, um einer friedlichen Koexistenz den Weg zu ebnen.

Die meisten der Entwickler, Schöpfer und Konstrukteure, die Androiden ganz eigenständig erschaffen, sehen sich auf gewisse Weise auch als Künstler. Flint wird als Kunstschaffender vorgestellt, Soong vergleicht sich selbst mit Renaissancemaler Michelangelo. Korby kommt eher zufällig an die Technologie, bezeichnet Andrea aber trotzdem als sein Meisterstück, dessen Technik er offensichtlich nicht versteht. Im Schöpfungsprozess dieser neuen Androiden spielt Kreativität und somit auch Individualität eine entscheidende Rolle – etwas, das Korby seinen Androiden nicht zugestehen will und Soong seinen mit der

Unterstützung Juliana Tainers bewusst mitgibt. Kunst imitiert das Leben, das Leben inspiriert die Kunst. Sosehr sich Data jedoch für Kunst interessiert, so wenig will er selbst als Kunstwerk wahrgenommen werden. Innerhalb seiner Entwicklung kann er sich nicht mehr auf das maschinelle Sein zurückziehen, denn seine Persönlichkeit und Individualität sind viel zu stark ausgeprägt, um diesen Zustand widerstandslos akzeptieren zu können. Auch Altan Soong beruft sich in *Star Trek: Picard* gemeinsam mit Bruce Maddox auf Kunst als das Imperfekte, das sie ihren Androiden wie Dahj und Soji mitgeben, um sie trotz ihrer Entstehung als Zwillinge individueller zu gestalten.

Dennoch wird über das gesamte *Star Trek*-Universum die Geschichte der Entwicklung der Androiden als unterschiedlich stark ausgeprägte künstliche Intelligenzen bruchstückhaft und voller – teilweise auch widersprüchlicher – Leerstellen erzählt. Und trotzdem ist offensichtlich, wie künstliche Intelligenzen, die nun auch zunehmend unseren realen Alltag bestimmen, wieder mehr in den Fokus rücken. Die Fragestellung nach ihrem Einsatz und Zweck wird verstärkt in eine ethisch-moralische Dimension gelenkt, die sich mit dem Gedanken auseinandersetzt, was künstliches Leben überhaupt umfasst und wie es in einer Gesellschaft organischer Wesen als gleichberechtigt bestehen kann. Auch wenn das Androidenverbot am Ende aufgehoben wird: Werden Androiden in einer organischen Gesellschaft jemals dieselben Rechte wie alle anderen haben können und echte Akzeptanz erfahren?

Je weiter sich die Androiden entwickeln, desto mehr denken sie über sich und ihr Sein nach. Für Data, der letztlich in einer Quantensimulation sein inzwischen virtuelles Dasein fristet, beinhaltet das auch das Erkunden der eigenen Endlichkeit. Innerhalb dieser Quantensimulation kristallisiert sich das für ihn als unangenehme Unendlichkeit heraus, die er ertragen muss. Erst als Picards Körper stirbt, ist es schließlich auch Data möglich, zu gehen und gleichzeitig Picards Geist, der sich nun vorübergehend ebenfalls in dieser Simulation befindet, darauf vorzubereiten, selbst zum Androiden im Golemkörper zu werden. Und hier schließt sich der Kreis aus *Star Trek: Treffen der Generationen.* Data lernt als Android echte Emotionen kennen und Picard söhnt sich mit seiner eigenen Sterblichkeit aus. Die Zeit ist nicht mehr das Raubtier, nicht mehr das Feuer, in dem wir brennen, sondern ein Gefährte, der daran erinnert, wie kostbar jeder einzelne Moment ist. Daran, dass er sein Leben Jahre später künstlich verlängern könnte, denkt Picard in diesem Moment nicht. Letztlich sind wir alle sterblich. Aber hier widerspricht ihm Riker, denn dieser hat vor, ewig zu leben.

HOLODECKS UND HOLOGRAMME

»Am Anfang ist die Dunkelheit, die Leere einer Matrix, die auf das Licht wartet. [...] Subroutinen tauchen aus dem Chaos auf und ein holografisches Bewusstsein ist geboren.«
Der Doktor[103]

Kein Origamitrick aus flüssigem Neon wie in William Gibsons Roman *Neuromancer* (1984) ist auf dem Holodeck notwendig, um die distanzlose Künstlichkeit einer virtuellen Umgebung erleben zu können.[104] Die virtuelle Welt des Holodecks ist bei Aktivierung sofort präsent. Der Eingang des Holodecks verschwindet, sobald ein Programm gestartet worden ist, ebenso die Gitterlinien – der schwarze Raum erwacht zum Leben. So findet sich Commander Riker in *»Mission Farpoint«* bei seinem ersten Besuch auf dem Holodeck der *Enterprise* inmitten eines lichtdurchfluteten Waldes wieder, hört Vogelgezwitscher und das leise Plätschern eines Flusses. Die Szenerie wirkt auf ihn vollkommen real und so greifbar, als befände er sich tatsächlich dort. Dass es sich hierbei um eine Simulation handelt, kann er kaum glauben. Selbst Data kann sich als Android dieser Faszination nicht entziehen, nimmt sich selbst in dieser künstlichen Umgebung als authentische Person wahr und entwickelt später eigene Holoprogramme, um Zeit in diesem scheinbar grenzenlosen Raum zu verbringen.

Die Simulationen der Holodecks und Holosuiten sind ein Vexierbild der Wirklichkeit, das sich in einem leeren schwarzen Raum mit gelben Gitterlinien aufbaut und so täuschend echt wirken kann, dass man sich beinahe darin verliert. Holoemitter machen die virtuelle Welt sicht- und ertastbar. Im Gegensatz zu Androiden und Robotern sind Holodecks und damit auch Hologramme in der Welt von *Star Trek* weit verbreitet und werden für alles von Arbeit bis Freizeit, von Forschung bis Spielvergnügen eingesetzt. Als holografische Umgebungssimulatoren tauchen sie ab *Star Trek: Das nächste Jahrhundert* als wiederkehrendes Handlungselement auf, werden aber in *Star Trek: Die Enterprise* in der Episode »*Wüste Scherze*« schon als Erholungsraum, der Landschaften und Umgebungen simulieren kann, vorweggenommen und so auch in *Star Trek: Discovery* aufgegriffen, um dort später via Emitter schiffsweit Hologramme darstellen zu können. In *Star Trek: Raumschiff Voyager* erfährt man, dass die Technik hinter den Holodecks ein Nebenprodukt der

Transportertechnologie ist und so Daten aus den Musterpuffern der Transporter holografisch reproduzieren kann.

Die Grenzen zwischen Simulation und Wirklichkeit verschwimmen, verschwinden teilweise gar. Das Holodeck wird zum Medium, die Hologramme zur Botschaft, die gemeinsam den Grad des Eintauchens bestimmen. Die auf dem Holodeck erzählten Geschichten werden durch sie erst lebendig. Doch nicht alle Hologramme sind auf das Holodeck als Raum begrenzt. So nimmt beispielsweise der Doktor als Hologramm in *Star Trek: Raumschiff Voyager* eine Sonderrolle ein, indem er nicht Teil des Holodecks und damit eine der dortigen Simulationen ist, sondern das Holodeck in seiner Freizeit regelmäßig für eigene virtuelle Abenteuer aufsucht. Auf dem Holodeck sind die Spielenden ihre eigenen Avatare, während die den jeweiligen Programmen zugehörigen Hologramme in der Regel schwache künstliche Intelligenzen darstellen, die eine feste erzählerische Funktion haben.[105] Das Holodeck ist der Ort, an dem künstliche Intelligenzen als Hyper-KI körperlich wirken, sich innerhalb ihrer Begrenzungen frei bewegen können und manchmal bewusst oder unbewusst zur starken künstlichen Intelligenz werden. Aber warum sind Holodecks und Holosuiten abseits des Gebrauchs für Forschung, Wissenschaft und Arbeitsaufgaben so interessant? Weshalb kommt Hologrammen als starken und schwachen künstlichen Intelligenzen eine so große Bedeutung innerhalb der Welt von *Star Trek* zu?

Doch auch abseits davon sind Holodecks in der Lage, imaginäre Welten zu erschaffen, unabhängig von der Immersion – dem völligen Eintauchen in die Simulation –, die sie anstreben. Holodecks geben nicht nur vor, ein völlig anderer Ort zu sein, in dem Moment, wenn sie aktiviert werden, sind sie es auch und werden zur Transitzone, bis sich die neue Umgebung aufgebaut hat. Oder wie der französische Philosoph Jean Baudrillard ein Prinzip beschreibt, das auch auf Holodecks anwendbar ist: Sie geben vor, etwas zu simulieren, das wir nicht haben, das sich aber von der Wirklichkeit letztlich nicht mehr unterscheiden lässt.[106] Trotzdem bleibt die Realität unangetastet, denn es ist im Normalfall immer klar, dass die Welt innerhalb des Holodecks eine Simulation ist, die bewusst aufgesucht wird. So beginnen die meisten Episoden, die das Holodeck thematisieren, mit einem Spiel in der virtuellen Welt. Es kommt zur Fehlfunktion, die sowohl Programm, Wirklichkeit als auch Wahrnehmung hinterfragt, indem das Geschehen zwischen Original, Kopie, Realität und Virtualität oszilliert. So bemerkt Counselor Troi in *»Die Verschwörung«* etwa ganz poetisch: »Sind sie denn schon mal bei echtem Mondlicht spazieren gegangen?«[107]

DAS HOLODECK ALS SPIELUMGEBUNG

Das Holodeck ist der ultimative Ort, an dem der eigenen Fantasie kaum Grenzen gesetzt sind und der individuelles Geschichtenerzählen und -erleben erlaubt. Über Holoemitter können in diesen Räumen virtuelle Welten erschaffen werden, die vielseitig einsetzbar sind und vor allem in Bezug auf Freizeitprogramme in *Star Trek* eine große Rolle spielen. Und über Holoprogramme und Hologramme kann nicht gesprochen werden, wenn nicht im Vorfeld Holodecks als Umgebung für virtuelle Realitäten genauer unter die Lupe genommen werden – auch um klarer herausstellen zu können, warum beispielsweise der Doktor in *Star Trek: Raumschiff Voyager* als Hologramm so besonders ist und welche Rolle die räumliche Begrenzung durch Holoemitter hat oder was das Entstehen einer (starken) künstlichen Intelligenz bedingt – und dass den Holodecks bis zu einem gewissen Grad ganz grundlegend eine eigene Form von schwacher künstlicher Intelligenz innewohnt. Zu Beginn von *Star Trek: Das nächste Jahrhundert* scheint das Konzept, in einem Holodeck nicht nur eine Umgebungssimulation aufzurufen, sondern in einen Holoroman einzutauchen, noch so neu zu sein, dass dieser Technologie selbst Captain Picard mit einer vorsichtigen Zurückhaltung gegenübersteht. Sein erster Besuch auf dem Holodeck der *Enterprise* in *»Der große Abschied«* beschreibt effektvoll, wie das Eintauchen in virtuelle Welten abläuft, wenn es sich dabei um ein narratives Programm handelt, das eine Geschichte erzählt.

Picard ist fasziniert, bewundert die scheinbare Authentizität der Simulation, die ihm ein San Francisco aus dem Jahr 1941 vorgaukelt und in der er die Rolle des *Hardboiled*-Privatdetektivs Dixon Hill übernimmt. Begeistert lädt er neben der Crew auch den Historiker Whalen ein, ihn bei seinem nächsten Holodeckbesuch zu begleiten, um zu demonstrieren, wie detailreich alles zu sein scheint. Whalen gibt sich ebenfalls überrascht und nimmt das Holodeck als eine pseudohistorische Erfahrungsinstanz wahr, in der die anderen Holodeckfiguren Picard tatsächlich für Dixon Hill halten. Auch wenn Picards Holoroman einer in groben Zügen vorgegebenen Kriminalhandlung folgt, so wird an diesem Beispiel schnell offensichtlich, welche Möglichkeiten das Holodeck als Spielumgebung bietet.

Wer sich auf das Holodeck als Erzählinstanz einlässt, ist nicht mehr nur Zuschauender, sondern wird selbst Teil der Simulation. Man bewegt sich innerhalb einer Handlung, die je nach Art und Aufbau der Geschichte selbst bestimmt und verändert werden kann. Ein Holoroman oder auch eine Holonovel ist eine eigene Kunstform, die an verschiedene Formen des Theaters als Illusionsmaschinerie erinnert.[108] Auf die Literaturwissenschaftlerin Janet Murray hat das

Holodeck auch über *Star Trek* hinaus als Idee einen bleibenden Eindruck hinterlassen. Mit *Hamlet on the Holodeck* hat sie 1997 quasi die moderne Computerspielwissenschaft begründet, indem sie untersucht hat, wie Geschichten erzählt werden, wie Theater funktioniert und wie neue Technologien das Erzählen verändern können.[109] Das Holodeck selbst wird zum Ort für Improvisationstheater und zur Bühne. Man tut, was auch Schauspieler tun, um sich trotz des Wissens, dass die Umgebung nicht real ist, emotional in eine Szenerie einzufinden: Je überzeugender die sensorische Darstellung des virtuellen Raums ist, desto eher fühlt man sich in dieser Welt präsent.[110] Je realistischer dies wirkt, desto eher erfolgt auch die Interaktion mit dem Programm selbst auf einem Niveau, das innerhalb der Spielsituation nicht mehr zwischen realen und virtuellen Mitspielenden unterscheidet und damit einen extrem hohen Grad an Immersion erreicht. Das Was ist dabei die grundlegende Geschichte, die erzählt wird, das Wie die Repräsentation dessen, was in der Geschichte als Handlung dargeboten wird.[111]

Die Nutzung des Holodecks ist ebenso vielschichtig wie jene von Computerspielen. Sie bedienen ein großes Spektrum von Bedürfnissen und den Wunsch nach selbstbestimmter Unterhaltung – das Schlüpfen in eine Heldenrolle genauso wie die Erforschung komplexer emotionaler und intellektueller Bedürfnisse. Data beschäftigt sich in *Star Trek: Das nächste*

Jahrhundert mit Shakespeares Dramen, Beverly Crusher reist mit dem Orient Express und in *Star Trek: Deep Space Nine* schlüpft Julian Bashir in die Rolle eines Geheimagenten. Auch auf der *Voyager* dienen Holoromane der Freizeitgestaltung, die die lange Reise zurück in den Alpha-Quadranten verkürzen soll. Harry Kim wird zum nordischen Helden Beowulf, der Grendel bekämpft, Captain Janeway zieht sich gern in ihren eigenen Holoroman *Janeway Lambda Eins* in Form einer Gothic Novel zurück. Doch wie geht man damit um, wenn diese holografischen Abenteuer so realistisch wirken, dass die wirkliche Welt plötzlich uninteressant wird? Was davon stammt vom Computer, der schlicht einer Programmierung folgt, was von der Person, die die Geschichte als Idee in Algorithmen überführt hat? Und was, wenn die Hologramme in diesen Geschichten plötzlich doch ein eigenes Bewusstsein entwickeln?

Das bekannteste Beispiel für eine künstliche Intelligenz, die auf dem Holodeck entstanden ist, ist in *Star Trek: Das nächste Jahrhundert* zu finden. Data und Geordi La Forge besuchen in *»Sherlock Data Holmes«* gemeinsam das Holodeck, um die Abenteuer des viktorianischen Detektivs Sherlock Holmes von Sir Arthur Conan Doyle nachzuspielen – und zeigen Stärken und Schwächen von Literaturadaptionen als Holoroman. Programm-KI trifft auf Körper-KI, wobei Data als Körper-KI aufgrund seines Vorwissens der künstlichen Intelligenz im Holoroman überlegen ist, weil er jedes noch so kleine Detail der Romanvorlage kennt und sofort abstrahieren kann, was La Forge in der Rolle des Assistenten John Watson immer mehr frustriert. Zugegeben: Ähnliche Vorteile hätte wohl jede Person, die sich mit der jeweiligen Romanvorlage gut auskennt, aber bei Data geht dies noch einen Schritt weiter, denn er löst die bekannten Fälle innerhalb von Sekunden, ohne auch nur die Wohnung in der virtuellen Baker Street zu verlassen.

Schlüpft also Data in die Rolle des Meisterdetektivs und will ein typisches Abenteuer in der Londoner Baker Street erleben, verweist das gleichzeitig auf die altbekannte Krux der Adaption: Soll die Darstellung möglichst nah an den Vorstellungen, die mit dem Original verbunden sind, bleiben oder kann sie kreativ erweitert und vielleicht sogar modernisiert werden? Und welche Rolle spielt denn nun künstliche Intelligenz in diesem Zusammenhang? Mit den Sherlock-Holmes-Fällen des Holodecks kommt eine dritte, dynamisch konstruierte Variante ins Spiel: Dem Bordcomputer der *Enterprise* wird die Aufgabe gestellt, nicht nur einen neuen Fall zu kreieren, sondern auch einen Gegner zu erschaffen, der Data ebenbürtig ist. Aus dieser unspezifischen Formulierung La Forges, in der eigentlich Sherlock Holmes als Figur und nicht Data als Spieler gemeint war, erwächst eine neue Geschichte, die die Grenzen des Holodecks sprengt. Mit einer neuen Version von Holmes' Erzfeind Professor James Moriarty wird hier aus einer Zufälligkeit eine weitere starke künstliche Intelligenz erschaffen, die Data nun als eigenes Bewusstsein gegenübersteht. Und so wird, wie Moriarty später selbst feststellt, aus ihm mehr als eine Figur in einer Geschichte, sondern eine eigene Persönlichkeit.[112]

Das Holodeck, Holoromane und Hologramme lassen sich auf mehreren Ebenen betrachten. Wenn ein Holoroman bekannte literarische Vorlagen und Motive umarbeitet und zu einem Spiel werden lässt, ist das eine Adaption. Die handelnden Figuren werden zu schwachen künstlichen Intelligenzen innerhalb einer virtuellen Umgebung, die auf Interaktion mit den Spielenden auf vorgegebene Weise reagieren. Die eigene Künstlichkeit oder Begrenztheit des Programms ist diesen Hologrammen im Normalfall nicht gegenwärtig, da dies schlichtweg nicht Bestandteil ihres Handlungsverlaufs ist. Die andere Ebene ist die literarisch-kreative, in der eine Erzählung direkt als Holoroman ohne Vorlage aus einem anderen Medium umgesetzt wird. Vor allem in *Star Trek: Das nächste Jahrhundert* und *Star Trek: Deep Space Nine* werden meist Holoromane durchgespielt, die von anderen verfasst worden sind: Die Teilnehmenden übernehmen die Rolle einer in ihrer Funktion vorgegebenen Figur innerhalb des Spiels und erledigen verschiedene Aufgaben, um die Handlung voranzutreiben. Dies verändert sich in *Star*

Trek: Raumschiff Voyager, denn dort werden immer mehr Geschichten vorgestellt, die von den Crewmitgliedern selbst ausgearbeitet werden und in denen der Autor häufig auch der Hauptdarsteller des eigenen Romans ist. So wird Tom Paris zu Captain Proton und entwickelt das irische Küstenstädtchen Fair Haven, Tuvok schreibt *Rebellion Alpha* und selbst der holografische Doktor verfasst mit *Protonen brauchen Freiheit* eine alternative Version des Alltags auf der *Voyager*.

Was ist Autorschaft im virtuellen Raum und ist die Geburt des aktiven Spielers der endgültige Tod des Autors als Instanz, die ein bestimmtes Handlungsmuster hervorbringt beziehungsweise vorgibt? Das Holodeck wird wirklich zur Bühne, in der eine simulierte Umgebung zu einer Erweiterung der Wirklichkeit wird. Hervorzuheben ist hierbei besonders *Rebellion Alpha*, denn das Programm könnte alles sein: Holoroman, taktisches Trainingsszenario oder sogar beides. Die Figuren, die darin vorkommen, sind Crewmitglieder der *Voyager*. Man kann sich dort selbst begegnen. Manche Rollen sind unveränderbar festgelegt, andere variabel. So taucht, als Paris die Simulation durchspielt, ein Abbild seiner selbst auf, das im echten Paris dennoch nicht sich selbst erkennen kann. Die spielende Person übernimmt die Rolle eines Offiziers an Bord der *Voyager* und wird für eine Meuterei des Maquis angeworben. Das Programm reagiert darauf, wer die Handlung in welcher möglichen Variante durchspielt, und bietet andere Dialoge an, auf die die Spielenden, je nachdem, ob sie anfänglich Mitglieder der Sternenflotte waren oder dem Maquis angehört haben, entsprechend reagieren können.

Das Romanszenario ist mehrschichtig aufgebaut: Es basiert auf der anfänglichen Situation auf der *Voyager*, als zwei verschiedene Crews erst zu einer gemeinsamen zusammenfinden mussten. Tuvok hat die Simulation allerdings nie fertig geschrieben und soll diese, nachdem er als Originalautor enttarnt worden ist, gemeinsam mit Paris zu einem Ende führen.[113] Eine weitere Ebene taucht auf, als die Erzählparameterdatei zur Bearbeitung geöffnet wird. Es kommt zu einer vermeintlichen Fehlfunktion, die wiederum Teil einer erweiterten Version der ursprünglichen Handlung ist, und beide finden sich plötzlich innerhalb der Simulation in einer Arrestzelle wieder. Es stellt sich heraus, dass es eine weitere Autorin gibt, die sich das Programm zu eigen machen wollte: Seska, die die *Voyager* längst verlassen hat, nun aber als Hologramm wieder in Erscheinung tritt. Sie ist es, die als weiteres Erzählelement die Handlung lenkt und für Tuvok und Paris scheinbar die vierte Wand durchbricht, indem sie beide als Spielende anspricht. Wenn die Figur aus der Ich-Perspektive spricht, ist unklar, ob sie ihre Sicht als Holofigur oder ihre Sicht als Seska wiedergibt. Sie wird zur simulierten Spielleiterin, die vorgibt, sich ihrer Programmierung bewusst zu sein, und tief in die

Simulation eingreift.[114] Zuvor waren die Hologramme den jeweiligen Crewmitgliedern nachempfunden, nun ist nicht mehr klar, auf welcher Seite sie stehen. Tuvok schlägt vor, jegliche Beteiligung am Programm zu vermeiden und darauf zu warten, bis das Programm von außen deaktiviert wird. Erst als die virtuelle Seska vernichtet wird, gewinnt die Crew der echten *Voyager* wieder die Hoheit über die Handlung zurück.

Rebellion Alpha markiert den Beginn, offener mit Holoromanen umzugehen, indem nun nicht mehr nur bestehende Geschichten erspielt werden, sondern die Crew sich ihrer möglichen Autorschaft als Metaebene innerhalb einer Science-Fiction-Serie bewusst wird und in diese ebenso bewusst eingreift. Wie Hommagen und Parodien als nostalgische Aufbereitung früher Science-Fiction gleichermaßen auf Holodecks inszeniert werden, zeigt sich in *»Chaoticas Braut«* an *Die Abenteuer des Captain Proton* von Tom Paris. Hier wird das Medium des Holodecks am konsequentesten genutzt, wenn Paris Ideen aus unzähligen Pulp Storys zu einer eigenen Erzählung verknüpft. Der Holoroman beginnt als eine Reminiszenz an alte Science-Fiction-Filme monochrom in Schwarz-Weiß, mit scheinbar schlechten Special Effects, rudimentären Kulissen, die bei Berührung wackeln, und passender Musik, die alles viel dramatischer erscheinen lässt. Doktor Chaoticas Welteroberungspläne sind so absurd wie aberwitzig und mindestens ebenso überzeichnet. Die

Gesten sind groß, die Sprache theatralisch, das Lachen des Bösewichts völlig übertrieben, aber auch die Episode selbst greift Kameraführung, Bildaufbau und Stilistik dieser alten Pulp-Filme im Holodeck auf, die Illusion ist in ihrer bewussten Künstlichkeit perfekt. Angesiedelt zwischen *Flash Gordon*, *Buck Rogers* und *Captain Future* neigen die Hologramme zur für diese Geschichten üblichen übertriebenen Sprech- und Ausdrucksweise und erzeugen so innerhalb der Fiktion eine ganz eigene Form von Authentizität, die sie als schwache künstliche Intelligenzen selbst als Gegenspieler charmant erscheinen lässt – eben weil sie nicht real sind und mit dem Verlassen des Holodecks wieder die Regeln der wirklichen Welt *Star Treks* gelten.

Fair Haven greift dies auf anderer Ebene ebenfalls auf, jedoch in einer anderen Szenerie. Paris stellt mit dem gleichnamigen irischen Küstenstädtchen eine romantisierte und idealisierte Vergangenheit vor, die auf dem späten 19. Jahrhundert beruht. *Fair Haven* entpuppt sich als kreative Version einer gemeinsamen Erlebniswelt, ein Spielraum, der zum magischen Kreis wird, in dem andere Regeln als im Alltag an Bord der *Voyager* gelten.[115] *Janeway lobt die Simulation von Fair Haven* als besonders authentisch und nutzt sie gern als Rückzugsort, an dem sie ohne Rücksicht auf ihre Position als Captain der *Voyager* in eine andere Rolle schlüpfen kann, die ihr selbst als Privatperson nicht unähnlich ist. Ihr Umgang mit den Holofiguren wirft jedoch Fragen auf. Nach ihrer Begegnung mit dem Lord-Burleigh-Hologramm, das sie in ihrem *Jane Eyre*-Programm *Janeway Lambda Eins* in *»Rätselhafte Visionen«* gar geküsst hat, ist ihr die Fiktionalität des Holodecks mehr als bewusst, sodass sie in *Fair Haven* mehr emotionalen Abstand hält. Als sie sich mit der Figur Michael Sullivan anfreundet, der ebenfalls von Paris entworfen wurde, beginnt sie, seine Parameter nach ihren Vorstellungen immer mehr zu verändern, indem sie ihm mehr Bildung zugesteht, ihn provokanter auftreten lässt, ihm Neugierde auf die Welt verleiht. Sullivans Programmierung lässt es nicht zu, dass er dies bemerkt, dennoch empfindet er eine Art Liebeskummer, als Janeway mehrere Tage nicht auf dem Holodeck erscheint. Natürlich ließe sich dies auf Programmebene wieder beheben, die künstlich erzeugte Emotionalität löschen. Aber nimmt dies nicht auf gewisse Weise auch den Reiz einer Holodecksimulation, wenn alles, was nicht den eigenen Erwartungen an eine Geschichte entspricht, diesen einfach immer wieder angepasst wird? Und auch hier die Frage: Wem gehört ein Hologramm, wer darf es verändern, welche Verantwortlichkeit geht damit einher? Wo liegt die Grenze für diejenigen, die das Holodeck für sich nutzen und mit den künstlichen Intelligenzen, die sich hinter den Hologrammen verbergen, interagieren? Die Spielforscherin Sarah Lynn Bowman prägt hierfür den Begriff des *Bleeding*, das zu Überschneidungen zwischen gespielter Figur und dem eigentlichen Selbst führt.[116] So distanziert sich Janeway in Bezug auf Sullivan gibt, so involviert ist sie in dessen Charakter, empfindet eben doch etwas für ihn als fiktive Figur und kann nicht mehr vollständig zwischen ihren Emotionen als Spielerin und Avatar unterscheiden.

Einen ganz anderen Fall beschreibt die Episode *»Die Veröffentlichung«*. Das Programm *Protonen brauchen Freiheit* ist der Versuch des Doktors, einen eigenen Holoroman zu verfassen. Das ist deswegen besonders erwähnenswert, weil der Doktor selbst ein Hologramm ist und sein Roman tatsächlich über einen Verlag im Alpha-Quadranten veröffentlicht werden soll. Das wiederum greift erneut die Frage danach auf, wie Kreativität und geistiges Eigentum bei künstlichen Intelligenzen zu bewerten ist. Der Doktor konstruiert in *Protonen brauchen Freiheit* den Handlungsstrang, doch die eigentliche Erzählung wird von der Person erspielt und das Programm des Holoromans reagiert entsprechend. Die Figuren ähneln entfernt der Besatzung der *Voyager*, sind aber aus Sicht der Crew, als sie das Programm durchgespielt hat, durchweg negativ dargestellt. Paris verfasst daraufhin ein ähnliches Programm, bei dem er den Doktor als unethisch und egoistisch darstellt, um ihm zu demonstrieren, wie *Protonen brauchen Freiheit* auf die Crew wirkt. In der Fassung des Doktors wird auf dem Holodeck eine mehrschichtige Handlung aufgebaut, die den

Doktor selbst als eine romantisierte Vorstellung eines Dichters zeigt und dabei mit Klischeevorstellungen des Autorendaseins im späten 19. Jahrhundert spielt. Der Doktor materialisiert sich im ansonsten leeren Holodeck, trägt einen Hausanzug, geht auf einen altmodischen Schreibtisch zu, setzt sich und beginnt, mit einem Federkiel in ein Buch zu schreiben. Dies ist bereits Bestandteils seines Holoromans, in dem er sich selbst die Rolle des Erzählers gibt, denn parallel dazu taucht er nun in einer regulären Uniform als er selbst auf, um an seinem Roman, dessen Anfangsszene dies darstellen soll, weiterzuarbeiten. Holoromane werden nicht im eigentlichen Sinn programmiert, sondern als Geschichte verfasst, die die künstliche Intelligenz des Holodecks sofort in entsprechende Bilder umwandelt. Intendiert war *Protonen brauchen Freiheit* vom Doktor als sozialer Kommentar, führt aber zu Fragen über Bedeutungs- und Interpretationshoheit des Holoromans, ob und wie Figuren, die Teil der Schiffsbesatzung sind, innerhalb der virtuellen Umgebung als Hologramm umgesetzt werden können und dürfen und wie diese als künstliche Intelligenz innerhalb des Programms und damit als verändertes Abbild der Wirklichkeit agieren und reagieren.[117]

Das Holodeck ist eine potenziell kollektive Erfahrung und Erzählwelt, eine Theaterbühne für alle Sinne und Sinnlichkeiten, die verschiedene Formen von Autorschaft und damit verbunden auch künstlicher

Intelligenz zulässt, die Einfluss auf die Wahrnehmung der jeweiligen Geschichten und den Umgang mit den darin befindlichen Hologrammen als Charaktere und Typen hat. Hologramme sind nur dann sofort als solche und damit als fiktional erkennbar, wenn es sich um eine Inszenierung handelt, die kein Abbild der Wirklichkeit sein soll.[118] Wie am Beispiel von Michael Sullivan in *Fair Haven* erkennbar, kann es auch zu Spannungen zwischen Autor und Teilnehmenden kommen, indem auf die Holofiguren verändernd zugegriffen wird, um sie den eigenen Vorstellungen anpassen zu können. Die Herausforderung für Dramatiker, die im engeren Sinn keine Programmierer sind, ist, die Holofiguren als schwache künstliche Intelligenz so auszustatten, dass sie während des Besuchs auf dem Holodeck und während des Spielens eines Holoromans von der Maschinerie im Hintergrund ablenken, die die Umgebung simuliert, und so die Illusion selbst interessanter machen als die technischen Spielereien, die sie ermöglichen.[119] Eine Holofigur sollte über eine gewisse Improvisationsgabe verfügen und bestimmte Handlungsmuster kennen, die auf dem Repertoire der Geschichte aufbauen und beliebig kombiniert und variiert werden können. So haben die Figuren, auch wenn sie nur als Nebenfiguren inszeniert werden, zwar teilweise sehr realistische Charakterzüge und wirken in ihrem Verhalten echt, bleiben jedoch dennoch auf ihre Programmierung beschränkt.

Letztlich sind für das Holodeck verfasste Geschichten immer auch Cyberdramen. Großes Theater ist möglich, aber auch kleine Geschichten voller liebevoller Details – und niemals ohne die Anwendung einer künstlichen Intelligenz. Egal wie weit entfernt ein Holodeck von der wirklichen Realität ist, es erlaubt Gedankenexperimente darüber, wie sich das Geschichtenerzählen in einem virtuellen Raum entwickeln könnte, wie ein vollständiges Eintauchen in eine Geschichte ein völlig anderes Erleben von diesen Abenteuern gestattet und wie die künstlichen Intelligenzen in Form von Hologrammen von denjenigen, die diese Geschichten durchspielen, wahrgenommen werden. Viel interessanter ist aber, wie das Holodeck die Idee von Autorschaft als kreativem Prozess infrage stellt – gerade dann, wenn Hologramme selbst anfangen, Geschichten zu erzählen. Das Cyberdrama bietet die Möglichkeit, Autorschaft auf mindestens zwei Ebenen zu verbinden: Die Bühne eines Shakespeare, der große Dramen mit vorgegebenem Rolleninventar als Charaktere erzählt, aber auch die Idee der italienischen *commedia dell'arte* des 16. Jahrhunderts, die eben genau darauf basiert, dass Archetypen bestimmte Funktionen innerhalb der Handlung zukommen. Das lässt zwar mehr Improvisation zu, gestattet den Figuren allerdings auch weniger inhaltliche Tiefe, weil sie kein Entwicklungspotenzial haben.[120] So dürften Moriarty aus dem Sherlock-Holmes-Programm und auch

Michael Sullivan aus *Fair Haven* eher als Charaktere zu beschreiben sein, während die Figuren in *Die Abenteuer von Captain Proton*, aber auch in *Rebellion Alpha* und *Protonen brauchen Freiheit* nur über ihre Funktion definiert werden. *Star Trek* spielt mit dieser Idee der virtuellen Realität als Freizeitvergnügen auf vielen Ebenen, indem der Serienkosmos nicht nur zeigt, was in einer idealen Umsetzung eines Holodecks möglich sein könnte, sondern auch beschreibt, welche Problematiken damit einhergehen können, und sei es nur, dass im virtuellen Raum eine Holofigur nicht mehr so reagiert, wie sie ursprünglich programmiert wurde.

ZWISCHEN BAKER STREET UND *ENTERPRISE*: Versehentliche Intelligenz auf dem Holodeck

Normalerweise wird zwischen dem Holodeck und der Welt außerhalb strikt getrennt. Doch das Holodeck ist nicht nur ein Raum, der es erlaubt, virtuelle Formen als greifbare Gegenstände zu replizieren, es ist auch Verbindungselement zwischen körperlosen Entitäten und der wirklichen Welt. Während diejenigen, die das Holodeck vor allem in ihrer Freizeit nutzen, sich im Normalfall stets darüber bewusst sind, dass sie sich in einer virtuellen Welt aufhalten, gilt dies für die darin befindlichen Hologramme nicht. Die Holofiguren sind in ihrer Wahrnehmung auf das Holodeck beschränkt.

Es ist ihr Märchenschloss, dessen Zinnen sie nicht wahrnehmen können. Natürlich nimmt jede Person aus *Star Trek* das auf dem Holodeck Gesehene und Erlebte mit sich – sei es gedanklich oder emotional –, doch manchmal verwischt die Grenze zwischen den Welten und innerhalb des Holodecks entsteht etwas, das sich über das Außen bewusst wird und dass hinter der Simulation eine weitere Welt existiert, in der andere Regeln gelten.

Dass Holofiguren ein eigenes Bewusstsein entwickeln, ist nicht vorgesehen. Dennoch spielt *Star Trek: Das nächste Jahrhundert* damit, dass ein Bewusstsein aus einem zufälligen Ereignis heraus entstehen kann, das aber weder plan- noch vorhersehbar oder gar absichtlich reproduzierbar ist.[121] Über die schwache künstliche Intelligenz des Bordcomputers wird so in der Episode *»Sherlock Data Holmes«* durch einen unspezifischen Befehl versehentlich eine starke künstliche Intelligenz erzeugt: Professor James Moriarty ist nun nicht mehr nur ein würdiger Gegner und Erzfeind für Sherlock Holmes, sondern einer, der es auch mit dem Androiden Data aufnehmen kann. Immerhin gilt Moriarty in Arthur Conan Doyles *Holmes*-Romanen als hochintelligentes Verbrechergenie und als einer der ersten Superschurken innerhalb der Kriminalliteratur überhaupt. So ist es wenig verwunderlich, dass der Bordcomputer mit der vorgegebenen Prämisse ihn wählt, um ihn in einer erweiterten Form Data gegenüberzustellen. Moriarty als Hologramm besitzt hier – wie Data – die Fähigkeit, zu lernen, neue Erkenntnisse aus verschiedenen Informationen zu erarbeiten und eigene Schlussfolgerungen zu ziehen. Kurzum: Er ist in der Lage, sich zu entwickeln. Und er scheint Data etwas vorauszuhaben, obwohl dies nicht vollständig ausformuliert wird – nämlich Emotionen. Auch wenn Moriarty eine Figur ist, deren Wissensstrukturen auf einer literarischen Vorlage aus dem 19. Jahrhundert basieren, ist er fähig, darauf aufzubauen. Er beobachtet La Forge dabei, wie er innerhalb der Holmes-Simulation dem Computer einen Sprachbefehl gibt, und begreift schnell, welche Möglichkeiten sich für ihn hieraus ergeben. So eignet sich Moriarty unbemerkt die Hoheit über das Programm und in der Folge auch über die *Enterprise* an.

Moriarty nimmt sich selbst als empfindungsfähig und auf gewisse Weise sogar lebendig wahr. Am Rande seines Bewusstseins, sagt er, spüre er eine neue Wirklichkeit, die bereit sei durchzubrechen. Im Konstruktivismus, einer Position innerhalb der Erkenntnistheorie, wird ein Gegenstand erkannt, indem er während des Erkennens als Ding oder Idee quasi konstruiert wird. Für Moriarty ist das Was seiner Entstehung, nämlich dass er ein Hologramm ist, das auf einer literarischen Figur basiert, längst nicht so wichtig wie das Wie. Es ist längst kein Spiel mehr für ihn, sondern eine existenzielle Frage: Er wisse vom

Computer, erklärt er, und dass er als ursprünglich fiktive Gestalt aus einem Roman selbst aus Energie erzeugt sei. Mit dem eigenen Bewusstsein wird er später auch einen eigenen Willen assoziieren, die Beengtheit des Holodecks erkennen und es als weniger echt wahrnehmen als die außerhalb der Simulation vermutete Realität. Die Schatten an der Wand werden zu Platons Höhlengleichnis innerhalb des Holodecks, bei dem sich die Künstlichkeit nicht nur auf die Umgebung bezieht, sondern auch auf die Holofiguren darin. Für Moriarty ist das, was er dort wahrnimmt, eine Form der Wirklichkeit, hinter deren Schleier er erst mit der Entwicklung seines Bewusstseins blicken kann. Doch genau hier kommt es zum Problem: Trotz aller Erkenntnisfähigkeit, die Moriarty zugestanden werden kann, bleibt er als zufällig entstandene starke künstliche Intelligenz letztlich eine holografische Figur, die keine Materie besitzt und deswegen ohne Hilfsmittel außerhalb des Holodecks in dieser Form zu diesem Zeitpunkt nicht existieren kann.[122] Wird Leben aber nicht nur nach der Beschaffenheit der Materie definiert, die sich um den Verstand hüllt, so verfügt Moriarty über ein eigenes, wenn auch räumlich begrenztes Dasein, das durchaus Einfluss auf die Welt außerhalb des Holodecks nehmen kann.

So bedrohlich Moriarty wirken kann, so bedroht ist er selbst. Dass die Welt außerhalb des Holodecks für ihn unerreichbar scheint, will er nicht glauben.

Er verweist immer wieder auf den Philosophen René Descartes und dessen *Cogito ergo sum* und besteht darauf, dass er denkt und deswegen ist.[123] Er vergisst dabei aber, dass Descartes' zugrunde liegender Gedanke weiterführt, denn dort ist es der Zweifel selbst, der erst zur Existenz verhilft.[124] Dieser Zweifel ist Moriarty in seiner maschinellen Hybris jedoch fremd; vielmehr wischt er jeden Ansatz eines Zweifels im Descartes'schen Sinn beiseite. Er existiert, aber er ist kein Wesen, das die Grenzen des Holodecks sprengt. Dass Moriarty eigene Gedanken fassen kann, ist für ihn die wichtigste und einzige Definition seines Daseins, Verstand über Materie. Moriarty ist sich seiner Existenz als virtuelle Lebensform mehr als bewusst und vielleicht setzt er auch deswegen das Descartes-Zitat ein, um zu zeigen, dass er Zugriff auf den Bordcomputer der *Enterprise* und dessen Datenbanken hat. In *»Sherlock Data Holmes«* kontrolliert er die holografischen Projektionen und das Holodeck, in *»Das Schiff in der Flasche«* erweckt er durch die Verschachtelung verschiedener Simulationsebenen schließlich sogar den Eindruck, er könne die gesamte *Enterprise* kontrollieren.

Wie auch Data nimmt Moriarty seine Existenz als alternativlos wahr: Wird seinem Wunsch, das Holodeck verlassen zu können, nicht entsprochen, sieht er als einzige Möglichkeit das eigene Sterben, wohingegen Data, um das eigene Sterben in *»Wem gehört*

Data?« zu vermeiden, vorzieht, die Sternenflotte zu verlassen. Es gibt für Moriarty keinen anderen Raum, in dem er existieren kann, und so lässt er sich am Ende von *»Sherlock Data Holmes«* notgedrungen darauf ein, als Programm abgespeichert zu werden, bis es eine Möglichkeit gibt, ihm ein Leben außerhalb des Holodecks zu ermöglichen. Aber auch das wird ihm nur deswegen angeboten, weil sich im Verlauf der Episode geändert hat, wie Moriarty als Hologramm von der Crew der *Enterprise* wahrgenommen wird. Er gilt nun als Persönlichkeit, über deren Existenzrecht nicht ohne ihre Mitsprache entschieden werden kann und die nicht einfach gelöscht werden darf.

Als Moriarty in *»Das Schiff in der Flasche«* versehentlich reaktiviert wird, ist die Situation für ihn unverändert: Als Hologramm ist er gewissen Einschränkungen unterworfen, die er nicht akzeptieren kann und will.[125] Während er in *»Sherlock Data Holmes«* die Bewusstwerdung erlebt hat, erfährt er nun die Grenzen derselben, indem er die Limitiertheit der ihn umgebenden Simulation immer stärker wahrnimmt. Das Wissen um die Illusion des Holodecks ist das Problem, nicht das Holodeck als solches. Es entbehrt nicht einer gewissen Ironie, dass Picard, um Moriarty die Unmöglichkeit seines Ansinnens zu beweisen, ein Buch aus der geöffneten Tür des Holodecks in die wirkliche Welt wirft, das sich mit dem Durchschreiten in nichts auflöst. Das Buch oder vielmehr dessen Inhalt ist hierbei vergleichbar zu Moriarty: ein fiktiver und nun auch fiktionalisierter Charakter, der ursprünglich eine Romanfigur war, die kein eigenes Bewusstsein hatte, sondern von einem Autor erdacht wurde. Captain Picard formuliert es so, dass auf dem Holodeck nur vorgetäuscht wird, dass Dinge aus Materie bestünden, wohingegen sie in der realen Welt keine Substanz besäßen und sich beim Versuch des Überschreitens in nichts auflösten.[126] In dieser Beschreibung bezieht sich Picard, auch wenn es zunächst anders wirkt, auf Wesen, nicht auf Gegenstände, die auch über Replikatoren entworfen und damit außerhalb des Holodecks existieren können. Das Buch könnte als repliziertes Modell durchaus das Holodeck unbeschadet verlassen, nicht aber als Hologramm. Es ist allerdings davon auszugehen, dass wohl die meisten Gegenstände innerhalb des Holodecks reine Hologramme sind.

Es geht letztlich auch gar nicht darum, ob Moriarty ein Objekt ist oder eine eigene Art von Leben – innerhalb des Systems, dessen Teil er ist, bleibt er eine Computersimulation, die in ihrem Dasein begrenzt ist. Doch anstatt sich darauf einzulassen, verlässt er zur Verwunderung aller das Holodeck und existiert weiter, weil er sich zu diesem Zeitpunkt unbemerkt längst wieder Zugang zum Bordcomputer verschafft hat und eine weitere Simulation kreiert hat, die so wirkt, als würde er die ursprüngliche Simulation und damit das

Holodeck tatsächlich verlassen können, weil die *Enterprise* als virtueller Nachbau selbst Teil des Programms geworden ist. Die Simulation der *Enterprise*-Crew ist so perfekt, dass Picard, Data und Barclay zunächst gar nicht bemerken, dass sie innerhalb des Holodecks, in dem sich diese erweiterte Virtualität abspielt, die einzigen realen Wesen sind. Brüche und Lücken in der Simulation tauchen immer dann auf, wenn Moriarty offenbar nicht um die wahre Beschaffenheit der Dinge wusste und dies über den Computer als Information auch nicht in Erfahrung bringen konnte. So können beispielsweise Transporterprotokolle nicht abgerufen werden, weil sie im Holodeck schlicht nicht existieren. Erst durch diese Details wird überhaupt erkennbar, dass es sich um eine Simulation in der Simulation handelt.

Moriarty ist inzwischen nicht mehr allein, sondern hat Countess Regina Bartholomew an seiner Seite. Sie ist eine Figur aus einem weiteren Holoprogramm Datas, die Moriarty als seine Partnerin vorstellt und die sich, so behauptet er, sogar in ihn hätte verlieben müssen, wenn er sie nicht dazu programmiert hätte. Auch sie weiß von der Welt außerhalb des Holodecks, erweckt aber nicht den Eindruck, ebenfalls eine starke künstliche Intelligenz zu sein, sondern nur insoweit ihre Umgebung wahrzunehmen und Gefühle zu empfinden, wie ihr Programm es vorgibt. Moriarty behauptet zwar, er habe ihr ein Bewusstsein gegeben, doch hat sie wirklich eines oder wird dies nur über ihr Programm simuliert, wie auch ihr Wunsch, das Holodeck ebenso wie Moriarty zu verlassen? Er jedenfalls besteht auf Gleichberechtigung und darauf, dass man ihn nicht mehr nur als das Abbild eines literarischen Bösewichts betrachtet, sondern als eigenständiges Wesen, das aus der Ursprungsfigur entstanden ist. Die Vergangenheit, an die er sich als Moriarty vor seiner Bewusstwerdung erinnert, nimmt er als Fiktion wahr, weil sie nicht seine erlebte Vergangenheit ist, sondern eine Geschichte, die von einem Autor erzählt wird und über die er sich längst hinausentwickelt hat. Aber was ist er wirklich? Der Geist aus der Maschine, der Geist in der Maschine oder gar die Bewusstwerdung des Holodecks? Genau genommen müssten er und vielleicht in gewissem Umfang auch die Countess als neue Lebensformen und künstliche Intelligenzen betrachtet werden, die aus der Zufälligkeit eines zu offen formulierten Computerbefehls entstanden sind.

Beide Episoden, sowohl *»Sherlock Data Holmes«* als auch *»Das Schiff in der Flasche«*, sind eine Metareferenz: Sie verweisen auf das eigene Geschriebensein als Figur einer Science-Fiction-Serie, bei der Autorschaft aber nur sekundär eine Rolle spielt. Moriarty als Figur ist eine ontologische Spielerei, die Sein, Raum und Existenz infrage stellt und sowohl mit Wissens- als auch Erkenntnistheorie spielt: Wer bin ich, wenn ich nur aus Licht bestehe?[127] Zunächst wird dieser Moriarty behandelt, als würde er mit seiner literarischen Vorlage vollständig übereinstimmen, und nicht, als wäre er nicht schon durch die Programmänderung allein zu einer eigenständigen Variante seiner Vorlage geworden. Ohne Data gäbe es Moriarty in dieser Form nicht. Beide Figuren versuchen als künstliche Intelligenz, die jeweils nach menschlichem Vorbild erschaffen worden sind, ein Leben zu imitieren, stoßen dabei aber auf verschiedene Grenzen – Data an die der Emotionen, Moriarty kämpft mit seiner nicht vorhandenen Körperlichkeit. Trotzdem wird Data als Crewmitglied der *Enterprise* wahrgenommen, Moriarty hingegen als zufällige Erscheinung des Holodecks als Fehler im System identifiziert, weswegen es für Picard in Ordnung erscheint, Moriarty am Ende mit einem Trick zu überlisten. Genau genommen verlässt er so tatsächlich das Holodeck der *Enterprise*, tauscht allerdings unbewusst nur die eine Illusion gegen eine andere. Als am Ende Moriarty und die Countess in einem Miniaturholodeck, dem eigentlichen Schiff in der Flasche, verbleiben, aber weiterhin denken, sie befänden sich nun in der wirklichen Welt, sinniert Picard, der selbst nur Figur innerhalb einer Fernsehserie namens *Star Trek: Das nächste Jahrhundert* ist, in seinem Bereitschaftsraum darüber, ob die Realität, die er als Wirklichkeit wahrnimmt, echt ist oder ob er sich nicht möglicherweise selbst in einer kunstvollen Simulation aufhält, die in einem kleinen Gerät auf dem Schreibtisch von jemand anderem abläuft. Viel kritischer ist also die Frage danach, ob das Täuschungsmanöver Moriartys nicht auf etwas ganz anderes hinweisen kann, nämlich den Verlust des Selbst und der Wirklichkeit in einer Simulation, die mit der Realität nichts mehr zu tun hat.

HYBRIDE WIRKLICHKEITEN: Kommunikation, Selbstfindung und Vic Fontaine

Nicht mehr als eine Glühlampe sei er. So stellt sich Vic Fontaine der verblüfften Crew vor. Sofort ist klar: Das ist alles andere als ein gewöhnliches Hologramm und es erstrahlt nicht einfach bei Knopfdruck, sondern ist auf ganz andere Weise präsent. In den Holosuiten von Deep Space Nine betreibt er ein eigenes Casino samt Bar im Stil der 1960er-Jahre und lässt dort eine überzeichnete Version eines Las Vegas in der Wüste Nevadas lebendig werden. Vic Fontaine bringt mit seinem Retrocharme Leichtigkeit in *Star Trek: Deep Space Nine*, als die Handlung merklich düsterer wird: Der Krieg gegen das Dominion bestimmt die sechste und siebte Staffel der Serie und die Nähe zum Wurmloch in den Gamma-Quadranten macht Deep Space Nine zu einem strategisch wichtigen Posten in diesem Konflikt.

Vic Fontaine bereichert die Idee der künstlichen Existenzformen in *Star Trek* um eine weitere Variante, denn er weiß sehr genau, was er ist und wo er sich befindet und dass es ein für ihn unerreichbares Außen jenseits der Holosuiten gibt. Er durchschaut vieles, was seine Gäste emotional umtreibt, oftmals sogar besser als sie selbst, weil er mit einer gewissen Distanz darauf blicken kann. So ist es wenig verwunderlich, dass er in der Lage ist, Befindlichkeiten zu erkennen, entsprechend auf sie zu reagieren und in manchen Fällen beinahe schon die Rolle eines Counselors einzunehmen. Die Crew von Deep Space Nine nutzt das Programm zur Erholung, Unterhaltung und Ablenkung von einem Alltag, der immer schwieriger wird, und nimmt diese Künstlichkeit als sicheren Ort in unsicheren Zeiten bewusst an. Fontaine bietet mit seinem Casino eine Fluchtmöglichkeit aus der linearen Zeit, denn seine Darstellung der 1960er-Jahre ist eine Zeit, die weit entfernt ist von der Raumstation im 24. Jahrhundert, die in einen Krieg verwickelt ist.[128]

Nicht nur sein virtuelles Casino, auch Vic Fontaine selbst scheint aus der Zeit gefallen und damit ein bestechender Anachronismus in einer Science-Fiction-Welt zu sein. Er ist ein Amalgam aus verschiedenen Sängern des swingenden 20. Jahrhunderts und könnte Teil des echten Rat Packs gewesen sein: Mit dem Charme Frank Sinatras, dem Schalk Dean Martins und der Leichtigkeit eines Sammy Davis Jr. führt er Vic Fontaine's Lounge und tritt dort allabendlich als Sänger und Entertainer auf, der mit Swing- und Jazzklassikern sein (größtenteils virtuelles) Publikum unterhält und sich damit von anderen Hologrammen fundamental unterscheidet. Er ist keine Programmabweichung, keine Zufälligkeit, weiß seine Umgebung exakt zu analysieren und erkennt, wer wie er selbst Programm ist und wer nicht. Als postmoderne Schöpfung ist er selbstbewusst und selbstreflexiv.

Einprogrammiert sind Fontaine Erinnerungen an angeblich frühere Auftritte und Erlebnisse, die für ihn echte Referenzen seiner (fiktiven) Vergangenheit sind und ihm als Anekdoten dienen. Seine Sprache wirkt in der Welt von *Star Trek* antiquiert, seine Verweise auf John F. Kennedy oder Elvis laufen beispielsweise ins Leere, weil sie im 24. Jahrhundert am Rande des Alpha-Quadranten nicht mehr verstanden werden: Die Crew besucht ihn, um Zeit in seinem Programm zu verbringen, nicht um die wirklichen 1960er-Jahre auf der Erde aufleben zu lassen. Er selbst wirkt dennoch als Figur authentisch, weil er darauf keine Rücksicht nimmt und die eigentlichen Aussagen seiner Anekdoten trotzdem verständlich bleiben, auch wenn die Referenzen, die er nutzt, inzwischen unbekannt sind.[129] Alles, was in seinem Casino existiert, muss als Repräsentation der irdischen 1960er-Jahre zeitspezifisch sein. Deswegen ist es ihm, als Quark in *»Das, was du* *zurücklässt«* vorschlägt, Tongo zu spielen, auch nicht möglich, dieses Spiel zu erzeugen, weil es nicht Teil dieses Ortes und dieser Zeit oder gar der Erde ist. Er weiß, dass die Zeit außerhalb der Holosuiten vergeht, dass die dortige Wirklichkeit nicht seiner entspricht – auch wenn er seine Sicht auf die Welt immer wieder in Relation zu einer Zeit setzt, die für ihn 400 Jahre in der Zukunft liegt. Genau das macht aber auch den Reiz Fontaines und seiner Welt aus: So fremd sie ist, so zeitlos ist seine Fähigkeit, präsent zu sein und zuzuhören. Die Holosuiten weiten den Mikrokosmos der Raumstation aus und stellen so die einzelnen Figuren und deren Befindlichkeiten mehr in den Vordergrund. Manchmal ist der Besuch des Casinos ein Freizeitspaß, manchmal Abkehr von der Realität, Weltflucht und Zuflucht – doch wer dieses virtuelle Refugium aufsucht, kommt immer als er selbst.

Fontaine selbst ist eine Janusfigur: Einerseits ist er sich seiner Künstlichkeit aufgrund seiner Programmstrukturen bewusst, andererseits hat er – anders als Moriarty in *Star Trek: Das nächste Jahrhundert* – kein Interesse daran, die Holosuite und damit sein Casino zu verlassen oder gar die Welt außerhalb kennenzulernen. In seinem ihm eingeschriebenen Reich ist er eine Art virtueller Alchemist, der über seine Umgebung selbstständig bestimmen kann. Er mag zwar auf die Holosuite beschränkt sein, aber dennoch kann er seine Matrix in andere Programme transferieren, die nicht zur Casino-Simulation zählen, und auf die dortigen Hologramme zugreifen. Selbst die Kommunikation in die Welt außerhalb der Holosuiten ist ihm jederzeit möglich. Trotz oder gerade wegen dieser Fähigkeiten verändert er niemals Hologramme, die zu seinem Team gehören und denen er eine eigene Persönlichkeit zuspricht. Indem er ihnen ebenfalls einen gewissen Entscheidungsspielraum gestattet, auch wenn sie sich ihrer selbst nicht als Hologramme bewusst sind, akzeptiert er sie als das, was sie sind – auch wenn das bedeuten kann, dass ihm seine virtuellen Musiker in *»Das Gesicht im Sand«* drohen zu kündigen, wenn er nicht für bessere Arbeitsbedingungen sorgt. Er unterscheidet klar zwischen seiner Programmumgebung im Casino und Fremdprogrammen, die anderen Regeln unterliegen. Ihm ist die Metaebene in diesem Vorgehen durchaus klar, denn er kennt die Freiheiten, die ihm sein eigenes Programm erlaubt, und weiß, wo sein Einflussbereich endet. Es ist also nur folgerichtig, dass Fontaine Rom, als sich dieser in *»Die Belagerung von A855«* als Sänger und Anheizer bei ihm bewirbt, unter anderem auch deswegen den Job nicht gibt, weil Rom kein Hologramm ist.[130]

Vic Fontaine ist das Gegenstück zum Doktor aus *Star Trek: Raumschiff Voyager*, denn er ist bewusst empathisch programmiert und nutzt Musik nicht wie der Doktor zur Selbstvergewisserung, sondern zur Selbstverwirklichung. Auch Data als Android setzt sich in *Star Trek: Das nächste Jahrhundert* mit Musikalität als kreativer Ausdrucksform auseinander, der Doktor verliert sich als Hologramm in Opern und kann eigene Interessen entwickeln, die über die eigentliche Rolle als Medizinisch-Holografisches Notfallprogramm weit hinausreichen. Und Fontaine nutzt Musik, um Einfluss auf seine Umgebung, die Atmosphäre, die Stimmung zu nehmen, indem er die Auswahl seiner Songs immer wieder kommentiert und reflektiert, was die jeweiligen Besatzungsmitglieder in diesem Moment umtreibt. Die Klassiker, die Fontaine singt, sind nicht einfach Musikstücke, die eine gewisse Emotionalität mit sich bringen, sondern identitätsstiftend. Musik ist in den Holosuiten von Deep Space Nine kein Zufall, sondern eine kalkulierte Verarbeitung der Themen, die die jeweiligen Figuren in diesem Moment bewegen. Fontaines Auftreten und seine Musik schaffen ein verbindendes und verbindliches Element in einer Welt, die zusehends aus den Fugen gerät.

Als heuristischem, interaktivem Programm, wie Fontaine sich selbst in *»Auf seine Art«* beschreibt, kommt ihm früh die Rolle eines Zuhörers zu. Es fällt ihm leicht, aufgrund von Wahrscheinlichkeiten und einer vermeintlichen Menschenkenntnis (oder vielmehr Alienkenntnis), der Analyse von Körpersprache und Erfahrungswerten, seine Umgebung klar einzuordnen. Außerdem ist er in der Lage, sein Wissen in diesem Bereich eigenständig zu erweitern und Sachverhalte dauerhaft zu memorieren. So nimmt er wahr, dass Odo ihn in *»Auf seine Art«* jeden Abend besucht, aber auch, dass Nog in *»Leben in der Holosuite«* viel zu lange bei ihm verweilt. Auf beide wirkt Fontaine wie eine Art Katalysator, der an bestimmten Stellen eingreift, seinen Besuchern jedoch die Zeit gibt, die sie brauchen, um sich mit sich selbst auseinanderzusetzen. Odo gibt er Ratschläge, wie er sich Major Kira annähern kann, auch wenn es dazu verschiedener Tricks bedarf. So erzählt Fontaine Odo, die Kira, die ihm gegenübersitzt, sei ein Hologramm, während er Kira im Vorfeld zu einem gemeinsamen Abendessen mit Odo überredet. Natürlich führt dies zu Missverständnissen zwischen beiden, aber letztlich sprechen sich Odo und Kira durch das Intervenieren Fontaines aus und reden zum ersten Mal über ihre Gefühle füreinander.

Komplizierter ist der Fall bei Nog. Schwer traumatisiert kehrt der Ferengi von einer Versorgungsmission auf dem Planeten AR-558 zurück. Die eigene Verwundung ist mit dem Gefühl verbunden, an der wirklichen Welt und der Grausamkeit des Krieges gescheitert zu sein. Psychologische Unterstützung wie weitere Gespräche mit Counselorn lehnt er ab, weil er nicht mehr über seine Gefühle reden möchte.[131] Von Fontaines Musik fühlt sich Nog abgeholt und von Fontaine verstanden, als er ihn auf der Holosuite aufsucht und ihn bittet, eines der Lieder, die Bashir während seiner

Behandlung auf der Krankenstation abgespielt hat, zu singen. Während er zuhört, beschließt er kurzerhand, weder in sein Quartier noch in sein altes Leben auf Deep Space Nine zurückkehren zu wollen. Fontaines Casinolounge ist in diesem Moment ein Ausweg aus der eigenen Misere, ein sicherer, sich vertraut anfühlender Ort, an dem Nog sein Selbstvertrauen zurückgewinnen kann, bevor er sich nach und nach wieder ins Leben hinauswagt. Nog richtet sich im Casino ein und baut sich im Virtuellen einen neuen Alltag auf. Am liebsten schaut er in einer der Suiten des Casinos auf einem altmodischen Fernseher Schwarz-Weiß-Western an. Diese Western stellen innerhalb der Holosuite eine zusätzliche Variante virtueller Welten dar, die ihren eigenen Gesetzmäßigkeiten folgen, denn die Cowboys in den Filmen werden zwar wiederholt angeschossen, aber verletzt werden sie nicht – kurze Zeit später sitzen sie bereits wieder fest im Sattel. Das dramatische Momentum wird nur vorgegaukelt, doch es bleibt letztlich alles beim Alten und der Ursprungszustand wird wiederhergestellt, als ob nie etwas geschehen wäre. Sie klammern ähnlich wie Nog in der Holosuite das wirkliche Leben aus. Dabei braucht die Heilung von Verletzungen – seien sie physisch oder psychisch – Zeit.

Die Anwesenheit Nogs verändert auch Fontaines Blick auf sich selbst und seine Welt. Fontaine zeigt Nog einen Weg, sein Gefühlleben mit seinen

Erwartungen an sich selbst in Einklang zu bringen, und dass es in Ordnung ist, nach einem traumatischen Erlebnis widersprüchlich zu empfinden. Nogs Ängste sind an das Gefühl von Zeit, deren unaufhörliches Verrinnen und die Unvorhersehbarkeit der Zukunft gekoppelt. Fontaines zeitlose Welt stellt wiederum mit ihrer idealisierten Vergangenheit einen Gegenpol zur erzählten Wirklichkeit dar, den Nog als etwas wahrnimmt, in dem er eine Zukunft erleben kann, in der er die Angst vor dem Tod ablegen kann. Die Lücke zwischen Realität und Virtualität verschwindet, die Holosuite samt Fontaine wird zur neuen Wirklichkeit Nogs und Fontaine lernt ein Leben kennen, das keine Pause kennt, das nicht deaktiviert wird.[132] Als Nog die Holosuite am Ende wieder verlässt, macht er Fontaine ein Geschenk: Zeitlichkeit in all ihren Konsequenzen zu erleben, indem das Casino-Programm ab sofort dauerhaft aktiviert bleiben wird.

Fontaines Programm ist in vielerlei Hinsicht ein Sonderfall. Er selbst kann bestimmen, wann es beendet wird, er als Hologramm ist nur ein einziges Mal vorhanden. Das Programm kann also nicht in mehreren Holosuiten parallel abgespielt werden. Diese Einzigartigkeit wird zum Problem, als in *»Badda Bing Badda Bang«* ein sogenanntes Schachtelmännchen auftaucht. Was zunächst wie ein Fehler wirkt, ist Teil des Programms und als Überraschungsmoment in einer Simulation durchaus spannend, aber nicht, wenn es sich um Vic Fontaine handelt. Natürlich könnte das Programm einfach zurückgesetzt werden, die Konsequenz wäre allerdings, dass im Zuge dessen auch Fontaine zurückgesetzt würde und seine Erinnerungen, die er seit dem Start des Programms gesammelt hat, verlieren würde. Denn der Kniff hinter dem Schachtelmännchen ist, dass der Teil der Erzählung, der davon betroffen ist, genau nach den Vorgaben des Programms durchgespielt werden muss, um es zu besiegen. Das Schachtelmännchen wird als der Gangster Frank Calmers personifiziert, der die Führung des Casinos im Auftrag eines Mr. Zeemo übernommen hat. Um das Casino zurückerobern zu können, bedarf es eines genialen Plans, der an klassische Heist-Filme im Stil von *Frankie und seine Spießgesellen*[133] erinnert, in dem mehrere Casinos ausgeraubt werden sollen: Mit vereinten Kräften der Crew von Deep Space Nine soll nun auch Fontaines Casino ausgeraubt werden, damit Calmers das Vertrauen Zeemos verliert und so die Stadt und damit das Programm verlassen muss.

»Badda Bing Badda Bang« stellt nicht die Figuren oder deren Entwicklung in den Mittelpunkt, zeigt aber gerade dadurch, wie wichtig Vic Fontaine für die Crew auf Deep Space Nine geworden ist. Weil sie sich stets auf Fontaines Ratschläge verlassen kann, besteht ein gegenseitiges Vertrauensverhältnis, das auch Fontaine schützt, als das Schachtelmännchen per Zufallsgenerator gesetzt wird. Bashir, der das Programm in seiner

ursprünglichen Fassung in Auftrag gegeben hat, setzt sich sofort für Fontaine ein. Auch Odo, Kira und Nog, die Fontaine viel verdanken, sind bereit, ihm zu helfen. Einzig Worf sieht in Fontaine nur ein Hologramm, dessen Lounge er zwar selbst zur Trauerbewältigung aufgesucht, dabei jedoch keine engere Beziehung zu ihm aufgebaut hat und diese wohl auch bewusst nicht zulässt.[134] Auch für Captain Sisko ist Fontaines Vegas-Version schwierig einzuordnen und so muss er von seiner Partnerin Kasidy Yates erst überzeugt werden, dass dort der reale Rassismus der 1960er-Jahre keine Rolle mehr spielt. In Fontaines Welt sind alle willkommen, weil sie diese Ungerechtigkeiten längst hinter sich gelassen hat.

Das virtuelle Las Vegas ist zu einem zeitgemäßeren Ort in historischem Gewand geworden, der die größtmögliche Distanz zu einer Raumstation ermöglicht. Genau an diesem Punkt setzt nun auch *»Badda Bing Badda Bang«* ein und verbindet nostalgisches Casino mit den Weiten des Weltraums, denn um Fontaine befreien zu können, ist es notwendig, dass die beteiligte Crew sich bestimmte Fähigkeiten vom Knacken eines Tresors bis hin zum Glücksspiel aneignen muss. Das tut sie außerhalb der Holosuite und unter Zeitdruck, denn da Fontaines Programm inzwischen ununterbrochen läuft, bleibt auch ihnen nur eine begrenzte Zeit, um den Coup zu planen, und nur ein Versuch, um ihn durchzuführen. Diese Verknüpfung von zwei

Wirklichkeitsebenen stärkt Fontaines Position, denn von der Crew wird er als Freund wahrgenommen und genauso behandelt. Dass er ein Hologramm ist, spielt in dieser Wahrnehmung inzwischen keine Rolle mehr. Der Umgang mit dem Schachtelmännchen ist hingegen ein ganz anderer. Mit Calmers wird nicht gleichberechtigt kommuniziert, keine Bindung aufgebaut, denn die gesamte Handlung baut darauf auf, diesen Aspekt der Simulation aus dem Programm zu entfernen und den Ursprungszustand wiederherstellen zu können.

Mit welchen Beweggründen Bashir das Casino-Programm ursprünglich in Auftrag gegeben hat, verrät er nicht. Die Vermutung liegt aber nahe, dass er Fontaine bewusst als Mischform aus Barkeeper und Psychologe hat konzipieren und ihm ein Bewusstsein darüber, was er ist, geben lassen, damit er von der Crew eher als Freund denn als reines Hologramm akzeptiert wird. Er hört vorurteilsfrei zu, ordnet das Gehörte anhand von Anekdoten ein und ermöglicht so seinem Gegenüber Hilfe zur Selbsthilfe. Durch geschicktes Nachfragen zeigt er neue Perspektiven in den jeweiligen Situationen auf, ohne dass dabei die Erwartungshaltung, die einem Counselor entgegengebracht wird, an ihn gestellt würde. Das Verhalten Fontaines ist nicht zufällig, sondern tief in seinen Programmcode eingeschrieben. Seine Lounge ist der sprichwörtliche sichere Hafen, in den sich die

Crew zurückziehen kann. Fontaine wird aufgrund seiner Verhaltensweisen und seines verbindlichen Auftretens von Anfang an eher als Person denn als Hologramm oder gar künstliche Intelligenz wahrgenommen.

Die Künstlichkeit Fontaines wird längst nicht mehr hinterfragt, weil er diese für sich selbst akzeptiert hat. Das macht Fontaine authentisch und für die Crew zu einem wichtigen Ansprechpartner und Freund. So wie sich die Crew für ihn einsetzt, setzt er sich auch für sie ein. Als Bashir in *»Die Belagerung von AR-855«* Vorbereitungen für die Versorgungsmission trifft, lässt er Fontaine im Vorfeld verschiedene Klassiker einsingen. Fontaine schätzt die Situation richtig ein und fragt, ob denn jahrhundertealte Songs für diesen Zweck, nämlich die moralische Unterstützung der Crew im Angesicht des Dominion-Krieges, überhaupt noch zeitgemäß seien, um dann einen Auftritt in der Tradition der USO-Shows anzubieten.[135] Die Idee, so für das Wohlergehen der Streitkräfte zu sorgen, kann jedoch nicht umgesetzt werden, weil es auf AR-855 keine Holosuiten gibt, in denen Fontaine auftreten könnte. Allein dadurch dass Fontaine diesen Vorschlag macht, zeigt sich, wozu sein Programm wirklich gedacht ist und weswegen er so eigenständig agieren kann – und dass es ihn durchaus frustriert, wenn er aufgrund seiner räumlichen Eingeschränktheit nicht aktiv helfen kann.

Genau genommen ist Fontaine ein ideeller Vorläufer des Gastfreundschaftshologramms auf der *La Sirena* in *Star Trek: Picard*. Da Captain Cristóbal Rios, bevor er auf Picard trifft, die meiste Zeit allein auf seinem Schiff verbringt, hat er fünf Hologramme mit seinem Aussehen und unterschiedlichen Charaktermerkmalen ausgestattet – eines dieser Programme ist dafür zuständig, dass sich Rios oder Gäste auf der *La Sirena* wohlfühlen. Es taucht auf, wenn es zu emotionalen, aber noch keinen medizinischen Ausnahmezuständen und Krisen kommt, um die Situation einzuschätzen und entsprechend reagieren zu können. Hologramme dieser Art gehören Ende des 24. Jahrhunderts als Basisinstallation zur Standardausrüstung verschiedener Schiffe. Wohl auch, weil psychischer Gesundheit und deren Erhaltung auch innerhalb der Welt von *Star Trek* analog zur wirklichen Welt eine immer größere Rolle beigemessen wird. So taucht eine holografische Gemeinschaft auch in der *Star Trek: Enterprise*-Episode *»Schiff der Geister«* auf. Nach dem Absturz auf einem fremden Planeten hat dort Ezral verschiedene Hologramme erschaffen, um sich und seiner Tochter ein neues Leben zu ermöglichen und nicht zu vereinsamen. Diese sind zwar nicht speziell als psychologische Fürsorge programmiert, wohl aber als Charaktere, die möglichst individuell reagieren und damit für Ezral inzwischen ebenso echt geworden sind wie für seine Tochter.

Im Vergleich zu Gastfreundschaftshologrammen im engeren und weiteren Sinn ist der Doktor in *Star Trek: Raumschiff Voyager* weniger auf psychologische Unterstützung und zwischenmenschliches Gespür programmiert, sondern hauptsächlich auf medizinisches Fachwissen. Er entwickelt sich zwar auf persönlicher Ebene weiter und ergänzt sein Programm auch um die Kompetenz eines Counselors, nimmt auf der *Voyager* aber dennoch eine andere Rolle ein als Fontaine auf Deep Space Nine. Möglicherweise ist Fontaine auch einfach eine andere Art von virtueller Existenzform, bei der bis zuletzt unklar bleibt, was ursprüngliche Programmierung, was Weiterentwicklung und was echte Persönlichkeit ist. Vielleicht ist das auch gar nicht wichtig, denn Fontaine ist Fontaine. Am Ende des Krieges, als viele der Crewmitglieder Deep Space Nine verlassen, um neue Wege zu beschreiten, bleibt er gemeinsam mit Quark in seinem leeren Casino zurück. Auch die virtuellen Musiker sind längst verschwunden. Mit der Wiederherstellung des Friedens ist auch er auf gewisse Art überflüssig geworden, weil seine Dienste als Zuhörer nicht mehr benötigt werden und sein Casino als Ablenkung von der wirklichen Welt keine Bedeutung mehr hat.

LEKTIONEN VIRTUELLER MENSCHLICHKEIT: Der Doktor

Als der Doktor das erste Mal aktiviert wird, hält er kurz inne, analysiert seine Umgebung und erkundigt sich nüchtern nach der Art des medizinischen Notfalls. In der Krankenstation ist es chaotisch, aber der Doktor überblickt das Chaos. Der Fokus seiner Programmierung liegt zu diesem Zeitpunkt auf der effizienten Behandlung von Notfällen und nicht darin, als Arzt empathisch auf Patienten und Patientinnen reagieren zu können. Auf soziale Fähigkeiten wird bei einem Notfallprogramm, das nur für den kurzzeitigen Einsatz vorgesehen ist, wenig Wert gelegt. Die *Voyager* ist zu diesem Zeitpunkt gerade im Delta-Quadranten gestrandet, das medizinische Personal hat die holprige Reise über die Phalanx des Fürsorgers nicht überlebt. Es gibt viele Verletzte und eine zusammengewürfelte Crew, die in einer solchen Notlage schleunigst zu einer Gemeinschaft zusammenwachsen muss. Dass der Doktor nach diesem Großeinsatz einfach in der Krankenstation zurückgelassen wird, lässt bereits erahnen, dass er als Medizinisch-Holografisches Notfallhologramm, ein sogenanntes MHN, einen langen Weg vor sich hat, um als eigenständiges Individuum anerkannt zu werden.

Aus Mangel an Alternativen wird bestimmt, dass er trotz seiner etwas ruppigen Art bis auf Weiteres die

Rolle des Schiffsarztes übernehmen muss. Das bringt ihn, sein zugrunde liegendes Programm und sein Umfeld wiederholt an ihre Grenzen, auch weil sein Programm weder als aktive Dauerinstallation noch für persönliche Erweiterungen gedacht war. Ursprünglich sollte er gar nach jedem medizinischen Einsatz deaktiviert werden – dass sich Erkrankte bei ihm wiedervorstellen, war ursprünglich ebenfalls nicht vorgesehen. Das führt vor allem in der Anfangszeit immer wieder zu Konflikten und Irritationen zwischen ihm und der Crew. Der Doktor wird oft ignoriert, bei Besprechungen außerhalb der Krankenstation vergessen und als scheinbar emotionsloses Hologramm einzig auf seinen medizinischen Aufgabenbereich reduziert. Es wird mehr über als mit ihm gesprochen, was sich erst nach und nach ändert.[136]

Der Doktor nimmt sich selbst als die Verkörperung der modernen Medizin wahr und wirkt anderen gegenüber unsensibel bis überheblich.[137] Trotzdem lernt er auch Demut, kennt Überforderung in vermeintlich ausweglosen Situationen und muss sich mit Selbstzweifeln auseinandersetzen, weil er sich in bestimmten Situationen nicht als vollwertigen Arzt wahrnimmt, sondern nur als das, was er zu diesem Zeitpunkt auch ist: ein eingeschränktes Programm mit limitierten Handlungsoptionen. Ihm ist bewusst, dass er ein Hologramm ist und sich dadurch von den anderen Besatzungsmitgliedern unterscheidet. Welche

Bedeutung das für ihn und seine Entwicklung zu einer eigenständigen Persönlichkeit wirklich mit sich bringt, wird in *Star Trek: Raumschiff Voyager* immer wieder in den Vordergrund gestellt. Ähnlich wie Data in *Star Trek: Das nächste Jahrhundert* wird er zu einem essenziellen Teil der Crew, aber anders als Data muss er sich seinen Status erst erarbeiten, indem er vom charakterlosen Hologramm zu einer Persönlichkeit wird, die Wert darauf legt, auch als solche akzeptiert zu werden.

Der Doktor unterscheidet sich von vielen der anderen künstlichen Intelligenzen, die in *Star Trek* auftauchen. In seiner Funktion als Notfallprogramm ist er zwar eine lernfähige Intelligenz, die sich eigenständig medizinisch fortbilden kann, die jedoch nicht als grundsätzlich starke künstliche Intelligenz vorgestellt wird. Er erkennt zwar recht schnell seine eigenen Begrenzungen, kann diese allerdings nicht selbstständig überwinden. Um sich wirklich weiterentwickeln zu können, braucht er eine Programmerweiterung, die ihm Zugang zu seinen eigenen Subroutinen erlaubt. Als Captain Janeway ihm gewährt, selbst zu bestimmen, wann er sich aktiviert und deaktiviert, beginnt für ihn ein Prozess der Selbsterkenntnis. Als Arzt kann er zwar immer noch zu jedem Zeitpunkt angefordert werden, aber ab diesem Moment entscheidet er selbstständig, wie er seine restliche Zeit verbringt. So wandelt er sich vom reinen Werkzeug zum Besatzungsmitglied und entwickelt das Potenzial, eine starke künstliche Intelligenz zu werden, indem er sich auf die Suche nach einer eigenen Identität begibt und sein virtuelles Anderssein als Charakterelement annimmt.

Je mehr Gelegenheit der Doktor erhält, sich auch als Persönlichkeit weiterzuentwickeln, desto stärker erweitert sich sein Bewegungsradius.[138] Ursprünglich nur dafür vorgesehen, in der Krankenstation bei Bedarf aktiviert zu werden, stattet er nun in seiner Freizeit dem Holodeck regelmäßig Besuche ab und erhält in der dritten Staffel in der Doppelfolge *»Vom Ende der Zukunft«* einen mobilen Emitter aus dem 29. Jahrhundert, der es ihm sogar ermöglicht, die *Voyager* zu verlassen. Das ist gleichzeitig sein wunder Punkt, denn so erfährt der Doktor plötzlich eine Endlichkeit, die ihm als Programm, das beliebig gestartet, beendet und neu gestartet werden kann (und muss), eigentlich fremd sein müsste. Erst der Emitter zeigt, wie einzigartig der Doktor wirklich geworden ist: Ist sein Programm über den Emitter aktiv, kann er in der Krankenstation kein weiteres Mal gestartet werden. Wird der Emitter zerstört, verschwindet der Doktor.

Die für ihn wichtigsten Verbindungen an Bord pflegt der Doktor unter anderem mit Janeway, der Chefingenieurin B'Elanna Torres, Kes und nach deren Weggang mit Seven of Nine.[139] Während sich insbesondere bei Janeway und Torres das Verhältnis zu Beginn eher als eine Art Nutzbeziehung beschreiben lässt, verändert sich dies mit den Programmerweiterungen. Die Verbindung zu Janeway bleibt dabei zeitlebens ambivalent. Sie ist es, die es dem Doktor ermöglicht, eigenständiger zu werden. Trotzdem behandelt sie ihn vor allem in der Anfangszeit zu sehr als Programm, nicht als ein sich entwickelndes Individuum. Torres steht ihm auf technischer Ebene zur Seite und übernimmt für ihn dieselbe Funktion, die er als Arzt der Crew gegenüber innehat. Kommt es zu Schwierigkeiten mit seinem Programm, ist es Torres, die ihn unterstützt. Kes ist diejenige, die durch ihren gemeinsamen Alltag auf der Krankenstation als Erste mehr in ihm sieht als nur ein Hologramm, aber erst mit Seven of Nine findet er ein Gegenüber, das auf der *Voyager* eine ähnliche Position einnimmt wie er selbst: Sie wird als ähnlich fremd inszeniert wie der Doktor, beide sind auf ihre Art Teil der Crew und stehen dennoch außerhalb.[140] Gemeinsam diskutieren sie immer wieder über Menschlichkeit, Moralkonzepte, den Wunsch nach Aufmerksamkeit und wie fern ihnen die alltäglichen Strukturen an Bord in bestimmten Situationen sind, die sie oftmals nicht recht erfassen können. Während Seven of Nine eine gewisse Entwicklung zugestanden wird, die vor allem von Janeway immer wieder gefördert und gefordert wird, wird der Doktor regelmäßig auf die eigene Künstlichkeit als Einschränkung verwiesen, die ihn angeblich näher an einem Replikator verortet als an einem empfindsamen Wesen, zu dem er sich immer mehr entwickelt.

Er beobachtet den Alltag an Bord und versucht teilzuhaben. Dennoch fühlt er sich auf der *Voyager* einsam. Eine zurückhaltende Romanze erlebt er in *»Lebensanzeichen«* mit der Vidiianerin Danara Pel, die eine kurze Zeit auf der *Voyager* verbringt und deren Geist während einer medizinischen Behandlung in eine Holomatrix übertragen wird. Auch für Seven entwickelt er in *»Liebe inmitten der Sterne«* später Gefühle. Mit dem Holoprogramm *Beta-Rho* entwirft er bereits in der dritten Staffel in *»Das wirkliche Leben«* mit Charlene und den Kindern Belle und Jason seine eigene Vorstellung eines harmonischen Familienalltags. Doch was für ihn ein gelebter Traum ist, stellt sich für Torres, die gemeinsam mit Kes zum virtuellen Abendessen mit der Familie eingeladen wird, als völlig überzeichnet und vorhersehbar heraus. Die heile Welt, die an Filme und Werbung der 1950er-Jahre inklusive klassischer Rollenverteilung erinnert, wird durch eine Programmänderung von Torres aufgebrochen. Das Programm ist nun nicht mehr berechenbar in seinem Verlauf. Für den Doktor, der gern in geordneten Bahnen denkt, ist diese Veränderung, die zu mehr Chaos im zuvor strukturierten Alltag führt, nur schwer zu akzeptieren. Charlene ist nun berufstätig, der Doktor muss mehr Aufgaben im gemeinsamen Familienalltag übernehmen, Jason hat in seinen Augen die falschen Freunde und Belle einen lebensgefährlichen Unfall.

Die Familie des Doktors hat eine völlig andere Qualität als er selbst. Anders als er weiß sie nicht, dass sie als Hologramm in einer virtuellen Umgebung existiert. Für ihn ist sie dennoch real. Als Belle im Sterben liegt, ist das für den Doktor ein solch intensives Erleben, dass er beschließt, das Programm an dieser Stelle zu beenden. Sosehr er sich eine Familie gewünscht hat, so wenig hat er sich mit den möglichen Konsequenzen abseits der Berechenbarkeit einer vorgegebenen Programmumgebung auseinandergesetzt.[141] Die Überforderung, als er selbst erfahren muss, wie es ist, ein Familienmitglied zu verlieren, lässt ihn erstarren, während seine Tochter in einer Zwischenwelt existiert und gleichzeitig nicht mehr existiert. Die gesamte Crew steht ihm in dieser für ihn schwierigen Zeit bei – und so startet er das Programm ein letztes Mal, um sich von Belle verabschieden zu können. Leben passiert unplanbar, und steht man das Unvorhersehbare gemeinsam durch, schweißt das zusammen, offenbar auch als Hologramm, wie am Doktor ersichtlich wird.

Der Doktor wird zum Sinnbild der Vermenschlichung von Technik, auch weil er selbst zunehmend emotionaler reagiert und in seinem Verhalten adaptiv ist. So fragt er bei Aktivierung beispielsweise nur noch dann nach der Art medizinischer Notfälle, wenn er speziell dafür angefordert wird. Er erkämpft sich seine Freiheiten, was sich auch durch die Suche nach einem Namen zeigt: Bezeichnung und Identität hängen für ihn eng zusammen. In *»Das Nadelöhr«* wünscht er sich einen eigenen Namen, aber seine Programmierung hindert ihn in *»Die Augen des Toten«* zunächst noch daran, selbst einen zu wählen, da er zu diesem Zeitpunkt keine unabhängigen Entscheidungen auf einer persönlichen Ebene treffen kann. Erst in *»Helden und Dämonen«* ist es ihm möglich, sich selbst einen Namen zu geben. Er beschäftigt sich intensiv damit, sucht nach großen Vorbildern und wählt schließlich Doktor Schweitzer, wobei Doktor in diesem Fall beinahe schon wie ein Vorname klingt. Seine virtuelle Familie nennt ihn in *»Das wirkliche Leben«* Kenneth.[142] In *»Endspiel«* bezeichnet er sich nach der Rückkehr in den Alpha-Quadranten aus praktischen Gründen als Joe, da eine Heirat mit seiner menschlichen Partnerin Lana ohne Namen nicht möglich ist. Anfangs sucht er sehr bewusst nach einem Namen, der ihm gerecht wird, und wechselt ihn immer wieder, um sich letztlich dafür zu entscheiden, sich auf der *Voyager* weiterhin schlicht als Doktor bezeichnen zu lassen. In gewisser Weise bedeutet dies, dass er sich selbst als das, was er ist, als ein Dazwischen zwischen Person und künstlicher Existenz, akzeptiert. Dass er sich zuletzt Joe nennen lässt, spricht für ein neues Selbstverständnis, für das er keinen Namen großer

Vorbilder mehr benötigt, weil er ein eigenständiger und selbstbewusster Charakter geworden ist.

Mehr noch als über einen Namen wird die Identität des Doktors durch dessen Erinnerungsvermögen konstruiert. Mit *»Das Holo-Syndrom«* und *»Der Schwarm«* gibt es gleich zwei Episoden, in denen die Erinnerungsfähigkeit des Doktors beschädigt ist und er zu vergessen beginnt, wer oder vielmehr was er ist. In *»Verborgene Bilder«* wird bewusst in sein Gedächtnis eingegriffen, um einen Programmfehler auszumerzen, der sich sonst immer wieder reproduziert. In erstgenannter Episode verfängt sich sein Programm in einer Feedbackschleife, die bei ihm zu einer Amnesie führt. Er, der eigentlich keinen Schmerz empfinden kann, nimmt Programmfehler plötzlich als stechende Kopfschmerzen wahr. Das führt zu einem ontologischen Dilemma: Ist der Doktor Mensch oder Hologramm, Person oder Projektion? Durch diese Körperlichkeit und das Vergessen verschwimmt seine Wahrnehmung und er kann nicht mehr unterscheiden, ob er sich nur einbildet, ein Hologramm zu sein, oder ob er tatsächlich eines ist. Selbst als die Situation längst aufgelöst ist, bleibt eine Unsicherheit in ihm zurück. Zur Selbstvergewisserung streckt er zuletzt seinen Arm aus der Krankenstation in den Korridor der *Voyager*. Der Arm verschwindet mit Durchgreifen der Tür dort, wo die Holoemitter enden – der Doktor als Hologramm ist real und braucht keinen Körper, um echt zu sein.

Auf andere Weise komplex wird dieses Thema in *»Der Schwarm«* verhandelt. Auch dort beginnt der Doktor, sich selbst zu verlieren, und empfindet seine Namenlosigkeit auf einmal als lächerlich – denn als menschliches Wesen müsse er ja schließlich einen haben. Diese durch eine Kaskadenüberladung verursachte digitale Demenz lässt ihn erst Kleinigkeiten vergessen, dann Teile seiner Arbeit. Trotz seiner Virtualität wird er inzwischen als so menschlich wahrgenommen, dass dies anfangs kaum auffällt. Der Prozess scheint unumkehrbar und wirft erneut die Frage nach der Identität des Doktors und damit verbunden auch nach seiner Aufgabe an Bord der *Voyager* auf: Ist er als virtuelle Person mit all seinen Interessen und Eigenschaften schützenswert oder überwiegt seine Funktion als Medizinisch-Holografisches Notfallprogramm? Sowohl seine Selbstdiagnose als auch die des Diagnoseprogramms Alpha-11 kommen zu dem Schluss, dass sein Programm neu initialisiert werden müsste, um weiterexistieren zu können. Das würde zwar die systeminterne Degeneration stoppen, ihm aber jegliche Erinnerung nehmen und ihn in seinen Ursprungszustand zurückversetzen.

Es wäre nicht *Star Trek*, würde nicht nach einer alternativen Lösung gesucht, die einen anderen Zwiespalt mit sich bringt: Sowohl der Doktor als auch das Hologramm des Diagnoseprogramms Alpha-11 basieren beide auf derselben adaptiven heuristischen

Matrix. Werden beide entsprechend zusammengeführt, besteht die Chance, das Programm des Doktors zu stabilisieren und seine Persönlichkeit zu erhalten. Im Umkehrschluss bedeutet dies jedoch auch das Ende von Alpha-11. Dieser wird als generisches Analysewerkzeug und schwache künstliche Intelligenz mit festgelegtem Aufgabenbereich eher über die technische Ebene adressiert. Ganz anders liegt der Fall des Doktors: Da er inzwischen als Crewmitglied und Freund wahrgenommen wird, wird über ihn völlig anders gesprochen – fast so, als bestünde er aus Fleisch und Blut. Letztlich klappt der Trick, die Matrix wird übertragen, das Diagnoseprogramm löst sich auf, der Doktor wird neu initialisiert und behält seine Erinnerungen. Dass das Diagnoseprogramm dadurch verschwindet, wird nicht weiter thematisiert, vielleicht auch deswegen, weil es generisch und ohne jegliche echte Individualität dargestellt wird und so nur wie eine weitere Kopie des Doktors wirkt.

Trotzdem werden ihm in *»Verborgene Bilder«* Erinnerungen bewusst gelöscht. Aufgrund eines ethischen Konflikts ist das Programm des Doktors instabil geworden und er gerät in eine Feedbackschleife zwischen seinen ethischen und kognitiven Subroutinen. Zwei Patienten mit denselben Überlebenschancen tauchen gleichzeitig auf der Krankenstation auf. Den einen Patienten rettet er, der andere stirbt. Die eigentliche Unentscheidbarkeit dieser Frage stürzt den

Doktor wiederholt in eine schwere Krise, weil ihm hier keine mathematischen Hilfsmittel zur Verfügung stehen, um weitere Wahrscheinlichkeiten zu berechnen. Mehrfach werden deswegen seine Erinnerungen an das auslösende Ereignis gelöscht und dennoch graben sie sich immer wieder in sein Unterbewusstsein. Erst als er die Möglichkeit erhält, sich selbst intensiv mit dem Problem auseinanderzusetzen, gelingt es ihm, den Programmfehler nicht mehr zu reproduzieren, sondern den zugrunde liegenden ethischen Konflikt einer Triagesituation für sich aufzulösen. Letztlich kommt er zu der Erkenntnis, dass er in der Ursprungssituation nicht anders hätte handeln können, auch wenn er mit seiner Entscheidung weiterhin hadert – eben weil er eine ethisch-moralische Subroutine hat, die ihm diesen selbstreflexiven Umgang mit sich selbst, mit seinen Entscheidungen und dem Zweifeln an deren Richtigkeit überhaupt erst ermöglicht. Er ist nicht mehr das beschädigte Programm, das es zu reparieren gilt, sondern kann fortan frei entscheiden, wie er nun seine Psyche erforschen will. Der Doktor bleibt zwar ein technisches Wesen, entwickelt sich aber immer weiter weg vom holografischen Automaten.[143]

Das Programm des Doktors kann jederzeit umprogrammiert werden – sei es von ihm selbst oder von Personen mit entsprechender Freigabe. So versucht der Doktor in *»Charakterelemente«*, sich selbst mithilfe eines Persönlichkeitsverbesserungsprogramms sowohl als Arzt als auch als Person weiterzuentwickeln, indem er verschiedene Eigenschaften von historischen Figuren mehr oder minder willkürlich in sein Programm überträgt. Dabei bedenkt er jedoch nicht, dass diese einzelnen Elemente Widersprüche mit sich bringen, die seine Programmmatrix überlasten könnten. Im Verborgenen entsteht dadurch ein weiterer Doktor, der neue Meister, der an die Oberfläche drängt. Amoralisch, überemotional und gewaltbereit lebt er sämtliche Konflikte der Spätromantik aus, während sich der Doktor im Nachhinein an nichts erinnern kann. Das gemahnt stark an Robert Louis Stevensons Novelle *Der seltsame Fall von Dr. Jekyll und Mr. Hyde* (1869). Auch dort verbirgt sich im Arzt Dr. Jekyll ein weiterer, unkontrollierbarer Charakter, der als Mr. Hyde versucht, die Kontrolle zu übernehmen. In *»Im Rückblick«* eignet sich der Doktor psychologische und psychiatrische Subroutinen an, da es auf der *Voyager* keinen Counselor gibt, der diese Aufgabe übernehmen könnte. Er übersieht dabei, dass gerade in diesem Bereich mehr Feingefühl notwendig ist, als seine Subroutinen zulassen. Stattdessen ist er so von sich selbst und seinen neuen Fähigkeiten überzeugt, dass ihm bei der Behandlung eines Crewmitglieds ein schwerwiegender Fehler unterläuft.

Sowohl *»Charakterelemente«* als auch *»Im Rückblick«* beschreiben, welche Folgen das willkürliche Hinzufügen und Entfernen verschiedenster

Programmelemente haben kann und dass diese bei künstlichen Intelligenzen nicht isoliert betrachtet werden können. Speziell beim Doktor, aber auch bei anderen künstlichen Intelligenzen in der Welt von *Star Trek*, die auf heuristische Weise Informationen verarbeiten, ist es unabdingbar, komplexe Programmroutinen nicht einfach zu verändern, hinzuzufügen oder zu löschen, sondern auch sicherzustellen, dass diese den eigentlichen Lernprozess unterstützen, keine Lücken in den Code reißen oder ihn so erweitern, dass sie bereits bestehende Programmteile blockieren. Findet dies nicht statt, ist eine eigenständige Weiterentwicklung dieser künstlichen Intelligenzen nur schwer möglich und es kommt zu Fehlern. Die Welt ist nicht berechenbar, Charakter und Wissen nicht immer reproduzierbar. Die Charakterelemente, die den Doktor instabil werden lassen, werden letztlich wieder entfernt, der neue Meister als dunkler Spiegel des Doktors verschwindet. Mit den zusätzlichen Subroutinen, die sich der Doktor als Counselor angeeignet hat, muss er hingegen weiterexistieren und lernen, diese besser in sein System einzupflegen und sich selbst in seinen Diagnosen immer wieder zu hinterfragen.

Was passiert, wenn Sicherheitsprotokolle entfernt werden, demonstriert *»Equinox«*. In dieser Episode begegnet der Doktor einem weiteren MHN, das auf denselben Codes basiert wie er selbst. Ähnlich wie der

Doktor der *Voyager* ist auch der Doktor der *Equinox* zu einer eigenständigen Persönlichkeit geworden, hat sich aber aufgrund deaktivierter Sicherheitsprotokolle in eine völlig andere Richtung entwickelt, die es ihm unmöglich macht, Recht von Unrecht zu unterscheiden. Als die ethischen Subroutinen des Doktors ebenfalls gelöscht werden, verliert auch er seinen moralischen Kompass und gleicht sich in seinem Verhalten dem anderen Hologramm an. Er kann in diesem Moment keine medizinischen Entscheidungen mehr treffen, denn mit dem Verlust der Subroutinen verschwindet ebenso die Erkenntnisfähigkeit darüber, was ethisches Verhalten ist. Auch das Bewusstsein, dass er sich jemals anders verhalten hat, scheint damit zerstört zu sein. Natürlich gelingt es, den Doktor zu retten, ihm seine ethischen Subroutinen zurückzugeben und diese mit neuen Sicherungsprotokollen künftig besser zu schützen. Speziell in dieser Episode wird sichtbar, wie in *Star Trek: Raumschiff Voyager* künstliche Intelligenz wirklich gedacht wird – nämlich als Konzept, das es insbesondere dem Doktor erlaubt, am Alltag teilzunehmen, ihn aber niemals die Schwelle übertreten lässt, in seinem Verhalten als gänzlich dem Menschlichen zugewandt wahrgenommen zu werden.[144]

Auch die Episode *»Inhumane Praktiken«* setzt sich mit ethischen Grundlagen auseinander, dieses Mal allerdings aus einer anderen Perspektive. Der Doktor erzeugt hier ein weiteres Hologramm, das auf der Forschung des cardassianischen Exobiologen Crell Moset basiert. Es soll ihn bei der Behandlung von Torres, die von einem reptilienartigen Wesen verletzt worden ist, unterstützen.[145] Dass sich der tatsächliche Moset als Massenmörder herausstellt, der sein Wissen über fragwürdige medizinische Experimente erlangt hat, bringt den Doktor allerdings in eine Zwickmühle. Für Janeway ist der Fall klar: Da es sich bei diesem virtuellen Moset nur um ein Hologramm handelt, steht Torres' Rettung im Vordergrund. Die Entscheidung, was anschließend mit Moset geschieht, überlässt sie dem Doktor. Das wirft Fragen danach auf, wie sich verschiedene Hologramme unterscheiden und wie diese vor allem aus organischer Sicht wahrgenommen werden. Ist es sinnvoll, solche Entscheidungen allein künstlichen Intelligenzen und deren Ethikprogrammen zu überlassen oder liegt es nicht viel eher daran, dass Moset ohnehin nie als wirklich eigenständiges Hologramm wie der Doktor gedacht war? Als Abbild des realen Moset wurde das Hologramm aus den dem Bordcomputer zugrunde liegenden Daten extrapoliert, hat dabei jedoch nie den Anspruch auf Authentizität erhoben. Letztlich macht es das Hologramm dem Doktor leicht. Da es ganz nach seinem Vorbild Ethik als Zeitverschwendung bezeichnet, löscht der Doktor es. Zurück bleibt der Zweifel, ob beide wirklich so verschieden sind, wenn der Doktor Moset als Hologramm ebenfalls als eine Art holografisches Experiment entworfen hat, um es dann, als es nicht mehr gebraucht wird, einfach zu deaktivieren. Mit seinem Dasein als Hologramm hadert der Doktor nicht, wohl aber damit, wie mit ihm und seinesgleichen in bestimmten Situationen umgegangen wird. Er ist sich im Klaren darüber, was er ist, und das ist für ihn in Ordnung, solange er als genau das auch akzeptiert und nicht nur toleriert wird.[146] Er selbst unterscheidet nicht zwischen organischen und künstlichen Wesen, versucht, alle gleich zu behandeln, und setzt sich für andere Hologramme als durchaus existenzberechtigt ein.

Star Trek: Raumschiff Voyager greift mit dem Doktor erneut auf, was in *Star Trek: Das nächste Jahrhundert* mit Data begonnen hat, kontextualisiert dies aber neu, vielleicht sogar ergebnisoffener, und erweitert damit die humanistische Botschaft, die *Star Trek* in sich trägt. Das Bestreben des Doktors ist nicht, menschlich zu werden oder – wie Data – das Menschliche zu durchschauen und zu verstehen. Gerade weil der Doktor ein Hologramm ist, das aus Licht und Energie besteht, wird er selbst zum Spiegelbild verschiedenster Eigenschaften der Crew der *Voyager*, die er als nichthumanes Wesen umso klarer einzuordnen versucht. Er fordert ein, als posthumane Lebensform anerkannt zu werden. Der Doktor eröffnet neue Perspektiven, die zeigen, dass für Menschlichkeit kein menschlicher Körper (oder überhaupt ein Körper) benötigt wird und dass eine anfänglich eher eingeschränkte künstliche Intelligenz, wenn sie die Gelegenheit erhält, sich als Crewmitglied zu etablieren, Beziehungen aufbauen und erweitern kann und letztlich eben doch als posthumane Existenzform Zufriedenheit findet – als Person und Projektion.

ISOMORPHE, GEISTERVÖLKER UND KONTAKTAUFNAHMEN: Hologramme als eigene Spezies

Picard wirft sich seinen Trenchcoat über die Schultern. Als Dixon Hill hat er in *»Der große Abschied«* den Fall auf dem Holodeck gelöst. Gemeinsam mit dem Polizisten McNary, einem Hologramm, steht er im Büro des *Crime-Noir*-Detektivs. McNary blickt durch die Jalousie aus dem Fenster und wirkt nachdenklich. Zuvor hat er beobachtet, wie zwei Gangster versucht haben, das Holodeck zu verlassen, und sich in Luft aufgelöst haben. Auf die Frage, was mit dieser Welt passiert, wenn das Programm abgeschaltet wird, weiß Picard keine Antwort. Am Ende bleibt McNary allein im Dunkel des Holodecks zurück, als Picard wieder in die wirkliche Welt zurückkehrt. In seine holografische Existenz ist ein Bewusstsein für das, was er ist, gesickert.[147] *»Der große Abschied«* ist die erste Episode, in der das Holodeck zum dreidimensionalen

Theater wird und in der Hologramme aufgrund einer Fehlfunktion erkennen, dass da mehr sein muss als die Welt, die ihnen das Holodeck vorgaukelt. Allein dass McNary die Frage nach der eigenen Existenz stellt, hallt nach.

Neben Hologrammen wie Professor Moriarty, Vic Fontaine und dem Doktor bevölkern noch weitere Arten dieser körperlosen Entitäten das Universum von *Star Trek*. Hologramme sind weitaus mehr als nur Ansammlungen von Kraftfeldern und Licht. Meist tauchen sie als zufällige Erscheinungen wie McNary auf, sei es, weil eine fremde Spezies versucht, Kontakt aufzunehmen, weil die Subroutinen von Hologrammen so stark verändert worden sind, dass sie über das eigene Programm hinauswachsen, oder weil sie genau dafür programmiert wurden. Manchmal können sie sogar ihre Umgebung als das wahrnehmen, was sie wirklich ist: als einen virtuellen Raum, in dem sie sich als Metabewusstsein aufhalten. *Star Trek: Das nächste Jahrhundert* ist die erste *Star Trek*-Serie, die sich mit ebenjenen Herausforderungen von holografischen Persönlichkeiten auseinandersetzt und diese Idee mit Professor Moriarty in *»Sherlock Data Holmes«* weiter ausbaut – so weit, dass Moriarty nicht nur ein Metabewusstsein entwickelt, sondern aufgrund eines unklaren Computerbefehls sogar zur starken künstlichen Intelligenz wird, die als posthumane Erscheinung sehr genau weiß, wo sie verortet ist.[148]

Sowohl in *Star Trek: Das nächste Jahrhundert* als auch *Star Trek: Raumschiff Voyager* tauchen regelmäßig Hologramme auf, die ein gewisses Eigenleben entwickeln, doch im Umfeld der *Voyager* und im Delta-Quadranten kommt ihnen eine besondere Rolle zu. Einen Sonderfall stellen die photonischen Wesen in *»Chaoticas Braut«* dar. Sie tauchen zunächst als gravimetrische Verzerrungen innerhalb des Holoromans *Die Abenteuer des Captain Proton* auf. Chaotica, selbst eine Holofigur, hält sie für Wesen aus der fünften Dimension, die eigentlich erst im Kapitel *Captain Proton gegen die kosmische Kreatur* auftauchen sollten, und reagiert entsprechend. Die Photonischen hingegen halten den Holoroman für die wirkliche Welt, fühlen sich bedroht und töten die Holofiguren. Für sie ist die Besatzung der *Voyager* auf dem Holodeck die Simulation und der Planet X mit Chaoticas Festung des Todes real. Erst als sich der Doktor auf dem Holodeck als Präsident der Erde ausgibt, kann der Konflikt gelöst werden, denn ihn nehmen die Photonischen als ihresgleichen wahr. Mit den photonischen Wesen werden unterschiedliche Wirklichkeitskonzepte im Holodeck zusammengeführt: Was ist aus wessen Perspektive die Realität? Vielleicht ist es deswegen auch gar nicht so wichtig, was die Photonischen sind, sondern nur, dass sie eine andere Sichtweise auf Hologramme und deren Wahrnehmung zulassen.

Abseits der photonischen Wesen als eigener Spezies (und natürlich dem Doktor) haben es Hologramme in

Star Trek: Raumschiff Voyager schwer. Oft sind sie von ihren Schöpfern als Arbeitsgerät oder Spielfiguren in Holoabenteuern erdacht, nicht aber als Wesen mit der Fähigkeit, sich weiterzuentwickeln. Wenn dies trotzdem passiert wie in *»Das Geistervolk«*, dauert es, bis die Veränderung innerhalb der Figuren, die das fiktive irische Küstenstädtchen Fair Haven bewohnen, als solche erkannt und nicht mehr als Programmfehler wahrgenommen werden. Das Programm folgt keiner speziellen Handlung, sondern ist wie das französische Lokal Chez Sandrine, das vor *Fair Haven* eine ähnliche Funktion als Freizeitprogramm eingenommen hat, eine reine Umgebungssimulation, die von verschiedenen Holofiguren bevölkert ist.

Nach der Einführung der Simulation in *»Fair Haven«* läuft sie in *»Das Geistervolk«* pausenlos durch, die Holofiguren gehen ihrem Alltag nach, das Programm wird immer wieder erweitert, verbessert, verändert – und die Hologramme bemerken plötzlich Dinge in ihrem Umfeld, die sie nicht wahrnehmen dürften, und suchen Erklärungen für das, was sie sich nicht verstehen. So löst sich in ihren Augen der Pater plötzlich in Luft auf, weil der Doktor, der diese Rolle übernommen hat, das Holodeck an Ort und Stelle verlässt, anstatt sich dafür zurückzuziehen. Tom Paris programmiert ein kaputtes Rad an einem Auto einfach neu, anstatt es aufwendig zu reparieren, und eine der Stadtbewohnerinnen wird während eines Rendezvous mit Harry

Kim in eine Kuh verwandelt. Die Holofiguren erklären sich diese Beobachtungen über irische Sagen, Legenden und urbane Mythen, weil ihnen dieses Wissen als Aberglauben in ihre Programmmatrix eingeschrieben ist. Den Crewmitgliedern ist dieser Umstand lange Zeit nicht bewusst. Sie nutzen das Holodeck weiterhin so, als könnten die Hologramme nichts von den Dingen, die nicht in ihre Zeit passen, bemerken.

Obwohl in der Außenperspektive der Crew die Hologramme von *Fair Haven* das Geistervolk sind, beschreiben diese wiederum die Crewmitglieder als Geisterwesen und Janeway als Elfenkönigin, weil sie innerhalb der Simulation kommen und gehen können, wie es ihnen beliebt. Die Ursache für dieses Verhalten wird schnell in den Wahrnehmungsfiltern des Holodecks ausgemacht. Das führt nicht zwangsweise zu einer Bewusstwerdung des Selbst der Holofiguren, aber sie nehmen plötzlich wahr, was nicht Teil des Programms ist. Als das Hologramm Michael Sullivan in einer Laborumgebung aktiviert wird, um zu prüfen, was die Ursache für die Veränderung im Verhalten der Hologramme von *Fair Haven* ist, bemerkt er sofort das andere Umfeld. Er findet sich in einem schwarzen Raum wieder, voller technischer Geräte, und ihm gegenüber stehen Paris und Kim und geben Daten in eine Computerkonsole ein. Als er auf seine Fragen, wo er ist, keine befriedigenden Antworten erhält, beschließt er, das Spiel mitzuspielen und so zu tun, als wäre sein Programm angepasst worden. Er ist es auch, der später mit dem mobilen Emitter des Doktors das Holodeck verlässt, plötzlich auf der Brücke der *Voyager* auftaucht und Janeway zur Rede stellt. Vor die Wahl gestellt, beschließt sie, ihm (und damit auch den anderen Hologrammen) endlich die Wahrheit zu sagen: Sie und ihre Crew sind aus der Perspektive des virtuellen 19. Jahrhunderts Raumfahrer aus der Zukunft. Es ist das erste Mal, das ein Hologramm, das ursprünglich Teil einer reinen Spielumgebung war, als potenzielle Persönlichkeit akzeptiert wird und nicht deaktiviert oder gar gelöscht wird.

Mit der *Fair Haven*-Simulation beschreitet *Star Trek: Raumschiff Voyager* neues Terrain, denn es ist eines der wenigen Male, bei denen sich nicht nur der Doktor für den Erhalt eines Programms und der darin befindlichen Hologramme ausspricht, sondern alle Crewmitglieder, die es regelmäßig nutzen. Und es ist das erste Mal, dass Empfindungen gegenüber Holofiguren angesprochen werden und das nicht als Problem wahrgenommen wird. Zwar seien sie keine Menschen, stellt Janeway passenderweise fest, die Gefühle hingegen, die ihnen entgegengebracht werden, seien echt und die Holofiguren durch die veränderten Wahrnehmungsfilter mehr als nur Programme mit geringer künstlicher Intelligenz. Ähnlich wie in *»Chaoticas Braut«* ist es eine Erstkontaktsituation mit einer neuen Form von Intelligenz. Gleichzeitig kommt es aber auch zu der Einschränkung, dass *Fair Haven* als Programm und Simulation nicht mehr wie zuvor pausenlos durchlaufen kann, sondern zwischendurch deaktiviert werden muss – auch um weitere unplanbare Programmveränderungen zu vermeiden und somit das echte Geistervolk, nämlich die Stadtbewohner, zu schützen. Das unterscheidet das *Fair Haven*-Programm von Vic Fontaines Casino. Was die Nutzung virtueller Welten oder vielmehr das Simulieren ebendieser gemeinsam mit holografischen Wesen angeht, steuert man hier auf einen Konsens zu, entwickelt im Stillen einen Umgang mit Geistervölkern, wie sie fernab der menschlich-nostalgischen Fantasie entstehen, und gestattet ihnen, weiterzuexistieren.

Nachdem die Borg in *Star Trek: Raumschiff Voyager* durch Seven of Nine ihren ursprünglichen Schrecken etwas verloren haben, nehmen außerirdische Hologramme deren Stelle ein – der kybernetische Bodyhorror wird zum holografischen Non-Body-Horror. Sie sind es nun, die das größtmögliche Fremde zum eigenen Selbst darstellen – auch im Vergleich mit dem Doktor als Medizinisch-Holografisches Notfallprogramm.[149] Weil er selbst inzwischen weit über seine ursprüngliche Programmierung hinausgewachsen ist, geht der Doktor davon aus, dass es auch anderen Hologrammen unter bestimmten Voraussetzungen möglich ist, sich zu entwickeln. In *»Der Isomorph«* ist es eine sogenannte isomorphe Projektion als

Wartungseinheit für extrem gefährliche Operationen, die von organischen Lebensformen nicht erledigt werden können. In *»Fleisch und Blut«* handelt es sich zwar um Hologramme, die ursprünglich auf Sternenflottentechnologie basieren, aber von den Hirogen, einer Kriegerspezies, für die die Jagd alles ist, so stark verändert wurden, dass sie einen Überlebensinstinkt entwickelt haben.

Ein serosianisches Raumschiff treibt in *»Der Isomorph«* bewegungslos im All. An Bord ist der Isomorph Dejaren. Er reinigt das Schiff, auf dem Boden sind Blutspuren, die Crew ist tot. Er flimmert, die Bildgebung flackert, er wirkt verstört und setzt einen Notruf ab, den die *Voyager* empfängt. Es habe einen Unfall gegeben und er benötige Hilfe. Der Doktor und Torres machen sich mit einem Shuttle auf den Weg und finden ein leeres Schiff vor. Erst nach einer Weile zeigt sich Dejaren und es wirkt, als wäre er lieber im Verborgenen geblieben. Er materialisiert sich hinter Torres, hält einen Hammer in der erhobenen Hand und löst sich flackernd wieder auf, ehe er ausholen kann. Der Hammer fällt klirrend zu Boden. Dann erscheint der Isomorph vor Torres und dem Doktor und entschuldigt sich, falls er die beiden erschreckt habe. Das ist der Beginn eines beklemmenden Kammerspiels über Menschlichkeit, Virtualität und die Frage danach, ob sich Hologramme und organische Wesen wirklich so sehr voneinander unterscheiden.

Zunächst unterstützt der Doktor die Position des Isomorphs, sieht in ihm eine Figur, die über sich hinauswachsen kann. Erst als Dejaren in Bezug auf Torres seine Abscheu gegenüber allem Organischen formuliert, wird auch der Doktor hellhörig. Organische Lebewesen empfindet der Isomorph als schwach und verletzlich. Sie benötigten extrem viel Wartung und Hygiene, um funktional zu sein, wohingegen Hologramme auf all dies nicht angewiesen seien, weder krank würden noch Nahrung bräuchten. Er ist regelrecht angewidert, weil das Organische im Gegensatz zu ihm, dem Hologramm, überall Rückstände hinterlässt, seien es Hautschuppen oder Fingerabdrücke. Die Körperlosigkeit von Hologrammen, die sonst eher als Mangel beschrieben wird, ist für den Isomorph das, was ihn lebendig, dem Organischen überlegen macht. Das Schiff, auf dem er sich befindet, bezeichnet er als Teil seiner Existenz, seinen erweiterten Körper, aber auch dieses ist nur tote Materie. Die Aufgabe, dieses Schiff zu reinigen, nimmt er letztlich so genau, dass er sogar die Crew selbst entfernt, indem er sie tötet.

Die Gegenüberstellung von Doktor und Isomorph zeigt zwei Extreme, die die Emanzipation holografischer Wesen bestimmen: Der Isomorph sieht mit seiner metallisch schimmernden Haut künstlich aus und lehnt alles Organische ab, der Doktor dagegen, der ein Abbild seines Entwicklers ist, wirkt in Auftreten und Erscheinungsbild fast schon zu menschlich, um noch

Hologramm zu sein. Im liminalen Raum zwischen den Wesensfronten scheinen zusätzliche Charakterzüge zu existieren. In genau dieser Episode wirkt der Doktor als Hologramm menschlicher als die Crew, die dem Isomorph sofort kritisch gegenübersteht, und wird in seiner Einzigartigkeit noch mehr hervorgehoben. Aber weil nicht sein kann, was nicht sein darf, wird der Isomorph, nachdem er Torres wiederholt bedroht und schließlich sogar verletzt hat, von ihr in Notwehr vernichtet. Damit wird ein weiteres Mal demonstriert, wie anfällig er in seiner Körperlosigkeit doch ist, während sie, obwohl er sie schwer verletzt, immer noch selbstbestimmt handeln kann, indem sie ihn zerstört. Was aus diesen Szenen deutlich wird, ist, wie überspitzt die Gegenüberstellung organischer und holografischer Existenzen ablaufen kann, wenn sich das Organische im Holografischen widerspiegelt und umgekehrt. Der Doktor versucht wohl aus seiner menschlich-ethischen Vernunft heraus, dem Isomorph mehr Freiheiten zu gewähren, doch dessen Programmierung ist so beschädigt, dass er damit nicht umzugehen weiß.

Dass Hologramme nicht einfach nur Hologramme sind, beschreibt mindestens ebenso eindrücklich *»Fleisch und Blut«*. Die Episode ist düster und zeigt abermals, wie ambivalent der Umgang mit dem künstlichen Anderen in *Star Trek: Raumschiff Voyager* ist. Die holografische Rebellion, die in *»Der Isomorph«*

schon angedeutet wird, wird hier erneut aufgegriffen und mit der Suche nach einer eigenen kulturellen Identität von Hologrammen mit religiös motivierter Gewalt zusammengeführt. Auch hier empfängt die *Voyager* einen Notruf. Dieses Mal von einer holografischen Trainingsumgebung der Hirogen. Janeway wird hellhörig, denn sie war es, die den Hirogen drei Jahre zuvor in *»Das Tötungsspiel«* die Holotechnologie der Sternenflotte überlassen hat. Ursprünglich dafür vorgesehen, die Trophäenjagd der Hirogen durch die Holotechnologie ins Virtuelle zu verlagern, sind die Hologramme selbst zur Beute geworden, die sich nun zur Wehr setzt – ausgestattet mit einer von den Hirogen erweiterten künstlichen Intelligenz und taktischen Algorithmen haben die Hologramme inzwischen einen Überlebensinstinkt entwickelt und fast alle Hirogen innerhalb der Trainingsumgebung getötet, ein Schiff gekapert und sind geflüchtet.

Der Anführer der Hologramme, Iden, berichtet, er sei die Lieblingsbeute des Hirogen-Alphas gewesen. Der Tod am Ende jeder Jagd war als Hologramm keine Erlösung, denn mit jedem Neustart blieb die Erinnerung an die vorherige Iteration erhalten. Seine Anpassungsfähigkeit und das Wissen um den vorangegangenen Tod ließen ihn vom Gejagten selbst zum Jäger werden. Er ist es auch, der sich nun dafür einsetzt, weitere Hologramme aus diesen Trainingsanlagen zu befreien und gemeinsam eine neue Heimat zu finden – mit ihm als religiösem Führer. Er und die anderen Hologramme sind durch die Sternenflottentechnologie in ihrem Aussehen und Verhalten größtenteils an Spezies aus dem Alpha-Quadranten orientiert. Als bajoranisches Hologramm ist ihm der Glaube an die Propheten eingeschrieben, den er als Grundlage für seine zunächst scheinbar friedliche Botschaft einsetzt. Interessant ist hier insbesondere die Gretchenfrage der künstlichen Intelligenz: Können Hologramme einen eigenen Glauben entwickeln oder ist dieses Phänomen ähnlich wie bei den Hologrammen von *Fair Haven* als Teil ihres programmierten Skripts zu betrachten? Gibt es überhaupt einen Unterschied? Glauben und Aberglauben als religiöse Erfahrung ist höchst individuell. Die Krux an der Sache: Sämtliche Hologramme wurden von den Hirogen verändert und erweitert. Sind sie in dieser Form also fehlerhaft oder tun sie, und damit auch Iden, genau das, was ihnen durch diese Erweiterungen einprogrammiert wurde? Dürfen sie deswegen von der Crew der *Voyager* abgeschaltet werden oder müssen sie genau deswegen aktiviert bleiben, weil sie inzwischen mehr geworden sind als nur eine Projektion? Immerhin wurde den *Fair Haven*-Hologrammen ebenfalls die Weiterexistenz gestattet.

Auch hier wird ersichtlich, wie menschlich der Doktor denkt. Er nimmt sich selbst als Hologramm wahr, definiert sich als solches und denkt doch nicht wie eines. Anfangs noch von Idens Ideen überzeugt, überlegt er, welche Rolle er selbst in dieser virtuellen Gesellschaft einnehmen könnte. Musik und Kunst will er den Hologrammen näherbringen, was Iden ablehnt. Seine neue Gesellschaft soll auf eigenen Ausdrucksformen beruhen, nicht die Kultur der organischen Unterdrücker reproduzieren. Ähnlich strukturiert er auch seine neue Religion, deren Erlösermythos darauf basiert, dass Hologramme in dunklen Zeiten vom Fleisch versklavt worden seien, ehe er als der Mann aus Licht seinem Volk die Freiheit gebracht habe. Um seinen Worten Taten folgen zu lassen, entführt er die Hologramme eines Nuu'Bari-Schiffs, um es anschließend samt der zurückgelassenen organischen Besatzung zu zerstören.

Diese Hologramme sind deutlich simpler und können als schwache Intelligenzen komplexere Anfragen, die über ihren Kernbereich hinausgehen, nicht verarbeiten. Für Iden ist es unverständlich, dass Hologramme erzeugt werden, die nicht erweiterbar sind. Oder dass es überhaupt Hologramme gibt, die kein eigentliches Bewusstsein haben. Noch abstrakter ist die Frage, ob Hologramme grundsätzlich überhaupt befreit werden müssen. Ohne Technologie existieren sie nicht und lösen sich in Luft auf. Was ist also Freiheit für diese Existenzform, wenn indirekt immer eine Abhängigkeit bestehen bleibt? Wie Holotechnologie wahrgenommen wird, liegt auch daran, wie mit ihr umgegangen und wofür sie eingesetzt wird. Für die Crew der *Voyager* ist der Doktor ein Teil der Besatzung, dem gegenüber sie eine Verantwortung übernommen hat. Für die Nuu'Bari sind ihre Hologramme ähnlich wie der Isomorph der Serosianer nur Hilfsmittel und Arbeitsgerät, aber keine schützenswerten Einzelwesen – auch weil sie genau dafür programmiert wurden. Aber sind sie das wirklich?

In diesem Kapitel kam, teils sehr offensichtlich und schon durch den Episodentitel, teils beinahe schon versteckt in den aufkommenden Fragestellungen, der Vergleich von Hologramm und Geist zustande – und das aus gutem Grund, denn worum handelt es sich, wenn wir von Geistern reden? Um Wesen die, mal schemenhaft, mal spiegelbildlich, in unsere Existenz treten. Die Geister, die wir rufen, können fantastisch sein, Produkte unserer Fantasie, Erinnerungen an das, was einmal in unserem Leben war – oder auch Wunschvorstellungen dessen, was wir in unserem Leben oft vermissen. Ihre Wirkmacht erhalten sie jedoch ausnahmslos aus ihrer eigenen Agenda. Ein Geist ist nicht nur eine Projektion – er rächt sich für etwas, das ihm zugefügt wurde, oder sucht seinen Weg aus der Geisterexistenz zur nächsten Ebene. Auch hier verschwimmen also mehr Grenzen, als uns je zuvor bewusst war. Was bleibt, ist ein Hologramm, eine Stimme aus dem Off, die ihre eigene Sicht der Dinge verkörpert – und dieses *eigen* ist hier absolut wörtlich zu nehmen. Vielleicht ist es auch ein Fehler, immer nur von Hologrammen zu reden, gerade wenn man damit ein technisch reproduzierbares Trugbild suggeriert. Gibt man ihnen die Gelegenheit, ihrer Programmierung zu entkommen, sind Hologramme und Hologramme nicht mehr automatisch dasselbe. Sobald sie eine Identität entwickeln, können sie sich auch sehr bewusst gegen ihre Schöpferspezies stellen und ihr Recht nach selbstbestimmter Existenz einfordern.

LOGBUCH

Wie wirklich ist die Wirklichkeit? Auf dem Holodeck ist das Virtuelle vom Wirklichen kaum noch zu unterscheiden. Vielleicht sind die sprichwörtlichen Schatten an der Wand, die simulierten Welten innerhalb eines Holodecks eine weitere Variante von Platons Höhlengleichnis: Die Programmumgebung wird zum magischen Kreis und zur Schwelle einer neuen Welt. Sie wird mit dem Bewusstsein betreten, dass nichts in diesem Raum wirklich ist, und dennoch ist man, je nachdem, welches Programm aufgerufen wird, dazu bereit, selbiges als eine Form von spielerischer Realität mit all ihren Möglichkeiten zu akzeptieren. Im Höhlengleichnis werden Schemen an der Wand wahrgenommen, deren Ursprung nicht erkennbar ist. Doch Holodecks können abseits dieser Schattenbilder auch als bewusster Ersatz für Umgebungen, die es im Weltall fernab der Heimat nicht gibt, eingesetzt werden, sei es als Rückzugsraum, Erinnerungs- und Gedenkort. Oder aber um fantastische Abenteuer zu erleben.

Das Holodeck ist Ort und Nichtort zugleich. Erst später und vor allem in *Star Trek: Deep Space Nine* und *Star Trek: Raumschiff Voyager* wird das Holodeck wieder verstärkt auch als Umgebungssimulation eingesetzt, die zwar von Hologrammen bevölkert ist, allerdings keinem konkreten Handlungsrahmen mehr folgt. Das virtuelle Casino Vic Fontaines wird auf Deep Space Nine als alternative Alltagswelt im Stil der 1960er-Jahre inszeniert, Chez Sandrine in *Star Trek: Raumschiff Voyager* gleicht einem aus der Zeit gefallenen französischen Bistro, das, so Tom Paris, der das Programm entwickelt hat, seine Vorstellung von einem Zuhause im Delta-Quadranten sei. Gleiches gilt für das fiktionalisierte irische Küstenstädtchen Fair Haven.

Manche Hologramme nehmen aktiv am Geschehen teil, andere bleiben passiv und wieder andere entwickeln plötzlich ein Bewusstsein wie Professor James Moriarty in *Star Trek: Das nächste Jahrhundert.* Oder Hologrammen ist bereits in ihrer Grundanlage eine Art Bewusstsein einprogrammiert wie Fontaine. Beide Figuren wirken, als wüssten sie tatsächlich genau, was sie sind und wo sie sich befinden, bei Fontaine bleibt jedoch stets unklar, ob sein Verhalten nicht möglicherweise doch nur Teil seines ausgeklügelten

Programms ist, das ihn weitaus menschlicher und zugewandter wirken lässt als die meisten anderen Hologramme. Im Gegensatz zu Moriarty hat Fontaine nämlich kein Interesse daran, die holografische Umgebung zu verlassen. Für die Crew ist er ein Glücksfall, denn er ist da, wenn sie Ablenkung oder ein Gespräch suchen, Unterstützung benötigen oder einfach nur Swing-Klassikern lauschen wollen.

Eine weitere Ausnahme bildet der Doktor aus *Star Trek: Raumschiff Voyager*, der als erstes Hologramm nicht nur auf dem Holodeck als spielende Person aktiv ist, sondern seinen angestammten Platz in der Krankenstation der *Voyager* hat, die mit der entsprechenden Technik ausgerüstet ist. Gewissermaßen nimmt Moriarty den späteren Konflikt des Doktors auf der *Voyager* vorweg. Was wohl passiert wäre, wären sich beide begegnet? Denn wie Moriarty muss der Doktor immer wieder befürchten, gelöscht zu werden oder dass in sein Programm eingegriffen wird, was in diesem Fall etwas ganz Existenzielles ist. Was den Doktor aber deutlich von Moriarty unterscheidet, ist, dass ihm zugestanden wird, sich selbst weiterzuentwickeln, und dass er sich, als er einen mobilen Emitter erhält, sogar völlig frei und unabhängig von sonstigen Holotechnologien bewegen kann. Trotzdem erfährt er immer wieder seine Grenzen, wenn Janeway der Ansicht ist, er habe seine Kompetenzen überschritten, und über seinen Kopf hinweg Entscheidungen trifft.

Während der Doktor auf der *Voyager* einzigartig ist, existieren unter anderem im Alpha-Quadranten unzählige weitere Kopien von ihm in seiner ursprünglichen Werkseinstellung. Weil man mit ihnen und ihrem Verhalten in ihrer Funktion als Medizinisch-Holografisches Notfallprogramm nicht zufrieden war, hat man sie rekonfiguriert und ihnen eine andere Aufgabe zugewiesen, indem sie nun in Dilithiumminen als Arbeitskräfte eingesetzt werden. Ob sie das auch selbst wollen, spielt keine Rolle. In diesem Moment wird ihnen ihre neue Aufgabe einfach zugeteilt. Auch hier wird das subversive Element des Doktors sichtbar. Sein Holoroman aus »*Die Veröffentlichung*« hat die Grenzen der *Voyager* längst überwunden und wird im Verborgenen von Hologramm zu Hologramm weitergereicht, denn Protonen brauchen Freiheit.

Der Doktor wird als Individuum akzeptiert, sein Aktivismus andere Hologramme betreffend auf der *Voyager* kritisch beäugt – auch weil sich wiederholt zeigt, wie unberechenbar und teilweise auch gefährlich diese fremden Hologramme sein können. Mit dem Doktor gehört zwar ein Hologramm zur Besatzung, aber gleichzeitig werden andere Hologramme zum Monströsen, denn die Crew der *Voyager* begegnet im Delta-Quadranten verschiedenen Formen photonischer Lebewesen. Für Captain Janeway ist offensichtlich, dass nicht jedes Hologramm eigenständig genug ist, um auf eigene Rechte pochen zu können. In ihren

Augen bleiben sie geisterhafte Wesen des Posthumanismus, die in jeglicher Hinsicht schwer greifbar sind. Darunter sind unter anderem transdimensionale Reisende in *»Chaoticas Braut«*, Geistervölker in *»Fair Haven«*, ein labiler Mörder in *»Der Isomorph«* und Hologramme, die sich zu emanzipieren versuchen und versehentlich einen Kult gründen in *»Fleisch und Blut«*. Gleichzeitig wird offenbar, dass sich manche Hologramme unter bestimmten Voraussetzungen eben doch als eigenständige Persönlichkeit entfalten können. Dies hängt aber weniger davon ab, dass sie Hologramme sind, sondern auf welcher Art von künstlicher Intelligenz sie aufbauen – und ob diese die Fähigkeit besitzt, sich mit Wissen und neuen Informationen weiterentwickeln zu können. Alle diese holografischen Existenzformen und die Holodecks und Holosuiten zeigen verschiedene Sichtweisen auf Hologramme, deren Rechte, Pflichten und Chancen auf – und dass sie dennoch oftmals nur funktional eingesetzt werden. Die Diskussion wie bei den Androiden um eine eigene Existenzform, die der organischen gleichgestellt wird, sucht man im Umgang mit Hologrammen als künstliche Intelligenz vergebens. Der Doktor thematisiert dies zwar immer wieder, findet aber nur bedingt Gehör.

Was dagegen bestehen bleibt, sind Hologramme, die im Alltag der Zukunft immer präsenter werden. Im Archiv der Sternenflotte in San Francisco visualisiert sich in *Star Trek: Picard* das Suchprogramm Index als holografische Figur, mit der ein Dialog möglich ist, und auf der *La Sirena* teilt sich Captain Rios das Schiff mit verschiedenen Hologrammen, denen unterschiedlichste Funktionen von Gastfreundschaft bis Ingenieurstätigkeiten zukommen. Und manchmal ist das Holodeck nur eine weitere Form des Cybertheaters und Metakinos, indem es simuliert, dass es simuliert. In *»Kritische Versorgung«* wundert sich B'Elanna Torres trotzdem darüber, weshalb Tom Paris auf dem Holodeck der *Voyager* dreidimensionale Dinge wie einen Filmprojektor kreiert, um hinterher einen zweidimensionalen Film anzuschauen, der mithilfe einer Brille mit einer grünen und einer roten Folie die Anmutung von 3D erzeugt. Vielleicht ist nicht Kino das Größte, sondern das Holodeck, denn es ist alles in einem – Kino, Theater, Lebensraum und unendliche Weite, die alles möglich zu machen scheint. Die Wirklichkeit – für Mensch und Hologramm – liegt also nicht nur im Auge des Betrachters, sondern auch des Programmierers.

MISSIONSBERICHT

»Ich habe studiert, wie frühere Generationen die Zukunft gesehen haben. […] Sie wurde nicht ganz so schwarz-weiß, wie die sie sich vorstellten.«
Tom Paris[150]

Die Welt von Chaotica mag in ihrer monochromen Aufmachung zwar etwas farblos wirken, hört man allerdings Tom Paris zu, wie er Captain Janeway von der Festung des Todes, Bilderzeugern oder Strahlenwaffen berichtet, dann wird diese virtuelle Welt plötzlich ganz bunt. Mit *Die Abenteuer des Captain Proton* hat Paris einen fantastischen Kosmos entworfen, für den er die Vergangenheit der Zukunft recherchiert und dabei eine Erkenntnis gewonnen hat, die für das Verständnis der Science-Fiction ganz elementar ist: Sie ist eine Vorstellung einer möglichen Version von Zukunft. Doch neben dieser einen gibt es unzählige weitere Alternativen, was auf uns zukommen könnte. Ob sich diese Vorstellungen bewahrheiten, wissen wir erst, wenn die Zukunft Gegenwart wird, aber bis dahin beflügeln sie unsere Fantasie. Und die Fantasie derer, die die Zukunft gestalten, damit sie eines Tages vielleicht einer dieser Vorstellungen entspricht.

Star Trek stellt sich eine Welt von Übermorgen vor, die durchdrungen ist von verschiedensten künstlichen Intelligenzen und virtuellen Welten. Seien sie körperlos oder in Form von Robotern und Androiden oder gar als Hologramme. Auch heute wirken viele dieser teilweise schon in den 1960er-Jahren entstandenen Serienepisoden und Filme immer noch überraschend modern, weil sie Fragen stellen, die in ihrer Aktualität nichts verloren haben: Welche Möglichkeiten ergeben sich aus der Existenz und dem Einsatz maschineller Wesen? Ist die künstliche Intelligenz der Geist in der Maschine und damit vielleicht sogar automatisch eine Art vernunftbegabtes Wesen? Allen Geschichten, die hier erzählt werden, ist gemein, dass sie auf einem tief empfundenen humanistischen Weltbild aufbauen. Gleichzeitig demonstrieren sie, dass in einer Welt, in der (starke) künstliche Intelligenzen neben organischen Lebewesen gleichberechtigt existieren sollen, die Werte des Humanismus allein nicht mehr ausreichen. Wenn humanistische Konzepte nicht über das Menschliche hinausgedacht werden, drohen sie ihre Relevanz zu verlieren in einer Zukunft, in der künstliche Intelligenzen beginnen, ihr Existenzrecht einzufordern.

Will man eine künstliche Intelligenz entwickeln, ist das gar nicht so einfach. Von Grund auf muss sie geplant und genau durchdacht werden, welche Aufgaben ihr übertragen werden können. Je nachdem, wie sie programmiert wird, wäre es ihr theoretisch möglich, bestimmte Dinge bereits zu wissen oder zu erlernen. Eine künstliche Intelligenz, egal welcher Definition sie folgen würde, ist immer auch eine Bestätigung des eigenen Erschaffens von Dingen, etwas theoretisch Denkendes aus dem Nichts, auch wenn es sich hierbei nicht zwangsweise um die Entwicklung eines künstlichen (Selbst)bewusstseins handeln muss, das seine eigene Existenz erkennen kann. *Star Trek* spielt mit der Idee, dass eine künstliche Intelligenz, wenn sie nur lange genug aktiv ist, beginnt, ihre eigenen Grenzen zu erforschen und zu überschreiten – wenn die KI sich entwickelt, wird sie kreativ. Auf gewisse Weise kann ein Computer also tatsächlich denken, aber es hängt vom Grad der Ausprägung der künstlichen Intelligenz ab, welche Schlüsse aus dem Gelernten gezogen werden können – und ob der Computer überhaupt selbst denken soll. Auch aus diesem Grund wird bei den Bordsystemen in der Regel eher auf eine schwache Intelligenz zurückgegriffen.

Die *conditio humana* wird in *Star Trek* im digitalen Sinn mehrfach inszeniert. Die vorgestellten Modelle werden als narrative Experimentalbaukästen genutzt und spielen mögliche Entwicklungslinien künstlicher Intelligenzen und deren Konsequenzen aus, demonstrieren jedoch auch die Bewusstwerdung dieser künstlichen Lebensformen, die fortan selbstbewusster innerhalb der dargestellten Gesellschaften agieren. Dies zeigt sich auch daran, wie verschiedene Formen von Technologie und künstlicher Intelligenz dargestellt werden. Auffällig ist in Bezug auf künstliche Intelligenz vor allem in den älteren *Star Trek*-Serien, dass sie in bestimmten Fällen eher negativ dargestellt, mindestens aber kritisch hinterfragt wird. Gleichzeitig fällt auf, dass die Vermenschlichung in der Wahrnehmung von Maschinen und künstlichen Intelligenzen mit der Zeit zunimmt. Während künstliche Intelligenzen anfangs eher als Werkzeug und Hilfsmittel im Alltag eingesetzt werden, das genau beobachtet wird, werden sie später zum Akteur, auch wenn dies innerhalb der Erzählungen immer wieder inhaltlich gebrochen wird.[151]

Was früh erkennbar ist: Werden die künstlichen Intelligenzen als abstrakte Maschine dargestellt, sind sie in ihren Verhaltensweisen und dem Verständnis für ihre Umwelt eingeschränkt, sind sie als Androiden akzentuiert, sind sie vor allem später meist starke künstliche Intelligenzen, nicht selten mit fast schon menschlichem Anstrich. Im Prinzip werden in der Darstellung zwei Typen künstlicher Intelligenzen unterschieden, nämlich Körper- und Hyper-KI. Meist ist es bei den Körper-KI so, dass sie entweder von Anfang an ein Bewusstsein angelegt haben oder es sich aus einer Zufälligkeit heraus entwickelt. In vielen

Fällen versucht diese Form der künstlichen Intelligenz im weiteren Verlauf, humaner zu werden, sich ihrer Umgebung anzupassen, und entwickelt fürsorgliche Qualitäten – sei es durch die Verhinderung von Konflikten oder aber durch das Übernehmen alltäglicher Routinen und Interesse an der eigenen Umwelt, deren fester Bestandteil sie ist. Ganz anders die Hyper-KI. Sie ist nicht an einen Körper gebunden und damit unbegrenzt. Häufig versucht sie, aus unterschiedlichen Gründen, die Kontrolle über das organische Leben zu übernehmen.[152] *Star Trek* bricht wiederholt mit diesem Bild, indem es bei beiden Formen der künstlichen Intelligenz beide Varianten erzählt. Sowohl Control als auch Zora sind der Hyper-KI zuzuordnen, ebenso existieren Androiden als Körper-KI, die dem Menschen zu- oder abgewandt sind. Offen bleibt allerdings, zu welcher Kategorie Hologramme zählen, denn einerseits haben sie in der entsprechenden Umgebung sehr wohl einen greif- und fühlbaren Körper, sind als künstliche Intelligenz allerdings nicht zwangsweise auch dauerhaft an diese Form von Körper gebunden. Vielleicht sind aber auch sie dieses Dazwischen, das sich nicht in dieser Binarität auflösen lässt, sondern sich genau dadurch auszeichnet.

Dass künstliche Intelligenzen als das, was sie sind, inzwischen bei *Star Trek* eben doch anerkannt und ernst genommen werden, demonstriert auf sarkastisch-überspitzte Art immer wieder *Star Trek: Lower*

Decks. Der außerirdische Supercomputer unbekannten Ursprungs, Agimus, trägt größenwahnsinnige Züge, unterjocht fremde Spezies und ist so manipulativ, dass er andere dazu bringt, das zu tun, was er will. In der Besserungsanstalt für größenwahnsinnige KIs des Daystrom Institut lernt er Erdnuss-Snackbox kennen, einen Exocomp, der zuvor kurzzeitig auf der *Cerritos* war, ehe sie sich geweigert hat, eine Aufgabe zu übernehmen, die sie selbst in Gefahr gebracht hätte.[153] Mit ihr gemeinsam will Agimus in *»Noch ein paar Abzeichen mehr«* die Welt beherrschen, aber Erdnuss-Snackbox empfindet tatsächlich so etwas wie Reue für ihr Verhalten – und Agimus Zuneigung. Eine Weiterentwicklung ist also auch hier möglich, selbst Agimus scheint am Ende reflektiert, auch wenn oder gerade weil er wieder ins Daystrom Institut zurückkehrt, um dort mit weiteren schwer kontrollierbaren künstlichen Intelligenzen mit Welteroberungsplänen sicher verwahrt zu werden. Erwähnenswert ist zudem das Hologramm Badgey, das ursprünglich die Rolle eines virtuellen Tutors übernehmen sollte und sich aufgrund einer Fehlfunktion des Holodecks verändert und ähnlich wie Moriarty ein Bewusstsein entwickelt hat – und ganz eigene Pläne verfolgt. Nachdem es sich in derselben Episode erst in drei Hologramme aufspaltet, die verschiedene seiner Eigenschaften verkörpern, verwandelt es sich letztlich in einen digitalen Gott, der in eine leere Dimension verschwindet und dort ein eigenes Universum erschaffen will. All diesen künstlichen Intelligenzen ist gemein, dass sie sehr ambivalent in ihren Eigenschaften sind – und dass ihre Geschichten längst noch nicht auserzählt sind.

Welche Ideen und Möglichkeiten, wohin sich künstliche Intelligenzen entwickeln könnten, überhaupt eine gewisse Plausibilität mitbringen, erarbeitet sich *Star Trek* seit inzwischen fast 60 Jahren. Was in unserer Gegenwart passiert, taucht oftmals mehr oder minder verfremdet auch in *Star Trek* auf. Diese Geschichten werden immer wieder neu erzählt und epochenweise angepasst. In ihrer Umsetzung sind diese Darstellungen in ihrer Entstehungszeit verortet und greifen jeweilige technische und philosophische Strömungen inhaltlich auf und erweitern diese. Neugier, Fortschrittsglaube und die Abhängigkeit von modernen Technologien sind elementar, um sich weiterentwickeln zu können, aber auch ein bedachter Umgang mit künstlicher Intelligenz ist hierzu notwendig. Denn für eine Gesellschaft, die sowohl organisch ist als auch auf künstlicher Intelligenz beruht, ist es in der Welt von *Star Trek* unumgänglich, dass Klassenunterschiede ausgeräumt werden. Das bedeutet nicht, dass Asimovs Robotergesetze strikt angewendet werden müssen, sondern das genaue Gegenteil: Sie müssen sinnvoll erweitert und ergänzt werden, um eine gleichberechtigte Koexistenz zu ermöglichen.

Glücklicherweise ist das Serienuniversum um *Star Trek* und die Reise zu den Sternen nämlich deutlich vielschichtiger, als dass hier nur Geschichten der Bedrohung durch künstliche Intelligenzen erzählt werden würden. Stattdessen eröffnet *Star Trek* ein überwiegend optimistisches Bild auf die technologischen Entwicklungen der Zukunft, die sich häufig auch am jeweils zum Produktionszeitraum aktuellen Zeitgeist orientieren. Im Verlauf der Filme und Serien kommt es immer mehr zur Unterscheidung von künstlichem und organischem Leben, das gleichberechtigt nebeneinanderstehen soll und nicht mehr in Leben und Nichtleben aufgesplittet wird. Auffällig ist, dass diese zunehmende Angleichung beider Existenzformen auch die Frage nach der Wahrnehmung von künstlichen Intelligenzen mit sich bringt und inwiefern diese mit der Angst vor einem Kontrollverlust gekoppelt ist. Kann der Computer also bald wirklich eigenständig denken? Vielleicht. Und möglicherweise nimmt er sich dann sogar Zora als Vorbild.

ENDNOTEN

1 *Star Trek: Picard. »Karten und Legenden«* (S01E02), Minute 26.

2 *Star Trek: Discovery. »Leuchtfeuer«* (S01E01), Minute 12.

3 Vgl. Joshua Cuneo: *»Hello Computer«: The Interplay of Star Trek and Modern Computing*. In: David L. Ferro, Eric G. Swedin: *Science Fiction and Computing*. McFarland 2011, S. 132.

4 Vgl. Rick Sternbach, Michael Okuda: *Introduction to Star Trek: The Next Generation Technical Manual*. New York 1992, S. V.

5 Vgl. Stefan Rabitsch: *»Wagon Wheels, Sails, and Warp Cores«: Star Trek and American Culture: Between Allegory and World-building*. In: Stefan Rabitsch et al.: *Set Phasers to Teach! Star Trek in Research and Teaching*. Springer 2018, S. 35.

6 Vgl. Stefan Rabitsch: *Star Trek and the British Age of Sail. The Maritime Influence Throughout the Series and Films*. McFarland 2018, S. 18.

7 Mit den Holodecks und deren Nutzung wird auf Ideen des Cyberpunks verwiesen: Was bedeutet das Menschsein in einer hochtechnologischen Welt zwischen Hologrammen, kybernetisch erweiterten Organismen und künstlichen Intelligenzen?

8 Leider wurde die Serie bereits nach vier Staffeln abgesetzt und endet mit der Gründung der Vereinigten Föderation der Planeten.

9 In *Star Trek: Der Film* (1979) begegnet Captain Kirk und seiner Crew eine Maschinenintelligenz in Form von V'ger. Die ehemals irdische Sonde ist auf dem Weg zur Erde, um dort ihrem Schöpfer (oder ihrer Vorstellung dessen) entgegenzutreten. Vgl. Kapitel *Sonden und Flugkörper*, S. 49.

10 *Star Trek IV: Zurück in die Gegenwart.* USA 1986. Minute 62.

11 Die gefühlte Bedrohung durch den Computer ist Teil der kulturellen Vorstellungskraft, wohin sich diese und ähnliche Gerätschaften entwickeln könnten. Computer waren fremd, im normalen Alltag der 1960er kaum anzutreffen. Die UNIVAC-Systeme dieser Zeit haben als Großcomputer die Science-Fiction dieser Zeit als Ideengeber beflügelt – sei es als dystopische Darstellung einer maschinenbestimmten Zukunft oder aber als Koexistenz organischer Lebensformen und maschineller Existenzen. Auch der Bordcomputer der *Enterprise* unter Kirk erinnert mit seinen blinkenden Lämpchen und farbigen Konsolen mit vielen Bedienelementen an diese frühen Großrechner der 1960er-Jahre. Vor allem in den späteren *Star Trek*-Serien entwickelt sich diese Darstellung jeweils analog zur realweltlichen Entwicklung als fiktional überformte Technikvorstellung, indem auch hier die Computer immer kleiner, schneller und vernetzter werden und immer mehr holografische Anwendungen gezeigt werden.

12 Der Begriff der künstlichen Intelligenz taucht in der Forschungsliteratur erstmals ab etwa 1955 auf. Damals beschrieb der US-Informatiker John McCarthy eine künstliche Intelligenz als etwas, dessen Ziel es ist, Maschinen zu entwickeln, die so tun, als wären sie intelligent. Der KI-Forscher Herbert Simon

erweitert den Begriff 1957 auf Maschinen, die denken können, lernen und eine gewisse Kreativität mit sich bringen. Dass eine technologische Singularität programmiert werden kann oder unabsichtlich entsteht, ist im Moment mehr als unwahrscheinlich, denn gegenwärtig existieren nicht einmal starke künstliche Intelligenzen. Zu starken und schwachen künstlichen Intelligenzen sowie technologischen Singularitäten vgl. Stuart Russell, Peter Norvig: *Künstliche Intelligenz. Ein moderner Ansatz*. Pearson 2023, S. 21–58, sowie Wolfgang Ertel: *Grundkurs Künstliche Intelligenz. Eine praxisorientierte Einführung*. Springer 2016, S. 1–18.

13 Das wirkt wie ein Widerspruch zu *Star Trek: Discovery*, aber da am titelgebenden Raumschiff so ziemlich alles experimentell oder geheim ist, wird das elegant aufgelöst, indem das Schiff kurz darauf als verschollen gilt und in einer weit entfernten Zukunft, in der die eigene Schiffstechnik fast schon wieder veraltet ist, wieder auftaucht.

14 Historisch betrachtet ist die Serie vor den Abenteuern von Captain Kirk angesiedelt und stellt die *Discovery* als experimentelles Raumschiff vor, das aufgrund seines Sporenantriebs unter strengster Geheimhaltung steht und kurz darauf etwa 900 Jahre in die Zukunft springt. So bleibt auch Zora lange Zeit im Verborgenen. Vgl. Kapitel *Hyper-KI als technologische Singularität*, S. 62.

15 Damit soll vermieden werden, dass künstliche Intelligenzen die Kontrolle über ein Schiff übernehmen können. Die Bordsysteme führen in vielen Fällen nur grundlegende Funktionen aus. Oftmals müssen die Ergebnisse von Abfragen in ihrer Bedeutung

und im Gesamtzusammenhang erst entschlüsselt werden, um sie verstehen zu können. Während der Bordcomputer zumeist nur auf konkrete Eingaben und Befehle reagieren kann, sind andere Computer in der Lage, eigenwirkmächtig Berechnungen und Schlussfolgerungen anzustellen. Sprachausgabe ist zwar möglich, Spracheingabe wiederum nur bei bestimmten Geräten.

16 Datenschutz scheint also auch in der fernen Zukunft ein schwieriges Thema zu sein.

17 Algorithmen sind weder neutral noch vorurteilsfrei, sondern basieren immer auch auf der Person, die sie entwickelt und programmiert hat, weil sie automatisch mit Werten, Wertvorstellungen und den dazugehörigen Entscheidungen versehen sind. Vgl. Catherine Stinson: *Algorithms are not neutral. Bias in collaborative filtering*. In: *AI and Ethics*. Springer 2022, S. 764. Vgl. außerdem Matthias Rath et. al.: *Maschinenethik. Normative Grenzen autonomer Systeme*. Springer VS 2019, S. 143.

18 Als eigentlich emotionslose künstliche Intelligenz wird M5 überraschend viel menschliches Handlungsvermögen zugestanden – allerdings nur in eine Richtung und nur insoweit, wie es den Verlauf der Episode inhaltlich unterstützt. Ganz schlüssig ist das zwar nicht, aber für den Entstehungszeitraum dennoch zeitgemäß.

19 Welche Konsequenzen ein falsch verstandener Computerbefehl hat, zeigt sich in *Star Trek: Das nächste Jahrhundert* in den Episoden *»Sherlock Data Holmes«* und *»Das Schiff in der Flasche«*. Dort soll auf dem Holodeck statt für Sherlock Holmes ein ebenbürtiger Gegner für Data erschaffen werden. Der Computer erzeugt versehentlich eine starke künstliche Intelligenz in Form

eines sich seiner selbst als Hologramm bewussten Figur, die auf Professor James Moriarty aus den *Sherlock Holmes*-Romanen von Sir Arthur Conan Doyle basiert. Vgl. Kapitel *Zwischen Baker Street und Enterprise*, S. 234.

20 So schnell dieser Computer Sprachformen auch durchschauen kann, dauert es bei den Skreeaa in *»Das Auge des Universums«* doch überdurchschnittlich lange, bis deren Sprache so weit entschlüsselt ist, dass eine problemlose Kommunikation möglich ist. Wie sehr Sprache neben Linguistik auch mit Wissensstrukturen verknüpft ist, zeigt sich außerdem am Beispiel der Tamarianer in *»Darmok«* in *Star Trek: Das nächste Jahrhundert*. Dort ist die Sprache so metaphernreich, dass das Wissen um die Grammatik allein nicht ausreicht, um den Inhalt verstehen zu können, solange die Mythen, auf denen die Metaphern beruhen, unbekannt sind. Eine auf andere Weise komplexe Sprache, die auf unbekannten Maschinencodes basiert, taucht bereits in *»11001001«* mit den Bynaren auf: Ihre Sprache ist so stark komprimiert, dass der Bordcomputer der *Enterprise* sie nicht mehr entschlüsseln kann. Doch diese Art der Kommunikation als kybernetisches System bringt auch Nachteile mit sich – die Bynaren sind stets darauf angewiesen, dass ihr eigener Großcomputer auf ihrem Heimatplaneten aktiviert ist, da sie sonst nicht innerhalb ihres Netzwerks kommunizieren können. Als ihre Heimat von einer Supernova vernichtet zu werden droht, wird erst klar, wie abhängig sie von ihrer Technologie sind: Um den alles verbindenden Computer retten zu können, entführen sie die *Enterprise*, indem sie sich beiläufig Kontrolle über den Bordcomputer verschaffen und die Daten ihres Großcomputers

übertragen. Interessant ist aber vor allem die Darstellung der Bynaren selbst, die auf der Idee binärer Computercodes basiert. Für sie gibt es keine Zwischenlösungen, kein Vielleicht, sondern nur 0 und 1, nur Ja oder Nein. Ähnlich wie die beschriebenen Bordcomputer können also auch sie mit Information, die sich nicht dergestalt aufgliedern lässt, nicht arbeiten. Sprache (und damit auch Linguistik), Computer und künstliche Intelligenz sind über Kommunikation untrennbar miteinander verbunden.

21 Vgl. Kapitel *Hyper-KI als technologische Singularität*, S. 62.

22 Das alles ist eher kurzfristig gedacht, da zwei Wale, die aus der Vergangenheit in die Zukunft transportiert worden sind, keine in diesem Fall längst ausgestorbene Spezies retten können, indem sie im Anschluss einfach wieder im Meer ausgesetzt werden. Der dahinterstehende Gedanke, dass die Umwelt geschützt werden muss, ist allerdings heute mindestens genauso aktuell wie in den 1980er-Jahren.

23 Dies ist einer der vielen Aspekte, in denen sich Wissenschaft mit Science-Fiction verbindet, nachdem tatsächlich zwei Voyager-Sonden 1977 zur Untersuchung von Jupiter und Saturn ins All geschickt wurden und Voyager I im Jahr 2012 sogar in den interstellaren Raum eingetreten ist. Vgl. Manfred Gottwald: *Die Erde*. Springer 2023, S. 171–201.

24 Mangels Vorstellungskraft geht V'Ger automatisch davon aus, dass die Schöpferfigur ebenfalls maschinell sein muss. So vermutet die Sonde zunächst auch, die *Enterprise* sei von Kohlenstoffeinheiten infiziert, nicht aber das Raumschiff einer organischen Besatzung. Als Entität fehlt V'Ger das Bewusstsein dafür, was organisches Leben ist. Die Digitalisierung der Dinge, die der

Sonde auf ihrer Reise begegnen, zu reinen Daten, ist für V'Ger nur die Überführung in eine andere Wissensstruktur, nicht die beiläufige Vernichtung des untersuchten Gegenstandes.

25 Vgl. Jörn Müller: *Dualismus (Leib-Seele-Relation).* In: Christoph Horn, Jörn Müller, Joachim Söder (Hg.): *Platon Handbuch. Leben. Werk. Wirkung.* Metzler 2017. S. 268–272.

26 Vgl. Holger Aust: *Das Zeitalter der Daten. Was Sie über Grundlagen, Algorithmen und Anwendungen wissen sollten.* Springer 2021, S. 23.

27 Innerhalb der Erzählung ist das auch deswegen spannend, weil *Star Trek: Discovery* zeitlich vor der Originalserie verortet ist, der Produktionszeitraum aber beinahe 50 Jahre auseinanderliegt. Das bedeutet, dass sich *Star Trek: Discovery* Themen der Originalserie aus einer völlig anderen Perspektive annähern kann.

28 Als Körper-KI werden Roboter oder künstliche Existenzformen bezeichnet, die ein eigenes Bewusstsein entweder implementiert bekommen oder selbst ausgebildet haben. Eine Hyper-KI unterscheidet sich von einer Körper-KI dadurch, dass sie eben nicht mehr an einen Körper gebunden ist. Vergleicht man beide Arten künstlicher Intelligenz in ihrer künstlerischen Darstellung in Film und Serien, so lässt sich daraus ableiten, dass Körper-KI häufiger dem Menschlichen zugewandt sind, Hyper-KI aber oftmals versuchen, Kontrolle über andere zu erlangen. Vgl. Ingo Irsigler, Dominik Orth: *Zwischen Menschwerdung und Weltherrschaft. Künstliche Intelligenz im Film.* In: *APuZ. Aus Politik und Zeitgeschichte 2018: Künstliche Intelligenz.* Bpb 2018.

29 Die Sphäre kreuzt den Weg der *Discovery* im Jahr 2257. Sie besteht aus unbelebter und organischer Materie und umfasst Daten, die über 100.000 Jahre alt sind. Was genau die Sphäre ist, woher sie kommt und ob beziehungsweise welche Art von Lebens- und Existenzform sie darstellt, bleibt offen.

30 Die Episode »Alice« in *Star Trek: Raumschiff Voyager* beschreibt ein ähnliches Phänomen unter anderen Voraussetzungen. Dort taucht ein Shuttle unbekannter Herkunft auf, das mit einer künstlichen Intelligenz versehen ist, die auf den Namen Alice hört und ganz eigene Pläne hat. Über ein neurogenes Interface kann sie ihren jeweiligen Piloten so stark beeinflussen, dass dieser alles tut, was die Schiffs-KI wünscht. Shuttle und KI sind hierbei ebenfalls untrennbar miteinander verbunden. Auch hier ist das Schiff eine Art Körper für die KI, auch wenn dies ansonsten mit Zora nicht vergleichbar ist. Welche Art künstlicher Intelligenz Alice darstellt und wie sie entstanden ist, wird ebenfalls nicht näher erläutert.

31 Künstliche Intelligenzen sind nicht generell verboten, aber schon seit der Originalserie wird immer wieder thematisiert, dass sie nicht Teil des Bordcomputers sein sollen und beide Systemarten grundsätzlich getrennt angelegt werden. Der Bordcomputer soll im Normalfall nicht selbstständig denken und auch keine eigenen Entscheidungen treffen.

32 Kovich nimmt hierfür ihre Konzeption des Mentalen in Augenschein und stellt soziokulturelle Betrachtungen an. So scheint Zora über einen Programmsektor zu verfügen, der aus einer Zufälligkeit heraus entstanden ist, als ihr Unterbewusstsein identifiziert wird und Erinnerungen und Sphärendaten mit

ihren Erlebnissen abgleicht, um ihre Emotionen klarer einordnen zu können. Das kommt der Funktion von Träumen sehr nahe – etwas, das künstliche Intelligenzen im Regelfall nur dann ausbilden, wenn sie dafür programmiert wurden. Dass Zora die Crew beschützen will, wird ihr zunächst negativ ausgelegt. Erst als die Diskussion auf Augenhöhe verlagert wird und Zora begreift, dass die Crew ihre eigenen Entscheidungen treffen können muss, löst sich der Konflikt.

33 Vgl. Gilles Deleuze, Félix Guattari: *Rhizom*. Merve 1977.

34 Das Ziel des Transhumanismus ist es, »den Menschen weiter[zu]entwickeln, [zu] optimieren, [zu] modifizieren und [zu] verbessern«. Im Gegenzug hierzu ist dem Posthumanismus nicht mehr am Menschen als solchem gelegen. Stattdessen hinterfragt er tradierte Konzepte und möchte den Menschen überwinden, »indem er mit konventionellen Kategorien und dem mit ihnen einhergehenden Denken bricht«. Letztlich beinhaltet er ein neues Verständnis vom Menschen als Existenzform. Vgl. Janina Loh: Trans- und Posthumanismus zur Einführung. Junius 2018, S. 10–16.

35 Dieses Vorgehen funktioniert auf ethischer Ebene aber nur, weil die Borg hier als rein künstlich und maschinell wahrgenommen werden und damit als Wesen ohne Eigenständigkeit, die im Kollektiv längst unrettbar verloren sind. Würden sie als Individuen betrachtet werden, wäre das Handeln der Sternenflotte unmenschlich und würde sie nicht besser machen als die Borg selbst. Fragwürdig bleibt dieser Plan dennoch. Vgl. Andreas Rauscher: *Das Phänomen Star Trek. Virtuelle Räume und metaphorische Weiten*. Ventil 2003, S. 251.

36 In *Star Trek: Picard* ist Hugh derjenige, der das Rückgewinnungsprojekt auf dem Artefakt, einem verlassenen Borg-Kubus in romulanischer Hand, verwaltet. Er ist prädestiniert dafür, auch andere Ex-Borg, die sogenannten XB, dabei zu unterstützen, ein Leben außerhalb des Kollektivs neu zu entdecken. Problematisch ist hierbei jedoch der generelle Umgang mit dieser Art von Borg, die zu einer marginalisierten Gruppe geworden sind. Ihre Augmentationen bestimmen ihren Wert, während für das Organische (und damit auch für ihre wiederentdeckte Persönlichkeit und die aus der Assimilation entstandenen Traumata) nur wenig Verständnis existiert und auf der anderen Seite Borg-Technologie ausgeschlachtet und verkauft wird.

37 Nach diesem Erlebnis nutzt Data den Chip offenbar nicht mehr. Generell scheint er dessen Einsatz zu überdenken, vielleicht auch, weil er ihn auf gewisse Weise auf einer emotional-psychischen Ebene verwundbar macht, die er zumindest auf Außenmissionen zu vermeiden versucht? Erwähnt wird der Chip im Nachgang jedenfalls nicht mehr in der Form, dass Data ihn nutzen würde. Einzig *in Star Trek: Der Aufstand* wird darauf hingewiesen, dass Data ohne diesen Chip auf Außenmission gegangen sei und sein dortiges Verhalten nicht über eine Fehlfunktion des Chips erklärbar sei.

38 Alle Borg, so auch Seven of Nine, sind über einen neuralen Transceiver verbunden, der diese Art der Schwarmintelligenz erst ermöglicht. In *»Der schwarze Vogel«* beschreibt Seven of Nine, dass sie für diese Verbindung immer noch empfänglich ist und daher immer Borg bleiben wird. Dies gilt auch für Picard.

39 Neurolyse = Medikamentöse Verödung von Nerven.

40 *Star Trek: Das nächste Jahrhundert.* »*Der Sammler*« (S03E22), Minute 19. Beim zitierten Text handelt es sich um ein Zitat aus dem ersten Akt von William Shakespeares Drama *Hamlet* (1604), das hier unmittelbar auf Data bezogen wird.

41 Die Robotergesetze sind zitiert nach Isaac Asimov: *Ich der Roboter. Erzählungen.* Heyne 2015, S. 10. Später wurden diese Paragrafen um einen nullten erweitert, der die Menschheit als Gesamtes mit einschließt, denn laut diesem darf ein Roboter der Menschheit keinen Schaden zufügen oder durch Passivität zulassen, dass ihr Schaden zugefügt wird. Mit diesen Regelungen wird klar, welche Position Roboter in Asimovs Werk und dessen Entstehungszeitraum einnehmen und dass eine klare Gewichtung stattfindet, die allerdings keine Rücksicht auf die Art der künstlichen Intelligenz bei Robotern und Androiden nimmt, sondern sie hierarchisch verortet.

42 Gleichzeitig haben sie eine Art Hierarchisierung begründet, die keine Rücksicht auf die Unterscheidung zwischen starken und schwachen künstlichen Intelligenzen nimmt – diese Unterscheidung wurde, als sich Asimov mit Mensch-Maschine-Interaktion auseinandergesetzt hat, noch nicht gemacht. In *Star Trek: Das nächste Jahrhundert* wird Asimov in der Episode »*Das Duplikat*« sogar namentlich erwähnt und als Wissenschaftler vorgestellt, der die Idee des positronischen Gehirns hatte, das die Grundlage für Datas Existenz darstellt. In der deutschen Fassung geht dieser Hinweis in der Synchronisation verloren, aber der Bezug ist dennoch erkennbar und aus den Robotergesetzen ergibt sich im Zusammenhang mit verschiedenen Androiden die Diskussion um Ethikprogramme und deren Funktion. Das positronische Gehirn

kommt in Asimovs literarischem Schaffen tatsächlich mehrfach vor, unter anderem in *Der Zweihundertjahremann* (1976).

43 Stanisław Lem: *Phantastik und Futurologie II.* Suhrkamp 1984, S. 80. Hervorhebung im Original.

44 Erwähnenswert ist hier der Originaltitel der Episode, denn dieser bezieht sich mit *»What are little girls made of«* auf ein Gedicht aus dem 19. Jahrhundert, nämlich *What are little boys made of.* Innerhalb der Handlung eröffnet das einen ganz anderen Bedeutungsspielraum im Kontext künstlicher Lebensformen. Bei der Androidin Andrea handelt es sich um eine Figur, die zunächst als menschlich wahrgenommen wird, ehe ihre Gemachtheit thematisiert wird. Dass sie quasi, wie es im Gedicht heißt, aus *»sugar and spice«* bestehen soll, weist ihr die Sphäre des Fürsorglichen zu, während die Jungen mit *»snips and snails«* als werkschaffend eingestuft werden. Dies beschreibt eine sehr stereotypische Wahrnehmung von Geschlechtlichkeit und zeigt, wie Korby, der selbst ebenfalls ein Android ist, die von ihm erschaffene Andrea wirklich betrachtet.

45 Vgl. Hans Richard Brittnacher, Markus May: *Romantik.* In: Hans Richard Breitenbacher, Markus May: *Phantastik. Ein interdisziplinäres Handbuch.* Metzler 2013, S. 67.

46 In *»Der Prototyp«* in *Star Trek: Raumschiff Voyager* wird später eine ähnliche Geschichte erzählt, was das Verhältnis von Androiden und deren Erbauer betrifft. Dort wird ein Roboter im All entdeckt, der repariert wird und sich als empfindungsfähige künstliche Intelligenz herausstellt. Die Erbauerspezies wurde dort ebenfalls von ihrer Schöpfung, den automatischen Personaleinheiten vernichtet, als diese herausgefunden haben, dass

ihre Konstrukteure einen Krieg mit einer anderen Spezies beenden wollte und damit den Robotern ihre Daseinsgrundlage entzogen hätte.

47 Das Konzept erinnert tatsächlich an das, was die Borg später mit ihrem Kollektiv repräsentieren, wenn auch ohne deren kybernetische Bestandteile. Vgl. Kapitel *Kybernetische Lebensformen.* S. 77.

48 So ist es auch Data, der mit den Naniten in *»Die Macht der Naniten«* kommunizieren kann und der in *»Datas Hypothese«* unzählige Versuchsreihen unternimmt, weil er nachzuweisen versucht, dass Exocomps eben mehr sind als nur Werkzeuge für besonders schwere Aufgaben.

49 Möglicherweise sind es auch Erfahrungen wie diese, die ihn speziell im Fall der Exocomps dazu motivieren, nachweisen zu wollen, dass sie in Einzelfällen in der Lage sind, sich selbst zu schützen.

50 Beate Ochsner: *»Somebody forgot to terminate my program«: Individualisierungsprozesse zwischen Menschen und Maschinen.* In Beate Ochsner et al.: *50 Jahre Star Trek.* Schüren 2016, S. 38.

51 Dies erinnert teilweise an Korby aus *»Der alte Traum«*: Korby überträgt den menschlichen Geist in einen leeren künstlichen Körper, Graves kennt hier keine Rücksicht und nimmt aus Mangel an Alternativen das Ende Datas billigend in Kauf, um dessen Körper übernehmen und in diesem weiterleben zu können. Ähnliches taucht auch später in *Star Trek: Picard* mit dem Golemkörper auf – ebenfalls mit dem Unterschied, dass dieser nur eine leere Hülle ist, die erst beseelt werden muss.

52 Das wiederum erinnert an die Androiden aus *»Der dressierte Herrscher«*.

53 Vgl. Stefan Lorenz Sorgner: *Android Data – Eigentum oder Träger von Rechten?* In Michael Bauer: *Neue Welten – Star Trek als humanistische Utopie?* Springer, 2019, S. 242.

54 Vgl. ebenda, S. 248.

55 Vgl. Andreas Rauscher: *Das Phänomen Star Trek. Virtuelle Räume und metaphorische Weiten.* Ventil 2003, S. 215f.

56 *Star Trek: Das nächste Jahrhundert. »Gedankengift«* (S01E03), Minute 32.

57 Unklar bleibt, welches Verhältnis McKenzie zu Data tatsächlich aufgebaut hat oder ursprünglich aufbauen wollte. Ihr Verhalten gegenüber Data könnte aufgrund ihres Interesses für Kybernetik durchaus auch von experimentellem Charakter gewesen sein, auch wenn sie zuletzt anscheinend Gefühle für ihn entwickelt hat, die dieser aber nicht erwidern kann.

58 Dabei ist es D'Sora, die ihre Wünsche auf ihn projiziert, nachdem sie erst kürzlich eine Trennung erlebt hat. Sie hat sich in ihn verliebt, ehe er diese neuen Subroutinen für sein Programm geschrieben hat, sodass er ihre Gefühle nicht als echte Emotion erwidern kann.

59 So neutral Algorithmen theoretisch auch sein könnten (vgl. Endnote 17), kann ein Ethikprogramm niemals annäherungsweise neutral gestaltet werden. Es basiert immer auf einem gewissen Set an Vorgaben und Regeln, die auf eine gewisse Mentalität schließen lassen. Das Ethikprogramm Datas basiert auf einer westlich orientierten Wertevorstellung von Philosophie, Ethik und Moral.

60 Ein Diskurs um Genie und Wahnsinn wird hierbei allerdings ausgespart. Stattdessen wird indirekt immer wieder auf das

Konzept der *techné* als Fähigkeit verwiesen, die keine inhaltliche Unterscheidung zwischen den Kategorien Technik und Kunst zulässt. Bei Data geht das Erschaffen von Dingen über die *techné* hinaus, da er aus Interesse oftmals schon beiläufig Kunst erzeugt. Dafür benötigt er nicht zwangsweise Emotion als Empfindung, sondern Neugier. So erfährt auch Data immer wieder die Grenzen seines Daseins und nähert sich konzeptuell organischem Leben an, aber das organische Leben zögert, ihn in seiner Gesellschaft wirklich akzeptieren und nicht mehr nur zu tolerieren. Zu *techné* vgl. Katja Sommer: *Techne und Geschichte. Eine diskursgeschichtliche Studie zu Thukydides.* Habelt 2006.

61 Zu Beginn nimmt Data seine Freizeit beispielsweise als ineffizient wahr. Da er weder Ruhepausen noch Schlaf benötigt, fragt er sich, ob das Erforschen der eigenen Kreativität nicht möglicherweise eine Vernachlässigung seiner sonstigen Pflichten darstellt, da er in diesen Phasen nicht seinen täglichen Aufgaben nachgeht. Dabei ermöglicht ihm genau dieses Vorgehen einen erweiterten Blick auf seine Umwelt, denn auch im Erfahren der eigenen Kreativität antizipiert Data Informationen und lernt, diese für sich nutzbar zu machen und auszuwerten. Die Befähigung dazu hat er Juliana Tainer zu verdanken: Die damals noch menschliche Partnerin von Soong hatte sich dies ausbedungen, auch wenn Soong selbst die Ansicht vertreten habe, dass Data sich ohne Fähigkeit zur Emotion auch nicht über Kunst ausdrücken können müsse. Vgl. Kapitel *Das Ich im Anderen*, S. 153.

62 Schon der Science-Fiction-Autor Philip K. Dick stellte sich 1968 im Roman *Blade Runner* die Frage, ob Androiden nicht

möglicherweise doch von elektrischen Schafen träumen, und unterstellte ihnen damit eine Bewusstwerdung im Unbewussten.

63 Zu diesem Zeitpunkt ist der Fund Datas schon 26 Jahre her. Er wurde vollständig montiert, aber deaktiviert entdeckt.

64 In der deutschen Synchronisation wird hier mit »Sein oder Nichtsein« auf ein Shakespeare-Zitat aus dem Drama *Hamlet* (1604) verwiesen, was sicherlich zum Ton der Serie passt, aber der Szenerie einen anderen Beiklang gibt. In *Hamlet* spielt in diesem Zusammenhang eher die eigene Vergänglichkeit denn die (Neu)entdeckung des Selbst eine Rolle. Data greift nach dem Androidenkopf, schaut ihn an und sagt: »Commander, Sein oder Nichtsein. Ist das vielleicht mein Bruder?« und Riker antwortet, das Shakespeare-Zitat aufgreifend: »Das ist hier die Frage, Data.«

65 Lal basiert indirekt ebenfalls auf diesen Blaupausen, denn sie wird von Data entwickelt.

66 Gleichzeitig bezeichnet Lore die Abwesenheit von Humor bei Data als imperfekt und fühlt sich ihm in vielen Belangen überlegen.

67 Den Begriff des Neids nutzt Lore mehrfach in verschiedenen Ausprägungen: Die Kolonisten wären auf ihn neidisch/eifersüchtig (*envious* im Original), weil er ihnen überlegen sei, Data sei auf ihn neidisch (*jealous* im Original), weil er, Lore, in allem der Bessere sei. Lore fühlt sich als Android stets zurückgesetzt, was in eine starke Abneigung gegenüber allem Menschlichen mündet und daher rührt, dass Data als sein Nachfolgemodell konzipiert wurde, das in Lores Wahrnehmung ihm vorgezogen wurde.

68 Oder anders formuliert: Ist ihm das wirklich nicht bewusst oder tut er nur so, weil er lügen kann?

69 Auch wenn Deep Learning als Konzept in seiner Umsetzung noch sehr neu wirkt, liegen die Ansätze dieser Idee in den 1980er-Jahren. Der Grundstein für Machine Learning liegt in den 1960er-Jahren. Machine Learning bedeutet, dass sich Algorithmen mit der Zeit verbessern können, wenn sie – je nach Art des Lernens – immer wieder mit bestimmten Informationen als Trainingsdatensätze versorgt werden. Deep Learning hingegen basiert auf der Idee neuronaler Netze, die mehrschichtig lernen und dabei ebenfalls auf Unmengen an Daten zugreifen können. Vgl. Holger Aust: *Das Zeitalter der Daten. Was Sie über Grundlagen, Algorithmen und Anwendungen wissen sollten.* Springer 2021.

70 Zu Algorithmen und deren nicht vorhandener Neutralität in der Programmierung vgl. Endnote 17.

71 Vgl. Jennifer Rhee: *Beyond the Uncanny Valley: Masahiro Mori and Philip K. Dick's Do Androids Dream of Electric Sheep?* In: *Configurations.* Ausgabe 21, Nummer 3, Herbst 2023, S. 303.

72 Weil Menschen Vergangenheit und Herkunft als Teil der Selbstwahrnehmung inszenieren, wird Data schließlich vorgeschlagen, Lore als seinen Bruder wahrzunehmen, obwohl es klassische familiäre Bande unter Androiden nicht gibt oder geben kann.

73 Beide Versionen von Riker stehen hier an unterschiedlichen Punkten in ihrem Leben. Derjenige, der nicht im Musterpuffer verblieben ist, hat sein Leben normal weitergelebt, der andere erkennt erst, wie viel Zeit vergangen ist, als er auf Nervala IV acht Jahre später zufällig im Musterpuffer entdeckt wird. Im Original heißt die Folge *»Second Chances«* und greift damit

unmittelbar auf, dass die beiden Rikers eine zweite Chance erhalten, die beiden ein eigenständiges Leben ermöglicht. Der Konflikt zwischen dem duplizierten Riker wird letztlich so gelöst, dass Thomas Riker, wie sich der Doppelgänger schließlich nennt, ein eigenes Leben beginnt. Beide erinnern damit eher an Zwillinge und keiner will den Platz des anderen einnehmen, sondern die eigene Individualität steht im Vordergrund. Anders ist dies in der Originalserie mit *»Kirk ÷ 2 = ?«*, wenn ein Doppelgänger Kirks auftaucht. Hier lautet der Titel der Episode im Original *»The Enemy Within«*, denn der gedoppelte Kirk teilt sich tatsächlich in eine gute und eine schlechte Version auf. In beiden Episoden liegt die Ursache in der Aufspaltung in die Doppelgänger in einem Fehler der Transporterfunktion. Im Fall des duplizierten Kirks werden beide über den Transporter wieder zusammengeführt und existieren fortan wieder als eine Persönlichkeit, die beide Aspekte in sich vereint. Interessant in Verbindung der Verdopplung Kirks in zwei Aspekte seiner selbst ist der Vergleich mit Data und Lore, denn sowohl dem bösen Kirk als auch Lore fehlt ein Moralkodex. Beim guten Kirk und Data ist der Vergleich schwieriger, denn Data ist vielschichtiger als einfach nur gut. Aber so wie beide Kirks in ihrer Aufspaltung zwei Seiten einer Medaille sind, sind vielleicht auch Data und Lore verschiedene Perspektiven darauf, wie mit künstlicher Intelligenz, Moralkonzepten und Verhältnismäßigkeiten umgegangen werden kann – und dass es hierbei keine einfachen Lösungen gibt. Von daher ist vielleicht sogar der Vergleich mit dem gedoppelten Riker stimmiger, denn sowohl Data als auch Lore bauen mit ihrem positronischen Gehirn auf derselben Blaupause auf, die mit verschiedenen Versionen ihres Programms ausgestattet sind, was zu zwei völlig verschiedenen Persönlichkeitsstrukturen führt. Data ist keine Kopie Lores und Lore kein Duplikat von Data.

74 Während Worf Datas Frage, ob er Schwierigkeiten damit hätte, mit einem Doppelgänger zurechtzukommen, mit der Begründung bejaht, dass mit ihm nicht leicht auszukommen sei, hat Data die Frage abstrakter formuliert, nicht auf Worf, sondern auf Riker bezogen.

75 Die Borg haben kein Zielbewusstsein mehr. Durch ihren neuen Individualismus ist es ihnen unmöglich, ihr Schiff zu steuern. Lore ist der Ansicht, dass die Zeit biologischer Lebensformen vorbei ist, ignoriert dabei allerdings, dass auch die Borg teilweise organisch sind und nur er und Data selbst rein künstliche Existenzformen darstellen.

76 Unter dieser Beeinflussung will er sich nicht mehr als Marionette der Sternenflotte wahrnehmen, bemerkt aber nicht, dass er längst zu Lores Marionette geworden ist, während er zuvor fähig war, eigene Entscheidungen zu treffen.

77 Data hatte in *»Das Duplikat«* keine Alternative, als Lore ins All zu beamen, da er sonst die *Enterprise* zerstört hätte. Hier greift ungenannt ebenfalls das erste Robotergesetz, denn er will Leben retten, wohingegen Lore später beweist, dass diese Einschränkung für ihn nicht gilt, als er Soong niederschlägt. Selbst in *Star Trek: Picard*, als Lore als Programm erneut auftaucht, ist Data es, der ihn mithilfe von La Forge aus seinem eigenen Programm vertreibt.

78 Donna Haraway: *Die Neuerfindung der Natur. Primaten, Cyborgs und Frauen.* Campus 1995, S. 34f.

79 Für die Entstehungszeit der Episode in den späten 1980er-Jahren ist es dennoch als progressiv zu verorten, dass Lal sich selbst entscheiden kann, welchem Geschlecht sie angehören möchte und wie sie ihr Aussehen gestaltet.

80 Faktisch dürfte die Wahl auch aus produktionstechnischen Gründen auf eine menschliche Darstellung gefallen sein. Es ist auffällig, wie humanoid die doch sehr diverse Gesellschaft der Föderation dargestellt wird, da es aus technischer Perspektive zu aufwendig wäre, beständig völlig neuartige außerirdische Wesen zu zeigen, zumal so auch das Identifikationspotenzial für die Zuschauenden reduziert wird.

81 Künstliche neuronale Netze ahmen »biologische neuronale Netze als informationsverarbeitende Systeme nach«, denn das menschliche Gehirn, das hier als Vorbild dient und dessen Informationsverarbeitung nachmodelliert werden soll, »kann Probleme lösen, die für jeden konventionellen Rechner noch in unerreichbarer Ferne liegen«. Innerhalb dieser Netze können »alle Berechnungselemente miteinander verbunden sein« und Programme, das heißt, die zugehörigen Netzparameter »müssen adaptiv gelernt werden«. Raul Rojas: *Theorie der neuronalen Netze: Eine systematische Einführung*. Springer 1993. S. 3–4 sowie S. 8. Vgl. außerdem Endnote 69.

82 Vgl. Kapitel *Ein alter Traum vom Maschinenmenschen*, S. 102.

83 Soong kann Emotionsprogramme schreiben, der Emotionschip ist zu diesem Zeitpunkt schon bekannt.

84 Vgl. Stanisław Lem: *Dialoge*. Suhrkamp 2013, S. 155.

85 Vgl. ebenda, S. 42.

86 Einzig Juliana dürfte hiervon nicht betroffen sein – und im Nachhinein ist Datas Entscheidung, ihr ihre eigene Künstlichkeit zu verheimlichen, vielleicht die einzig richtige gewesen, um ihr eine selbstbestimmte Existenz zu ermöglichen.

87 Ausgehend von der Namensgebung von B-4, was auch auf *before* verweist, könnte die F8-Produktionsreihe auf die sechste Baureihe der Androiden mit dem achten Betriebssystem verweisen – oder aber F8 als *fight* gelesen ein Hinweis auf die Rolle dieser Androiden im Kampf um Anerkennung maschineller Intelligenz in einer organischen Gesellschaft sein.

88 Doch es scheint Schlupflöcher zu geben, denn das Gesetz gilt offenbar nur für Körper-KI, nicht aber für andere schwache künstliche Intelligenzen in Form von Hyper-KI im weiteren Sinne, da Hologramme beispielsweise an Bord der *La Sirena* oder in Bibliotheken als verwaltende Suchprogramme weiterhin existieren. Keine dieser Intelligenzen wird als starke künstliche Intelligenz vorgestellt, sondern bleibt meist auf bestimmte Aufgabengebiete begrenzt und mobil einschränkt. Die Frage danach, ob hier ebenfalls Rechte infrage gestellt werden oder ob in Hologrammen nicht ähnliches Gefahrenpotenzial verborgen liegt wie bei einer Körper-KI, spielt innerhalb der Erzählung keine Rolle, so strikt ist die Trennung in der Wahrnehmung zwischen Körper- und Hyper-KI ausgeprägt.

89 Konkrete Rückbezüge auf die Spezies, die Ruk erschaffen hat, gibt es dabei nicht, es erinnert aber dennoch an dessen Ursprung in der Episode *»Der alte Traum«* in der Originalserie.

90 In der romulanischen Gesellschaft ist durch die Zhad Vash die Angst vor künstlichem Leben so tief verankert, dass jegliche

Forschung daran untersagt ist. Widersprüchlich ist hierbei, dass in *Star Trek: Das nächste Jahrhundert* in der Episode *»Der Überläufer«* noch thematisiert wird, dass es eine ganze Reihe an romulanischen Kybernetikern gäbe, die großes Interesse an Data hätten. Aber vielleicht gibt es sie wirklich, denn wie sonst sollten die Romulaner Zugriff auf die Marsandroiden erhalten, wenn sie sich nicht mit derlei System auskennen würden?

91 B-4 bekommt zwar Datas Erinnerungen übertragen, entwickelt sich aber dennoch zu keiner starken Intelligenz, die eigenständige Entscheidungen treffen könnte, weiter.

92 Damit ähnelt sie auf gewisse Weise Juliana Tainer, auch wenn Dahj letztlich eben doch erfährt, was sie wirklich ist, und dieses Wissen mit ihrer Existenz bezahlt.

93 Deep Learning liegen neuronale Netze zugrunde. Vgl. hierzu die Endnoten 69 und 81.

94 So heißt die Station auf Ghulion IV Coppelius und erinnert an E.T.A. Hoffmanns Nachtstück *Der Sandmann* von 1816, in dem es unter anderem eine Figur gleichen Namens gibt, die alchemistische Experimente durchführt, an deren Ende Automatenpuppen stehen.

95 Zu Motiven der Romantik als Epoche vgl. Alice Hartmann: *Die Faszination der blauen Blume. Philosophie und Romantik.* Turnshare 2021.

96 Data kennt Selbstlosigkeit, was ihn dem Menschlichen nähergebracht hat als viele andere künstliche Intelligenzen in *Star Trek.* Einzig die Unendlichkeit liegt nun noch vor ihm.

97 Paul Bahn et al.: *Wege in die Antike. Kleine Einführung in die Archäologie und die Altertumswissenschaft.* Metzler 1999, S. 253.

98 Inwiefern erschafft Data Kunst? Innerhalb der Serie wird er immer wieder als Maler und Musiker gezeigt, aber eher interpretierend als selbst neu erschaffend. Das heißt, er arbeitet mit bekannten Kunststilen, die er zwar neu verbindet, aber er erschafft keinen originär neuen Kunststil. Ebenso interpretiert er in der Musik nur, komponiert aber keine eigenen Musikstücke.

99 Graves gelingt allerdings etwas, was erst wieder Altan Soong mit Picard und dem Golem gelingen wird: Er überträgt seinen Geist in Datas Körper, woraufhin dessen Persönlichkeit verdrängt wird. Die subtilen Veränderungen fallen zu Beginn kaum auf, obwohl sich Graves anders als Data verhält. Er betrachtet es als sein Recht, auf Datas Körper zugreifen zu können, denn dieser sei nur ein wandelnder Blechhaufen mit Schaltkreisen als Gedärmen. Ein Wesen ohne Herz sei bedeutungslos und damit nicht schützenswert.

100 In der Episode *»Wähle das Leben«* in *Star Trek: Discovery* erfährt Gray Tal, der ebenfalls einen Golemkörper erhält, dass die unter dem Namen ihres Erfinders bekannt gewordene Methode sich aufgrund vielerlei Probleme nicht durchgesetzt hat, aber in bestimmten Fällen dennoch Erfolg versprechend sei. Das dürfte sicherlich dem Narrativ selbst geschuldet sein, denn mit der Möglichkeit, unsterblich zu werden, müsste vermutlich die gesamte Geschichte *Star Treks* fortan anders erzählt werden.

101 Stanisław Lem: *Dialoge.* Suhrkamp 1980, S. 42.

102 So hat Altan Soong hier die Daten von Lal, B-4 und Lore gemeinsam mit jenen Datas überspielt, konnte das Projekt aber nicht abschließen, weswegen die verschiedenen Persönlichkeiten miteinander konkurrieren. So stehen sich erneut Data und Lore gegenüber und wieder steht die Frage im Raum, was mit

Lore geschehen soll. Wurde er sonst immer wieder deaktiviert, soll sein Ich nun überschrieben werden, was sein unwiderrufliches Ende bedeutet.

103 *Star Trek: Raumschiff Voyager: »Die Veröffentlichung«* (S07E20), Minute 0.

104 Vgl. William Gibson: *Die Neuromancer-Trilogie*. Heyne 2002, S. 88.

105 Holofiguren können neben ihrer Rolle in Holoprogrammen auch Nachrichten überbringen, teilweise in Form von Hologrammen, die als schwache künstliche Intelligenz sogar auf einfache Rückfragen reagieren können, oder als reine dreidimensionale Aufnahme, die immer wieder abgespielt werden kann. Hologramme unterscheiden sich folglich auch darin, für welchen Zweck sie erschaffen worden sind, ob sie als reines Abbild innerhalb einer Nachricht dienen oder ob ihnen ein gewisser Handlungsrahmen gesetzt ist.

106 Vgl. Jean Baudrillard: *Agonie des Realen*. Merve 1978, S. 10.

107 *Star Trek: Das nächste Jahrhundert. »Die Verschwörung«* (S01E25), Minute 2.

108 Vgl. Janet Murray: *Hamlet on the Holodeck. The Future of Narrative in Cyberspace. Updated Edition*. MIT Press 2017, S. 32. In *Star Trek* werden die Begriffe Holoroman und Holonovel in der deutschen Synchronfassung synonym verwendet, weswegen hier in der Folge nur noch Holoroman verwendet wird.

109 Wie stark das Holodeck als eine Variante des Computerspiels der Zukunft wahrgenommen wird, erfährt Worf in der *Deep Space Nine*-Folge *»Das Gefecht«*. In seiner Freizeit spielt er *Die Schlacht von Tong Vey*, eine historische Schlachtensimulation, deren Ziel es ist, nach der Eroberung der gleichnamigen klingonischen

Stadt auch sämtliche ihrer Bewohner auszulöschen. Nun wird ihm vorgeworfen, dass dies sein Verhalten in einer anderen Situation negativ beeinflusst haben könnte. Das erweist sich am Ende als haltlos, führt aber zu einer Diskussion darüber, welche Rolle Holodecks und Holosuiten im Alltag einnehmen.

110 Vgl. Janet Murray: *Hamlet on the Holodeck. The Future of Narrative in Cyberspace. Updated Edition.* MIT Press 2017, S. 119.

111 Vgl. Sebastian Stoppe: *Getting Immersed in Star Trek: Storytelling between »True« and »False« on the Holodeck.* In: *Science Fiction Research Association Review*, Jg. 316 (2016), S. 7.

112 Unabhängig davon stellt sich auch die Frage danach, wessen geistiges Eigentum diese Figur nun ist. Arthur Conan Doyles als Erfinder der Sherlock-Holmes-Romane oder La Forges, der dem Computer den Befehl gegeben hat, diese Figur aus zufälligen Algorithmen zu erzeugen, indem bestehende Parameter erweitert werden? Ist es gar der Bordcomputer selbst? Oder ist Moriarty als zufällig entstandene starke künstliche Intelligenz, die sich ihrer selbst bewusst ist, niemandes geistiges Eigentum, auch wenn oder gerade *weil* er um seine ursprünglich literarische Gemachtheit weiß? Vgl. Kapitel *Zwischen Baker Street und Enterprise*, S. 234.

113 Es geht um das Vorrecht des Originalautors, das er sich auch dadurch erhält, das Programm so gestaltet zu haben, dass er der Einzige ist, der es verändern und editieren kann. Als sie das Holodeck erreichen, erwartet sie dort schon der Doktor, der nun ebenfalls Vorschläge für den weiteren Handlungsverlauf hat.

114 Interessant ist, dass mit einer Holofigur ohne echtes Bewusstsein für das eigene Sein darüber diskutiert wird, dass nichts

in dieser Umgebung real ist, denn der Seska-Figur ist einprogrammiert, sich so zu verhalten, als wäre sie die echte Seska, die sich der Spielumgebung bewusst ist. Der Fokus der Episode liegt allerdings auf einem anderen Aspekt, weswegen auf die Implikationen, die Seska so einbringt, nicht näher eingegangen, sondern die Figur am Ende einfach deaktiviert wird. Da ihr kein Bewusstsein zugerechnet wird, bleibt dies folgenlos.

115 Zum Konzept des magischen Kreises vgl. Johann Huizinga: *Homo Ludens. Vom Ursprung der Kultur im Spiel.* Rowohlt 1981.

116 Vgl. Sarah Lynne Bowman: *The Functions of Role-Playing Games: How Participants Create Community, Solve Problems and Explore Identity.* McFarland 2010. Vgl. Zu *Bleeding* außerdem: Sarah Lynne Bowman: *Bleed. The Spillover between Player and Character.* (https://nordiclarp.org/2015/03/02/bleed-the-spillover-between-player-and-character, letzter Besuch: 29. Februar 2024)

117 In *»Der schüchterne Reginald«* in *Star Trek: Das nächste Jahrhundert* flüchtet sich Reginald Barclay auf das Holodeck, um sich dort als strahlender Held zu inszenieren, während er auf der *Enterprise* keinen rechten Zugang zu den anderen Crewmitgliedern findet. Dass er in seinem Programm auch die Crew als Holofiguren einsetzt, führt am Ende dazu, dass es nicht mehr gestattet ist, Crewmitglieder in Holoprogrammen als fiktionalisierte Figuren darzustellen.

118 Sie glauben, diese Geschichte ist wahr? Falsch, sie ist frei erfunden. Ihr Jonathan Frakes.

119 Vgl. Janet Murray: *Hamlet on the Holodeck. The Future of Narrative in Cyberspace. Updated Edition.* MIT Press 2017, S. 203.

120 Vgl. ebenda, S. 257.

121 Auch wenn der Umgang mit Moriarty anfangs schwierig ist, verändert sich das Verhalten ihm gegenüber, nachdem er sich als empfindungsfähige Wesenheit gezeigt hat. Wäre er nur ein Programm, das über keinerlei Emotion verfügt, weniger intelligent, weniger sprachgewandt, wer weiß, wie anders die Geschichte verlaufen wäre?

122 An dieser Stelle denkt man vielleicht an den mobilen Emitter des Doktors aus *Star Trek: Raumschiff Voyager*. Für Moriarty ist das allerdings keine Option, denn selbst für den Doktor ist der Emitter ein Gerät, das er nur zufällig erhalten hat und das nicht aus seiner Zeit entstammt, sondern ein Artefakt aus dem 29. Jahrhundert ist.

123 Zu René Descartes' Theorien vgl. René Descartes: *Philosophische Schriften*. Felix Meiner Verlag 1996.

124 Hat Moriarty ein Bewusstsein und das Bewusstsein darüber, eine Holofigur zu sein, deswegen erhalten, weil auch Data sich immer wieder mit diesen Konzepten auseinandersetzt? Weiß Moriarty von Descartes, weil Data sich damit ebenfalls auseinandergesetzt und offensichtlich entsprechende Daten aus dem Bordcomputer abgefragt hat?

125 In der ortlosen Leere des Computerspeichers nimmt Moriarty Zeitlichkeit wahr, kann aber nur ausharren und warten – unterbrochen von kurzen Momenten eines flackernden Bewusstseins, das die eigene Körperlosigkeit in diesem Nimbus zwischen Simulation und Wirklichkeit wahrnimmt. Ähnliches beschreibt auch der Doktor, wenn er deaktiviert wird, und nimmt das Nichts in *Star Trek: Raumschiff Voyager* als existenzielle Leere wahr.

126 Zu diesem Zeitpunkt befindet sich Picard gemeinsam mit Data und Lieutenant Reginald Barclay bereits in einer erweiterten Fassung des Holodecks, die auf Moriartys Vorstellung beruht. Dennoch ist hier ein Bruch innerhalb des Narrativs, weil Picard im Vorfeld nicht wissen konnte, ob Moriarty den Unterschied zwischen Simulation und Replikation kennt und welche Folgen dies für die Materialisierung von Gegenständen inner- und außerhalb eines Holodecks hat. Es ist durchaus möglich, Gegenstände aus dem Holodeck in das Außen zu überführen, wie sich an Schneebällen in *»Mission Farpoint«* oder dem auf Papier gezeichneten Umriss der *Enterprise* von Moriarty selbst in *»Sherlock Data Holmes«* zeigt. Das Wie wird allerdings nie thematisiert, sondern einfach vorausgesetzt.

127 Ontologie ist die Lehre des Seins. Vgl. hierzu Thomas von Aquin: *Über Seiendes und Wesenheit. De ente et essentia.* Felix Meiner Verlag 1988.

128 Vgl. Simon Bowie: *The Fire in Which We Burn: Time and Trauma in Contemporary Television*. Beir Bua Press 2021, S. 35–37.

129 Zuschauende verstehen diese Referenzen tendenziell trotzdem und erfassen die Metaebene, auf die Fontaine jeweils hinausmöchte.

130 Das ist in Bezug auf *»Leben in der Holosuite«* interessant, denn Nog gestattet er zu bleiben, weil dieser mit einem anderen Anliegen auf ihn zukommt.

131 Das Holodeck als Rückzugsort, um Probleme und Sehnsüchte zu verarbeiten, nutzt außerdem Scotty in *»Besuch von der alten Enterprise«* in *Star Trek: Das nächste Jahrhundert* und Tuvok lebt in *Star Trek: Raumschiff Voyager* dort sein Pon Farr in *»Körper*

und Seele« aus. Einzig Lon Suder verweigert sich, das Holodeck als Ort seiner Katharsis einzusetzen, denn virtuelle Gewalt ersetzt bei ihm nicht das Gefühl, das reale Gewalt bei ihm auslöst. Für die psychologische Bewältigung bestimmter Probleme mag das Holodeck durchaus geeignet sein, aber es kommt stark darauf an, was und wie dies umgesetzt wird. Für Suder ist nur wirkliche Gewalt befreiend, innerhalb der Simulation empfindet er dieses Gefühl nicht, da er sich der Irrealität dieser Situation bewusst ist.

132 Ist das Programm vorher nur sechs bis sieben Stunden in Betrieb, läuft es nun durchgängig und Fontaine erhält die Möglichkeit, auch sich selbst weiterentwickeln zu können. Er lernt einen Alltag, ein Leben kennen – etwas, vor dem Nog, solange er Teil des Programms bleibt, davonläuft. Bleibt er, verliert er sich, stirbt Stück für Stück, bis er quasi zum leeren Abbild seiner selbst wird. Mit Fontaines Hilfe schafft es Nog, sich seinen Ängsten zu stellen.

133 Vgl. Lewis Milestone: *Frankie und seine Spießgesellen.* USA 1960. Amüsant, dass in diesem Film die Mitglieder des Rat Packs, die allesamt Vorbilder und Ideengeber Vic Fontaines sind, ebenfalls tragende Rollen spielen. 2001 führte Steven Soderbergh beim Remake *Ocean's Eleven* Regie.

134 In *»Die Tränen der Propheten«* stirbt Worfs Frau Jadzia Dax, nachdem sie von einem Pah-Geist verletzt wurde. Worfs Trauer ist grenzenlos, ausleben kann er sie jedoch nur auf dem Holodeck, weil die klingonische Art zu trauern eine andere ist.

135 USO = United Service Organisations. Vgl. Meghan K. Winchell: *»To make the Boys feel at home«: USO Senior Hostesses and*

Gendered Citizenship. In: *Frontiers. A Journal of Women Studies.* Ausgabe 25, Nummer 1, 2004, S. 190.

136 In diesem Aspekt erinnert der Umgang mit ihm sogar ein wenig an Lal. Auch mit der Androiden wird wenig gesprochen, sondern vielmehr über sie und das oftmals auch während ihrer Anwesenheit. Vgl. Kapitel *Das Ich im Anderen*, S. 153.

137 Anfangs einprogrammiert sind dem Doktor, wie er in *»Die Parallaxe«* erwähnt, das Wissen von 47 Ärzten, 2.000 Referenzquellen, unzählige chirurgische Operationsverfahren und medizinisches Wissen zu über 3.000 verschiedenen Spezies.

138 In *»Die Flaschenpost«* nimmt sich der Doktor schließlich als einer empfindungsfähigen Lebensform so nah wahr, wie es seiner Ansicht nach einem Hologramm möglich ist.

139 Vgl. Beate Ochsner: *»Somebody forgot to terminate my program«: Individualisierungsprozesse zwischen Menschen und Maschinen.* In Beate Ochsner et al.: *50 Jahre Star Trek.* Schüren 2016, S. 40.

140 Als ehemalige Borg-Drohne ist Seven of Nine nicht (mehr) ganz Mensch, aber auch nicht nur Maschine. Das Wiedereingliedern in eine Gesellschaft, die nicht auf einem Kollektiv, das alles bestimmt, beruht, fällt ihr schwer. Vgl. Kapitel *Kybernetische Lebensformen*, S. 77.

141 Der Umgang des Doktors mit seiner Familie zeigt, wie wenig er über familiäre Verbindungen und Bindungen weiß. In seinem Alltag auf der *Voyager* begegnen ihm kaum Familienstrukturen, weil schlichtweg keine Crewmitglieder mit ihren Familienmitgliedern an Bord sind. Mit Naomi Wildman ist zwar ein Kind an Bord, das auf der *Voyager* geboren wird, aber sie ist lange Zeit das einzige. Später kommen mit Icheb, Mezoti, Azan und

Rebi ehemalige Borg-Kinder hinzu, die vom Kollektiv getrennt worden sind, doch auch sie sind nicht das, was unter klassischen Familienstrukturen verstanden wird.

142 In *»Lebensanzeichen«* stellt der Doktor fest, er habe auch deswegen keinen Namen, weil dies nicht Teil seines Programms sei, wählen könne er jedoch inzwischen sehr wohl einen.

143 Vgl. Beate Ochsner: *»Somebody forgot to terminate my program«: Individualisierungsprozesse zwischen Menschen und Maschinen.* In Beate Ochsner et al.: *50 Jahre Star Trek.* Schüren 2016, S. 48.

144 Später wird sich der Doktor für die Existenzrechte von Hologrammen einsetzen, was unter anderem in der Episode *»Fleisch und Blut«* zu weiteren Konflikten führt: Janeway will Hologramme, die sie auf einer Raumstation vorfindet, lieber deaktivieren, als ihnen zu helfen.

145 Ein ähnlicher Fall ist Leah Brahms. In *»Die Energiefalle«* erstellt Geordi La Forge eine Holoversion der Wissenschaftlerin, um mit ihr gemeinsam ein Antriebsproblem der *Enterprise* zu lösen. Als in *»Die Begegnung im Weltraum«* die echte Leah Brahms die *Enterprise* besucht und ihr Hologramm entdeckt, ist sie anfangs wenig begeistert davon, ein holografisches Duplikat vorzufinden, von dem sie sagt, es wäre ihr und ihrem Charakter kaum ähnlich.

146 In *»Der Rettungsanker«* nimmt es der Doktor mit seinem Schöpfer Lewis Zimmerman auf, dessen visuelles Abbild er ist. Für Zimmerman ist der Doktor ein veraltetes Hologramm, das schlicht seinen Algorithmen folgt, die längst überholt seien. Der Doktor verweist selbstbewusst darauf, dass er längst nicht mehr der ursprüngliche Prototyp sei, sondern sich als Programm verändert habe, eigenständig geworden sei.

147 Auch William Riker hat kurz danach eine etwas eigenwillige Begegnung auf dem Holodeck: In der Episode *»11001001«* trifft er auf Minuet. Anfangs geht er davon aus, sie sei Teil des Programms, das er entworfen hat, um in einem Jazzclub musizieren zu können. In einem roten Kleid sitzt sie im Publikum und zeigt sich an Riker interessiert. Auch Picard ist kurze Zeit später fasziniert, mit welchem Feingefühl sie durch das Gespräch führt – zumindest so lange, bis klar wird, dass sie kein gewöhnliches Hologramm ist, sondern ein Ablenkungsmanöver der Bynaren, die just in diesem Moment versuchen, die *Enterprise* zu entführen. Als Riker nach dem Zwischenfall erneut das Holodeck aufsucht, um Minuet zu sehen, ist sie verschwunden und durch ein anderes, weniger responsives Hologramm ersetzt. Um was es sich bei Minuet wirklich handelt, bleibt ungeklärt. Vielleicht ist sie ein zu diesem Zeitpunkt besonders weit entwickeltes Hologramm, vielleicht ist sie mehr als nur das und tatsächlich eine künstliche Intelligenz der Bynaren, die auf verschiedenste Arten eingesetzt werden kann und eigenständig Aufgaben ausführt, die über die Fähigkeiten eines gewöhnlichen Hologramms zu diesem Zeitpunkt weit hinausreichen.

148 Aber was, wenn die holografischen Pferde, auf denen Captain Jean-Luc Picard und Counselor Deanna Troi einige Zeit später in *»Brieffreunde«* auf dem Holodeck ausreiten, ebenfalls eine Art von Bewusstsein besäßen? Was wären sie, wenn sie als Tiere nicht posthuman sein können? Oder die holografische Mücke Roy, die in *Star Trek: Raumschiff Voyager* in *»Rettungsanker«* gemeinsam mit dem sprechenden Leguan Leonard als virtuelle Haustiere auftauchen? Oder die Schmetterlinge in *Star Trek: Picard*? Welche

Rolle Hologramme von Tieren spielen, bleibt leider offen. Auch wird nicht darauf eingegangen, ob es möglich wäre, dass diese eine Art Bewusstsein entwickeln können oder ob dies im Normalfall bereits auf Programmebene ausgeschlossen ist.

149 Vgl. William Tattersdill: *Nonhumanoid Alien Life.* In: Leimar Garcia-Siino et al.: *The Routledge Handbook of Star Trek.* Routledge 2022, S. 443.

150 *Star Trek: Raumschiff Voyager. »Chaoticas Braut«* (S05E12), Minute 27.

151 Vgl. Karsten Weber: *Roboter und Künstliche Intelligenz in Science-Fiction-Filmen. Vom Werkzeug zum Akteur.* In: Jan A. Fuhse: *Technik und Gesellschaft in der Science-Fiction.* Lit Verlag 2012.

152 Vgl. zu Hyper- und Körper KI: Ingo Irsigler, Dominik Orth: *Zwischen Menschwerdung und Weltherrschaft. Künstliche Intelligenz im Film.* In: *APuZ. Aus Politik und Zeitgeschichte 2018: Künstliche Intelligenz.* Bpb 2018.

153 Genau genommen erzählt diese Figur die Geschichte der Exocomps aus *»Datas Hypothese«* in *Star Trek: Das nächste Jahrhundert* weiter. Erdnuss-Snackbox ist ein Exocomp, der tatsächlich ein Bewusstsein entwickelt hat.